中国寿险公司信用评级研究

《中国保险公司信用评价体系研究》课题组 著

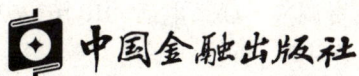
中国金融出版社

责任编辑：王　君　刘　慧
责任校对：张志文
责任印制：丁淮宾

图书在版编目（CIP）数据

中国寿险公司信用评级研究（Zhongguo Shouxian Gongsi Xinyong Pingji Yanjiu）/《中国保险公司信用评价体系研究》课题组著. —北京：中国金融出版社，2016.9

ISBN 978－7－5049－8633－7

Ⅰ.①中… Ⅱ.①中… Ⅲ.①人寿保险—保险公司—信用评级—研究—中国 Ⅳ.①F842.62

中国版本图书馆 CIP 数据核字（2016）第 171372 号

出版发行　中国金融出版社

社址　北京市丰台区益泽路 2 号

市场开发部　（010）63266347，63805472，63439533（传真）

网上书店　http：//www.chinafph.com

（010）63286832，63365686（传真）

读者服务部　（010）66070833，62568380

邮编　100071

经销　新华书店

印刷　保利达印务有限公司

尺寸　169 毫米×239 毫米

印张　17

字数　301 千

版次　2016 年 9 月第 1 版

印次　2016 年 9 月第 1 次印刷

定价　48.00 元

ISBN 978－7－5049－8633－7/F.8193

如出现印装错误本社负责调换　联系电话(010)63263947

编辑部邮箱：jiaocaiyibu@126.com

《中国保险公司信用评价体系研究》
课题组名单

顾　问：侯振挺（著名数学家、中南大学教授、博士生导师）

组　长：王　稳（对外经济贸易大学教授、博士生导师）

　　　　申　河（长城保险经纪有限公司董事长）

副组长：谢远涛（对外经济贸易大学保险学院副院长、副教授、硕士
　　　　　　　　生导师）

　　　　熊微观（长城保险经纪有限公司副总裁）

前　言

对外经济贸易大学保险学院课题组于 2013 年 9 月出版了《中国非寿险公司信用评级研究》，对当时在国内经营业务的非寿险公司及其评级进行了系统的梳理。虽然课题组一致认为非寿险公司信用评级与寿险公司信用评级有区别，但为了保证新意，并没有急于推出《中国寿险公司信用评级研究》这一姊妹篇。而是用时间去洗礼，淘尽虚无，留下最本质、最美好的东西。

两年多来，国内外政治经济形势跌宕起伏，中国保险业发展的内外部环境有了巨大变化，新国十条带来的政策红利逐步显现，保险生态链和价值链日趋成熟，发展机制不断完善，行业结构快速变化，一个有特色的社会主义市场经济所需的现代保险服务业已显雏形。如何理解现代保险服务业的深刻内涵？可以借用一篇文章的题目"保险业新的宏大叙事"来概括，其实质内容虽然仁者见仁，但"由行业意愿上升为国家战略"应该是一个共识。

放眼世界，中美俄大国角力加剧，地缘政治热点纷呈，全球反恐形势严峻，全球经济步履维艰。中国"一带一路"战略的实施和企业"走出去"面临着巨大的机遇和挑战。贸易国际化、企业的海外经营，实际上是国与国之间"信用力量"的博弈。1919 年英国政府设立第一家官方支持的出口信用保险机构，随后西方发达国家纷纷设立这种专注于海外经营风险管理的机构，成为国际政治风险市场最主要的供给方。2001 年，我国政府设立中国出口信用保险公司，已经比英国晚了 82 年，但随着中国成为世界第二大经济体和最大的货物贸易国，中国信保也已成为全球最大的官方出口信用保险机构。信用保险机构最主要的功能和核心竞争力是对国家、行业和企业等主体的信用实力进行评价，无论是科法斯（Coface）、裕利安宜（Eulerhermes）、安卓（Atradius），还是中国信保都定期发布国家风险评级、主权信用风险评级、行业和买家信用评级等。相对于标准普尔公司（Standard and poor's）、穆迪投资服务公司（Moody's）、惠誉国际信用评级有限公司（Fitch ratings），出口信用保险机构的评级更全面、更贴近实际，对于国际贸易和国际融资的影响更为直接。近期穆迪和标准普尔对中国几家寿险公司的评级给出了负面的结果，国内舆论一片哗然，其实开放的中国可以越来越自信，大可不必"随穆迪和标准普尔的评级而起舞"，期望这一研究成果可以起到正本清源的作用。

立足中国，国内经济下行压力凸显，国企改革艰难推进，产业布局和结构性改革阻力重重，金融业变局显现，老龄化成为经济发展的关键词。面对股市监管危机、楼市过剩危机、互联网金融危机、银行坏账危机的出现，保险业危机也可能被殃及鱼池。互联网金融带给我们方便的同时，也带来了前所未有的巨大风险。金融危机不是市场失灵，它恰恰是市场显灵。银行业所谓的苦日子，并不是互联网金融造成的，而是实体经济的危机。处理好制造业危机，才能拯救银行业。混业金融时代的大金融监管，事关金融发展与国际民生，金融开放不等于让互联网企业再去做金融，但肯定会对传统金融形成挑战。"互联网＋银行"必须"＋"出新格局。互联网金融用开放倒逼传统银行改革。

国企不改革是没有出路的，民营资本进入国有企业，或许能给改进中国弱势的高端制造注入新鲜血液。新形态的制造业必须靠研发优势取胜。国企与民企结合后可能形成互补优势，设立制造业创新中心，制造业智能化，自己掌控高端零配件与新材料，利用国家力量推动国企与民企一起进行研发是中国经济走出"中等收入陷阱"的突破口。

中国的"互联网＋"投在O2O上，而美国的"互联网＋"都投在高科技上。互联网掀起并购大潮，"互联网＋"的三个部分：搜索、社交和交易，会因为垄断而使小型企业衰败，给创业带来困难。保险业可以为创业、为新业态的生存保驾护航。

中国老龄化程度已经非常严重，全面放开"二孩"后出生率并没有呈现出大幅上涨。事实上亚洲其他国家取消计划生育后，出生率仍然持续下滑。欧美国家采取鼓励移民、提高生产力的生育政策，因此未来因为老龄化而造成灾难性后果的不是欧美国家而是亚洲各国。这些都对中国的保险业，尤其是寿险业、健康险业形成巨大冲击。

因此，必须深刻地认识到，保险业承载的历史责任和使命：为"一带一路"战略的实施，为我国企业走出去保驾护航；为国内业态变化、大众生活提供风险保障；为"大众创新，万众创业"提供担保；为人口老龄化提供可行的解决方案。

从保险业自身发展来看，保险走进生活，与人们的日常生活息息相关，让生活更美好。民众的保险意识逐渐加强，国内保险产品也越来越贴近需求。通过2015年的十大寿险赔案，可以看出一些趋势：太平洋公司"安贷宝"产品，专为在信用社或银行申请各种短期贷款的借款人量身开发，保险服务"三农"领域，服务广大中、小微企业，既能防范农村金融风险，又能防范农民人身风险，实现了贷款客户有保障，银行资金得安全，政府监管能放心的"三赢"局面,实现了"保险支农惠农"的政策目标。中国人寿保险公司郴州分公司独家承办的郴州市城乡居民大病保险,采用了医院直补和合署办公模式,医院直补模式,患者出院时只需支付个人自付部分费用;合署办公模式,避免了客户在社保机构和保险公司之间来回跑的麻烦。实现了商业保险与社会保险的无缝对接,颠覆了传统的先治病后赔付的模式,扭转了我国"商保和社保长期分割,信息不共享,重复建设严重,运行效率较低"的局面。

  保障能力和理赔服务水平是普通投保人评价一款保险产品质量的重要标准,保险公司的理赔速度与态度,理赔手续的繁简都是影响民众消费保险的重要因素。平安人寿首推"重疾先赔"服务,35分钟90万元超速理赔实践承诺,对于非大陆地区被保险人身故理赔,法律条款有很大差异,体现出国内保险公司理赔经验的成熟。

  多种类、多层次覆盖全面的保险产品也是整个社会对保险市场的期望。新版《人身保险伤残评定标准》比旧残标保障范围更广,更细致更准确,不仅有利于提高保险人的自身竞争力,保障投保人的利益,也有利于我国保险市场的健康发展。2015年3月11日上海市公安局闵行分局交通警察支队民警茆盛泉因公殉职,交银康联人寿意外降临在茆警官这个普通家庭的时候,用保险维持妻儿的生活,让亲人在承受悲痛的时候不再为物质担忧。2014年11月,平安人寿完成截至当时最大的一笔寿险赔付,刷新了国内个人寿险最高赔付纪录,保险金额超过1524万余元。传递出保险是比遗产、信托更有效的财富传承模式。

  胡适言,保险的意义,是今日做明日的准备,生时做死时的准备,父母做儿女的准备,儿女幼小时做儿女长大时的准备,如此而已。今天预备明天,这是真稳健;生时预备死时,这是真旷达;父母预备儿女,这是真慈爱。国人财富积累日盛,而传统投资渠道和投资工具有限,收益率较低,保险作为重要的理财规划工具,越来越得到民众的认可和赞许。

  一幅幅微笑与眼泪的精彩画面定格的瞬间,无不向人们传递着"保险就是爱"的文化。然而,"保险,让生活更美好"的同时,保险承担了太多的社会责任,承受着巨额的风险。重大灾害事件的发生,可能成为压垮骆驼脊背的最后一根稻草。"8·12"天津爆炸案,大地保险一家承担了17.3亿元巨额赔款。寿险领域也发生了一系列的保险事件:2015年6月1日晚,"东方之星"号游轮在湖北荆州监利县境内发生翻沉,事故造成442人遇难,保险公司为359名客户和家庭提供经济援助,为无数个濒临破碎的家庭提供温暖,赔付高达4440万元。中国太平洋人寿开发的产品针对老年人这一特殊群体,旅游险产品的开发以客户需求为导向，突破了传统意外险产品的局限，但也面临巨大的赔付压力。

2015年2月4日台湾复兴航空ATR-72班机在台北市基隆河坠河失联，空难事件共导致43人死亡，15人受伤。国寿跨域理赔，借助自身的合作渠道，对台湾地区的意外事故进行异地理赔（调查）。灾难与瘟疫冲出了潘多拉的盒子，而保险就是留在盒子中唯一美好的东西——希望。历史上的空难总是令人揪心，扼腕叹息之后，总引起人们对意外险和保险理赔的重点关注。

保险承担了太多的责任，这种担当，对于风险承担的可持续、对于偿付能力，会产生巨大的挑战。金融系统的核心是风险管理，而风险管理的核心是信用。因此，保险公司的信用评级尤其重要。从客观中立的角度，分析和评价什么样的保险公司是一家好的公司，不仅对于保险消费者，而且对于保险业的发展都具有重要的意义。而信用评估中最重要的指标当属偿付能力。偿二代的推出将会征集大量数据，对于信用评级的实施有深远意义，丰富的保险公司运营数据，将为信用评级提供更好的支撑。

对外经济贸易大学几位教授和业界专家组成的课题组一直致力于信用风险管理学科的建设，决定在偿二代正式发布之前利用既有数据积累，对寿险公司信用状况进行一次梳理。在《中国寿险公司信用评级研究》中，对外经济贸易大学保险学院研究生胡月、孙晓珂、孙航、符瑶、孙多友、马梦圆、王中慧和张昊整理了大量文献，采集了大量数据，在此对他们表示感谢。浙江工商大学教授、博士生导师钱水土、香港太平再保险顾问公司副董事长宫峰元、普华永道中天会计师事务所合伙人周星、浙江保险中介协会常务副会长张晓东等专家参与了课题的讨论，并提出了很好的建议，在此一并表示感谢！

信用评级研究本身是对各种信息资料进行分析研究的过程，在偿二代信息采集发布之前，数据获取是最困难的，数据的质量必将影响信用评级的结果。课题组把大量人力、财力、物力放在资料搜集整理上，希望能客观真实地根据这些数据还原企业风险现状与企业信用原貌。课题组本着公平、公正、公开的原则进行分析，以绝对中立的身份进行研究，没有受到任何机构或者保险公司的影响，只是希望能对保险消费者和同人提供一些值得借鉴的真实素材。当然，能力所限，本书难免会有纰漏和错误，欢迎广大读者对我们的研究进行批评指正。

王稳　申河　谢远涛
2016年5月15日

目　录

第一章　导论 ... 1

第一节　研究对象的界定 ... 1
一、寿险与非寿险的区别 ... 1
二、寿险行业的作用 ... 2
三、影响寿险行业发展的因素 ... 3

第二节　保险公司沿革 ... 4
一、中国保险业的开端 ... 5
二、新中国成立前在夹缝中生存发展的民族保险业 ... 7
三、新中国保险业的起点——中国人民保险公司成立 ... 8
四、保险业分业经营——寿险业迎来春天 ... 9
五、股份制寿险公司为我国寿险业注入活力 ... 11

第三节　研究的必要性和意义 ... 13
一、寿险评级与非寿险评级的差异 ... 14
二、本研究的必要性 ... 15
三、本研究的意义 ... 18

第四节　研究思路和研究内容 ... 19
一、研究思路 ... 19
二、研究内容 ... 20

第五节　技术路线和贡献 ... 21
一、技术路线 ... 21
二、本研究的贡献 ... 22

第二章　文献综述 ... 23

第一节　关于评价与评级的文献综述 ... 23
一、信用风险主要特征 ... 23
二、信用评级基本要素 ... 24
三、信用评级方法体系 ... 26

四、国内外研究评述 …………………………………… 39
　第二节　信用评级的实践 ……………………………………… 40
　　一、国际信用评级公司 ………………………………… 40
　　二、国内信用评级公司 ………………………………… 52
　　三、国内保险公司获得资信评级的基本情况 ………… 54

第三章　中国寿险公司信用评级方法设计 …………………… 65

　第一节　国内外保险公司信用评级方法 ……………………… 65
　　一、寿险公司信用评级的内涵与特征 ………………… 66
　　二、国外保险评级框架和方法 ………………………… 66
　　三、国内保险评级框架和方法 ………………………… 69
　第二节　中国寿险公司信用评级方法的设计 ………………… 76
　　一、信用评级属性和指标设计原则 …………………… 76
　　二、保险公司信用评级的框架体系 …………………… 78
　　三、保险公司信用评级的指标体系 …………………… 80
　　四、保险公司信用评级的方法 ………………………… 90
　第三节　中国寿险公司评级对象的选择 ……………………… 99
　　一、待评级公司的名单 ………………………………… 99
　　二、相关待评级公司的数据调整 ……………………… 102
　本章附录：66家寿险公司简介 ………………………………… 103

第四章　中国寿险公司信用评级实证分析 …………………… 149

　第一节　保险公司评级变量和数据 …………………………… 149
　第二节　中国寿险公司总评级结果 …………………………… 149
　　一、中国寿险公司总评级规则 ………………………… 150
　　二、中国寿险公司总评级结果 ………………………… 151
　　三、中国寿险公司总评级各项得分情况 ……………… 153
　第三节　中国寿险公司分层指标得分和评级 ………………… 156
　　一、中国寿险公司一级指标得分和评级 ……………… 156
　　二、中国寿险公司二级指标得分 ……………………… 175
　　三、中国寿险公司三级指标得分 ……………………… 196
　本章附录：相关评级技术 ……………………………………… 202
　　一、三级指标盈利能力主成分分析 …………………… 202

二、三级指标偿债能力主成分分析 …………………………… 203

　　三、三级指标营运能力主成分分析 …………………………… 203

　　四、三级指标现金能力主成分分析 …………………………… 204

　　五、三级指标发展能力主成分分析 …………………………… 205

　　六、二级微观指标赋权 ………………………………………… 205

第五章　评级结果的进一步分析 …………………………………… 207

　第一节　评级内部结构分析 ……………………………………… 207

　　一、财务评级与总评级关系 …………………………………… 207

　　二、微观评级与总评级关系 …………………………………… 209

　　三、二级指标值与总评级关系 ………………………………… 210

　　四、三级指标值与总评级关系 ………………………………… 212

　第二节　总评级与"是否为互联网保险标杆"之间的关系 …… 213

　　一、寿险公司互联网保险发展概况 …………………………… 213

　　二、实证分析 …………………………………………………… 216

第六章　结论与建议 ………………………………………………… 218

　第一节　评级结论 ………………………………………………… 218

　第二节　评级问题与建议 ………………………………………… 223

第七章　总附录 ……………………………………………………… 228

　　附录一　中国寿险公司评级变量与变量名称附录 …………… 228

　　附录二　2014年中国寿险公司的三级财务指标值 …………… 229

　　附录三　2014年中国寿险公司的二级财务指标值 …………… 232

　　附录四　2014年中国寿险公司的二级微观指标值 …………… 234

　　附录五　2014年中国寿险公司的一级财务指标评级 ………… 236

　　附录六　2014年中国寿险公司的一级微观指标评级 ………… 238

　　附录七　2014年中国寿险公司的综合评级 …………………… 240

参考文献 ……………………………………………………………… 242

　　一、中文部分 …………………………………………………… 242

　　二、英文部分 …………………………………………………… 251

第一章
导　论

> "我们生活在两个超级大国的世界里，一个是美国，一个是标普和穆迪。美国可以用炸弹摧毁一个国家，标普和穆迪可以用债券降级毁灭一个国家；有时候，两者的力量说不上谁更大。"
>
> ——《纽约时报》专栏作家弗里德曼

第一节　研究对象的界定

本节主要介绍本书的研究对象，对其概念进行界定，梳理其发展沿革，指明研究的必要性和意义，归纳研究的思路和研究内容。

一、寿险与非寿险的区别

寿险是由保险人根据契约规定，对被保险人保险责任期内生存或死亡给付保险金的一种保险。寿险按照业务范围可以划分为生存保险、死亡保险和两全保险；按照保障期限可以划分为定期寿险和终身寿险（如万能险）。这些决定了寿险业与非寿险业有很大不同。

1. 风险性质和经营稳定性不同

寿险以生和死作为保险事件，保险标的是人的生命。人的生存率和死亡率以生命表为依据，生命表以大数定律为基础，并且寿险的保险金额比较均衡，所以风险的测定和保险经营相对稳定。而非寿险以各种自然灾害和意外事故作为保险事故，保险标的差异很大，保险损失主要依赖于损失频率和损失额，影响因素众多，不容易预测。保险经营的不稳定性强，精算技术非常复杂。

2. 费率的厘定方法不同

寿险保费的厘定主要考虑预定死亡（生存）率、预定利率和预定费用率。这三个值在一定日期内比较稳定，所以保费计算比较准确，预期的给付波动较小。非寿险保费厘定以保险损失统计资料为依据，损失因素复杂、多变，实际和预期的赔付差异的波动性较大。非寿险实务中往往需要根据当年的损失率来修正来年费率，因此非寿险费率是经常需要变动的。

3. 巨额损失可能性不同

寿险通常不可能出现大量被保险人同时发生保险给付的情况。战争和地震可能是它的例外，这些事故会引起被保险人的大量死亡，但在保险条款中这些灾害事故通常列为除外责任。在非寿险领域，保险损失的积聚性比较严重。

4. 保险期限和合同数量不同

寿险的保险期限较长，基本上在一年以上，多则几十年甚至终生。寿险合同的数量多，它比较符合大数法则的条件。所以保险费收入，保险给付比较稳定。非寿险多属中短期业务，通常在一年及之内。合同的数量少。因此，非寿险业务的财务稳定性比较差。精算研究困难很大。

综上，寿险行业具有以下的自身规律性：

（1）业务经营具有长期性。保险业务的主要特征是长期性。在一个成熟的保险市场中，人寿保险90%以上的业务期限超过一年。

（2）风险逐年减少。在保险期间内，人寿保险所承担的风险随着准备金的积累而逐年减少，准备金越大，承担的风险额越小。

（3）寿险保费具有成本性。资金运营收入是保险公司利润来源的重要组成部分。人寿保险的投资收入部分返还客户，投资收入减去返还部分的余额才是寿险公司的收益。

（4）风险的特殊性。人寿保险涉及的风险主要是人的生命风险和人的身体风险。风险影响因素、时间性和损失度量方面都有其特殊之处。

（5）属于公众公司。人寿保险涉及多种风险保障，包括社会公众养老、疾病等。人寿保险属于社会公众行业，国家对寿险行业进行严格监督管理。

（6）人寿产品兼具有保险保障、储蓄和投资功能。寿险经营与社会保障体系和金融市场完备程度都有密切的关系。

二、寿险行业的作用

寿险业在社会经济协调发展中的作用，体现在以下几个方面：

1. 促进经济发展

寿险业是保险业的一个重要组成部分，其发展水平与整体经济发展水平相互制约，相互促进，这种相互作用主要通过经济补偿和资金融通功能实现：一是通过经济补偿，为经济发展保驾护航；二是通过积聚保险基金，为经济建设提供长期资金的融通渠道，促进储蓄向投资的转化，优化金融资源配置；培育稳健的机构投资者，改善资本市场的结构，利用保险资金自身的长期性、稳定性和规模性，推动金融市场的高效、稳健运行，为国民经济的发展提供动力支持；三是为人身安全转移风险。

2. 维护社会稳定和人民生活的安定

在当前和今后一个较长时期内，政府基本社会保障广覆盖、社会化和可持续，分阶段推进，仅满足公民基本生活需要的较低水平。人寿保险可以提升我国社会保障水平，构筑强有力的社会保障网。大力发展商业性养老、健康保险，可以发挥主导性的保障作用，减轻政府在社会保障体系中的负担，解除广大人民群众的后顾之忧，促进消费、拉动经济增长，实现经济和社会的协调发展。

三、影响寿险行业发展的因素

寿险行业发展的影响因素包括以下几个方面：

1. 市场利率水平

市场利率水平直接影响投资决策。寿险保单往往具备投资功能，可作为投资工具应用于居民的资产投资组合当中，而备选的投资工具还有银行储蓄、股票等。因此，投资决策的重要影响因素是各种投资工具的投资收益率。与银行存款相比，寿险保单收益率要高一些，但是一般期限较长，流动性稍差。因此当市场利率下跌时，或者预期市场利率要下跌时，居民会倾向于长期性的投资，对寿险保单的偏好会增加。

2. 通货膨胀水平

货币供给大于货币需求时货币贬值，物价上涨，居民购买力水平变化，从而影响居民的消费倾向，进一步影响居民的实际消费行为。对于寿险产品来说，通货膨胀率越高，保单实际价值就越低，居民未来购买力水平就会下降，因此，如果预期通货膨胀率上涨，居民会减少寿险产品的购买；反之，会增加寿险产品的购买。一般而言，通货膨胀影响居民的消费预期进而影响居民的实际消费行为有一个滞后的过程。

3. 银行利率

我国保险公司的资金大部分存入银行,并按照定期名义利率获取利息。因此,银行利率对我国寿险公司经营本身有影响;另外,对于储蓄成分偏重的寿险保单,如果其名义预定利率低于银行的一年定期名义利率,可能出现保险不如储蓄的情况,会使现实需求减少。

4. 人口老龄化

到2025年,中国老龄人口将达到2.8亿,占总数的18%,到2050年将达到4亿多。届时60岁以上的老年人口将占亚洲老年人口总数的1/2,占世界老年人口总数的1/5。中国进入人口老龄化速度过快,面临前所未有的挑战,老龄人口的保险问题对我国寿险业发展影响最大。

5. 社会保障或社会保险

《中华人民共和国宪法》规定:"中华人民共和国公民在年老、疾病、或者丧失劳动能力的情况下,有从国家和社会获得物质帮助的权利。"2001—2010年,我国社会保障总支出由4735.4亿元人民币增长到14818.5亿元人民币,增长了2.13倍。人均社会保障支出由371.03元增长到1782.36元,增长了3.80倍。我国社会保障实现了广覆盖、基本保障的目标,对于我国寿险业的发展具有很大的促进作用。商业保险如何与社会保障衔接,发挥补充作用是一个重大的现实问题。

6. 国民收入与储蓄状况

投保的前提是收入提高而使得剩余资金闲置。根据马斯洛夫需求理论,在满足了必要生活需求之后,人们对于安全、保障的需求将更加强烈。寿险是为保障生活安定而发生的支出。国外研究表明,个人可支配收入与寿险支出表现出显著的正相关性。从1991年到2001年,期末储蓄余额由9241.6亿元增至73762.4亿元,年均增长63.47%。2014年末储蓄余额50.3万亿元,占金融机构全部存款余额(117万亿元)的43%。储蓄的增加必然引起储蓄结构的变化,部分储蓄资金由银行存款转向保险账户。

第二节 保险公司沿革

近代保险起源于14世纪的海上保险。要想深入地了解和评估寿险公司,就必须要了解保险业尤其是寿险业的发展历程,进而了解寿险公司的历史沿革。下面重点介绍鸦片战争后中国保险业的发展脉络。

一、中国保险业的开端

鸦片战争后,清政府在西方列强逼迫下签订了一系列的不平等条约。外国保险公司纷纷进入中国,客观上也促使中国保险市场初步形成。外国保险公司凭借不平等条约所持有的政治特权扩张业务领域,利用买办招揽业务,垄断了早期的中国保险市场,并从中攫取了巨额利润。

面对外商独自侵占中国保险市场,每年从中国攫取巨额利润,导致白银大量外流这一严峻事实,一些仁人志士发愤图强,维护民族权利、自办保险的民族意识被唤醒。在这种背景下,1865年5月25日在上海成立了义和公司保险行,这是我国第一家自办的保险机构,打破了外商保险公司独占中国保险市场的局面,也为民族保险业的发展开辟了先河。

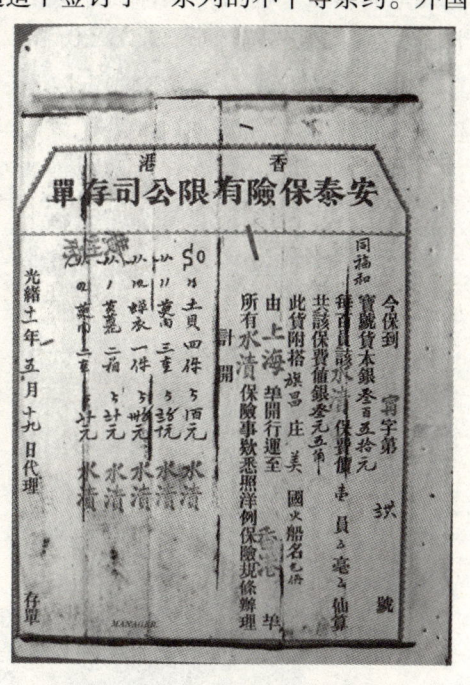

图1-1 香港安泰保险有限公司存单

提到保险业就必须要提到航运业,保险与贸易两者是互为表里的关系。1872年轮船招商局在上海成立,这是中国人自己创办的最早的轮船航运企业,也是现在的招商局集团的前身。它不仅是中国现代航运业的起点,也可以说是中国保险业的源头之一。轮船招商局自创办之日起就深刻意识到保险对于航运业的重要作用。作为一种打击竞争对手的方法,早期依托外商航运业的外资保险公司听命于上司,为了击垮轮船招商局,对其所属的船舶百般刁难,收取高额保费、对中国本土产的船只采取不保等限制。以李鸿章为代表的洋务派,为适应近代航运业发展的需要,先后创办了"保险招商局""仁和水险公司"和"济和水火险公司"等官办保险公司,取得了比较好的经营业绩,并坚持与外商保险公司进行抗争,从而在一定程度上抵制了外国保险公司对中国保险市场的垄断行为。当然,洋务派在保险业方面的努力并不能改变外国保险公司垄断中国保险市场的局面[1]。

---

[1] 赵兰亮. 中国保险业的源头——自轮船招商局到保险招商局 [J]. 中国金融,2011 (08).

新生儿命途多舛,洋行不能容忍招商局分享市场,利益旁落,必欲置之死地而后快。面对外国洋行的联合打压,为了保护航运业,6月20日,李鸿章上奏清廷,"各口岸轮船生意,已被洋商占尽。华商领官船别树一帜,洋人势必挟重赀以倾奇,则须华商自立公司,自建行栈,自筹保险",后又"屡设法劝创"。1875年4月,招商局所属"福星"号轮在黑水洋附近被怡和洋行的"澳顺"轮撞沉,溺死63人,损失漕米7000余石。虽经会审,判定外商负全责,但由于该船船主逃走,未追回一分银赔款。这一事件造成的巨大损失,使招商局自办保险一事被迅速提上日程。

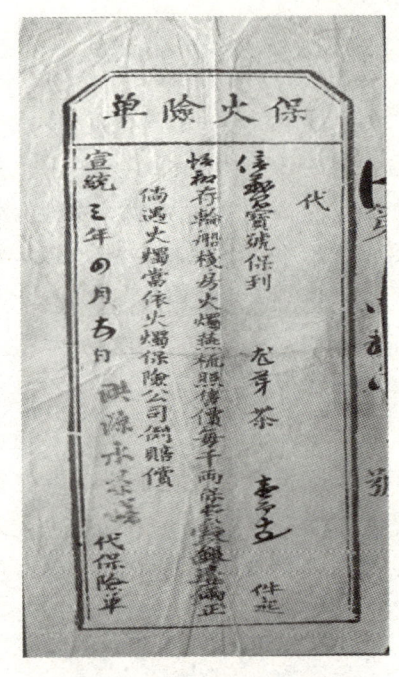

图1-2 洪源水茶栈代保火险单

图1-3 上海康年人寿保险有限公司保单

1875年9月，招商局再次上奏自设保险局获准，"仰即妥慎经理，以广招徕"。李鸿章力主由招商局总办唐廷枢（曾任怡和洋行保险承销人）、会办徐润总理其事。11月1日，精通保险的唐廷枢、徐润，与汉口、天津等12分局商董联名在《申报》和《益报》的醒目位置连续刊登了《保险招商局公启》，宣传开办保险的宗旨、管理体制和集股的办法，宣布成立上海保险招商局及12个保险分局，分支机构遍布汉口、天津、镇江、九江、宁波等国内十余个口岸，以及新加坡、吕宋、横滨等8个外国口岸，以回收利权为宗旨，采用集股方式为中外轮船承保，设定保险本银15万两，规定保险限额，年终由上海总局汇总结算各局账目。同日，《申报》发表《华人新设保险局》的评论，为之鼓与呼。由于李鸿章的号召力和轮船招商局的成功经营，公启发布后，华商投股踊跃，年底就招股20万两。12月28日，保险招商局正式成立，受益于轮船招商局的扶助，保险业务很快就"颇有起色"。在初获成功的基础上，1876年7月，徐润、唐廷枢、陈树棠和李积善堂（李鸿章本人的产业）筹集股银25万两，将保险招商局扩展为仁和水险公司。1876年8月19日，仁和保险公司在沪开张，业务非常兴旺，据称利润率高达30%～40%，1877年股本更扩大到50万两。仁和充分发挥了分散风险、经济补偿的保险功能：1878年"厚生"轮在厦门附近沉没，计提7.75万两进行赔偿（从1879年到1883年，由于多种原因，招商局相继有"江长""伊敦""和众""汉广""美利""兴盛""怀远"等轮船失事，大多以保险费进行了赔偿），如果没有自办保险，后果不堪设想[①]。

二、新中国成立前在夹缝中生存发展的民族保险业

至民国初期，中国民族保险业获得了难得的发展机遇：一是民国刚刚建立需要刺激工商业的发展以稳定政权；二是第一次世界大战的爆发，欧美列强纷纷卷入战争，无暇东顾，大大减缓了洋商对中国保险市场的控制；三是"五四"运动的爆发，反帝斗争的兴起，赢得了整个民族对民族工商业的支持和对洋商的抵制。从1912年到1925年，国内陆续创办了华安合群等30余家民族保险公司，华资寿险市场一度兴起，但由于经营不善，其中停业者居多。

至20世纪20年代中后期，金融资本投入保险业，民族银行开始兴办保险企业，民族保险业开始有了突破性的发展，出现了太平保险公司这样实力雄厚、信誉卓著，分支机构代理网点遍布全国各大城市，甚至涉足南洋市场，在

---

① 文献参考保险学会网站。

国际上也有一定声誉的民族保险公司。但是抗日战争爆发后，保险业受到巨大的冲击。

图1-4　民国时期保险业精英人士

三、新中国保险业的起点——中国人民保险公司成立

1949年中华人民共和国成立后，人民政府在迅速接管各地的官僚资本保险公司，整顿改造私营保险企业的基础上成立了中国人民保险公司，标志着中国的保险事业跨入了一个新时代。1949年10月20日，中国人民保险公司在北京成立，标志着新中国统一的国家保险机构的诞生，这也是新中国成立后第一家国有保险公司。

20世纪50年代的初创时期，保险业仅有中国人民保险公司这一家国有保险公司，保险业务的发展还处于初级拓荒阶段，业务范围也十分狭窄，寿险业务在当时几乎是空白。经历了六七十年代经济发展的低谷时期，到了80年代，伴随着中国改革开放和经济发展，保险业迅速崛起，

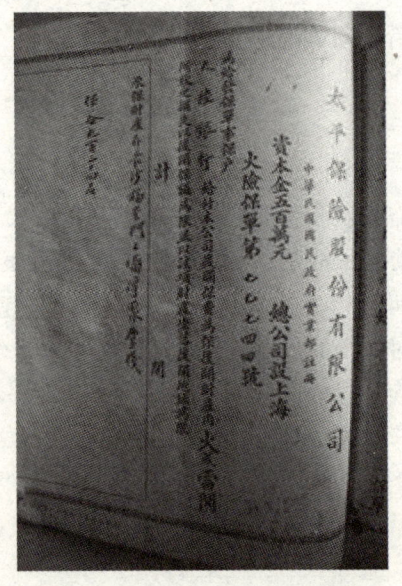

图1-5　民国太平保险公司保单

图1-6 1949年9月,为筹备成立中国人民保险公司而召开的第一次全国保险工作会议代表

为国家经济建设和人民生活提供了多方面广泛的服务,但市场经营主体仍处于人保独家垄断状态,全部保费收入只有4.6亿元。

四、保险业分业经营——寿险业迎来春天

1979年11月全国保险会议在北京举行,经国务院批准,中国人民保险公司恢复了保险业务,1982年恢复了人寿保险业务。但当时保险经营依然不分种类,不论是财产保险还是人身保险,不论是营业性险种,还是政策性险种,或者社会保险的险种,一个公司都可经营,这种经营方式,出现了两种负面影响:

(1) 不按市场经济规律办事,各种保险业务混合经营,损害了被保险人的利益。人保公司在从1980年到1996年这十几年的发展中,由于混合经营,不分什么险种,每年将各类保费加在一起,称为业务收入,看起来成绩很大,但是,它违背了保险的规律,所以被人们称为:"第二财政""第二税务局"。人身保险中的养老保险,年金保险,都是约定到期给付的方式,并约定每年利率不低于8.8%,这是一个很高的利率。因为它是几十年一贯制的,而银行利率或高或低,是根据经济发展情况而定的。当1991年银行一年期利率为7.56%时,中国人民保险公司人身保险储蓄性业务,每年利息就亏损2亿多元,当银

行利率调高了，不少人又退保，保险业务不好做。尽管如此，并没有人为此呼吁，反正混合经营，亏损财政兜底。但中国人民保险公司已经成为自担风险的独立法人，最终的包袱背不动，就会损害被保险人的利益。

（2）财产保险和人身保险混合经营不利于我国保险事业的发展。由于十几年财产保险和人身保险混合经营，保险业务人员的积极性不高。它表现在两个方面：一是业务人员没有内在压力，积极性降低。承担财产险业务的人说寿险吃产险，认为自己背了一个包袱，结果是财产险赔付率逐年上升。二是管理人员算总账，认为可以过得去，因而缺乏动力。在财产险与人身险混合经营中，财产险亏了人身险补，人身险亏了财产险补。这样下去，会从根本上削弱人保公司的补偿能力①。

为此，1995 年中国出台了第一部《保险法》。1996 年，根据《保险法》关于财产保险和人身保险分业经营的要求，中保人寿保险有限公司在承继原中国人民保险公司全部人身保险业务和重组 17 家地方寿险公司的基础上组建成立，保险业自此进入了专业化经营时代。个人营销制度的引入和全面推行，促进了寿险公司的快速发展。从 1996 年到 1998 年，中保人寿保险有限公司的保费收入从 192 亿元增加到 540 亿元，营销队伍由 4 万多人发展到 20 万人，一跃成为中国最大的保险公司。

1999 年 3 月，中保人寿保险有限公司更名为中国人寿保险公司，成为国有独资的一级法人，直接隶属于国务院。至此，中国人寿正式独立登上中国金融保险市场的大舞台，为数亿中国人提供各种人身保险，承担着服务经济发展与维护社会稳定的重要功能。

图 1-7　中国人寿 LOGO 及位于北京金融街的总部大楼

---

① 胡文富. 论保险的分业经营 [J]. 保险天地，1996（07）.

为积极应对加入 WTO 带来的挑战，2000 年，中国人寿做出了股份制改革的重大决策，确立了建立现代企业制度的发展方向。

2002 年，中国人寿提出了"实现保费 1000 亿，跻身世界 500 强"的目标，当年实现保费收入 1287 亿元，并以此业绩首次入选《财富》"全球 500 强"企业。

2003 年 6 月，中国人寿保险公司重组为中国人寿保险（集团）公司，并独家发起设立了中国人寿保险股份有限公司。12 月 17 日中国人寿保险股份有限公司在纽约成功上市，18 日在香港成功上市，创造了当年全球最大规模的 IPO。重组上市的成功，标志着中国人寿迈进了一个前景更加灿烂辉煌的新时代。

2007 年 1 月 9 日，在上海成功回归 A 股，成为中国首家境内外三地上市的金融保险企业，坚持"主业特强、适度多元"的发展战略，确立了打造国际顶级金融保险集团的奋斗目标，明确了中国人寿特色的科学发展之路，提出了全面提升综合经营管理能力的战略要求。

经历了十多年的发展，中国人寿稳坐中国寿险行业头把交椅，占据了国内寿险市场份额的近三分之一。在 2015 年《财富》世界企业五百强中排名第 94 位，中国人寿已经成为全球市值最大的上市寿险公司。中国人寿的发展已经成为中国寿险业蓬勃发展的缩影。

五、股份制寿险公司为我国寿险业注入活力

随着 1988 年平安保险公司的设立，我国保险业开始走上市场化发展的道路。在市场经济环境下，国有资本主导的寿险公司与民营资本主导的寿险公司公平竞争，为我国消费者提供了更加优质、更加便利的寿险服务，同时也推动了我国寿险业不断向前发展。从表 1-1 中可以看出，在前十大寿险公司中除去国资背景的中国人寿、人保寿险、太平人寿这三家外，其他的均是股份制的寿险公司，而平安人寿和新华人寿已经进入前三强。

表 1-1　　2015 年 1—7 月中国十大人寿保险公司原保费收入

排名	公司名称	原保险保费收入（1—7 月）
1	中国人寿	2532.20 亿元
2	平安人寿	1360.15 亿元
3	新华人寿	800.36 亿元
4	太平洋人寿	735.21 亿元
5	人保寿险	716.14 亿元

续表

排名	公司名称	原保险保费收入（1—7月）
6	太平人寿	536.81亿元
7	泰康人寿	447.95亿元
8	生命人寿	436.18亿元
9	安邦人寿	387.17亿元
10	阳光人寿	225.59亿元

中国平安保险成立于1988年，是我国第一家股份制保险公司。2002年中国平安人寿保险股份有限公司成立，依托金融服务齐全的平安集团，平安人寿已成为中国第二大寿险公司。同样作为我国最早的股份制保险公司，太平洋保险成立于1991年5月13日；2001年，中国太平洋保险公司进行体制改革，中国太平洋保险（集团）股份有限公司成立，控股设立中国太平洋财产保险股份有限公司和中国太平洋人寿保险股份有限公司。

图1-8 迈向国际化和专业化的平安管理团队

作为新中国第一家全国性的保险公司，中国人保在1996年将寿险业务分出后曾专注于财产险的发展，但随着2005年中国人保寿险的成立，寿险业务已成为中国人保发展最快的业务之一。1929年创立于上海的中国太平保险，可以说是中国历史最为悠久的保险公司之一。1956年中国太平移师海外，直到2001年才重返国内市场。在保险业集团化、混业经营的大环境下，作为央企的中国人保和中国太平其寿险业务都取得了不俗的业绩表现。

 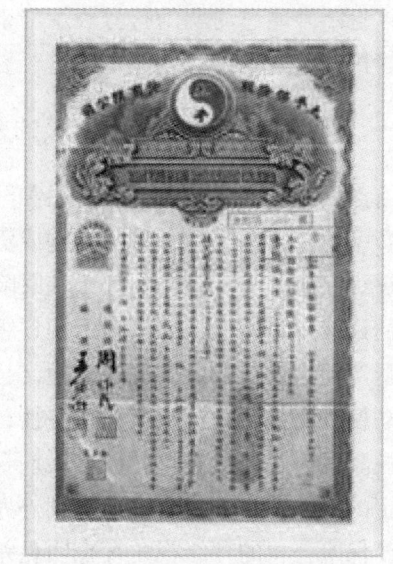

图 1-9　太平人寿旧址全貌　　　　图 1-10　中国太平早期保单

保监会网站 2015 年 11 月 3 日公布的《2015 中国保险市场年报》显示，2014 年全国保费收入突破了 2 万亿元大关，增速达到 17.5%，是自 2008 年国际金融危机以来最高的一年。财险保费收入 7203.5 亿元，同比增长 16%；人身险保费收入 1.3 万亿元，同比增长 18.4%。在业务结构方面，结构调整走向深入，保证保险同比增长 66.1%，年金保险同比增长 77.2%，健康保险同比增长 41.9%。在经营效益方面，保险公司实现利润总额 1934.2 亿元，同比增长 91.4%，保险资金运用收益 5358.8 亿元，同比增长 46.5%。保险资金投资收益率达 6.3%，同比提高 1.3 个百分点，创五年来最好水平。以总规模保费计，2014 年，寿险前 10 大公司的门槛已提升至 600 亿元，较 2013 年有大幅提升。从这些数据中我们可以发现伴随着我国经济的发展，尤其是改革开放以来，我国形成了以寿险为主导的保险产业。今天保险业取得的巨大成就，是一代又一代保险人不断努力不断探索的结果。

第三节　研究的必要性和意义

对寿险公司进行信用评级是根据一系列科学的指标体系对寿险公司承担保险责任、履行保险义务的能力以及寿险公司的信誉水平进行客观公正的评价，并将评价结果通过简明的符号表示出来，以供投保人、再保险人、投资者、社会监管机构及其他利益相关主体进行参考。

一、寿险评级与非寿险评级的差异

前面已经提到，由于寿险公司和财险公司经营业务的不同，无论是承保原理、费率厘定，还是业务期限结构或资金运用，都存在很大的区别。保险公司信用评级一般分为寿险公司评级和财险公司评级。根据保险公司的不同性质从不同的评级视角出发，才符合信用评级的内在规律和要求。

财产保险公司的业务期限较短，且非寿险风险发生的概率波动性较大，资金流动性较高，经营过程有高风险性，其财务安全性和到期偿付能力受到很高的重视。而人寿保险合同往往是长期合同，保险期限较长，这使得寿险公司具有一定的特殊性，其经营容易受到外界诸多因素的影响。因此，人寿保险公司和财产保险公司的评级视角存在明显差异，主要从以下六个方面具体分析：

1. 经营环境

进行评级时，财险公司需要考虑的市场环境是供给与需求、垄断与竞争，宏观调控政策和监管环境会直接影响财险公司的盈利能力和偿付能力；而寿险公司更需要考虑的是整个宏观经济形势，考虑人寿保险业在整个国民经济中的地位，也包括行业竞争状况和行业监管环境。

2. 基本素质和组织结构

财险公司基本素质包括组织结构、背景和经营历史、经营战略与理念、社会公众的形象，要注意到其经营理念与发展目标的科学性和可执行性，良好的社会公众形象会增强财险公司的市场竞争力；寿险公司需要对其组织结构、股东所处行业和地位进行评价，这都直接影响到公司效率。

3. 经营能力

财险公司评级要关注其市场竞争地位，关注其市场份额、影响力和产品差异性等；寿险公司评级需要重视其经营策略，其业务分散程度和业务成长及质量十分关键。财险公司的营销战略水平对公司的发展和稳定有重要作用，包括目标市场的确定和定价策略；寿险公司要考察的则是其创新能力，考察其发展新业务和开发新市场的能力。另外，是否具有相对优势和强劲的成长能力，获利是否稳定，是否具有可预测性对涉及长期性财务指标的寿险公司来说也极其重要。

4. 管理水平和风险管理

由于其承保风险发生概率有很大的波动性，财险公司内控机制在经营稳定性上发挥着巨大作用，主要考虑其制度完备性、执行效果、监督程序和危机处理；而寿险公司存在着一定的精算风险，虽然死亡率相对稳定，但由于寿险合同的长期性，保险公司的经营会受到预定利率、通货膨胀因素和投资收益率等的影响。对于财险公司来说，风险分布的不均衡性和保险损失的集中性，使资产负债管理和分保风险成为风险管理的重要内容；而寿险中存在着较大的人为操作风险、道德风险、信用风险和代理人风险，这直接影响到寿险公司的盈利能力和声誉，同时，寿险公司对应对债务危机的现金储备也有一定的要求，因此，运作风险和流动性风险也是寿险公司风险管理的主要内容。由于对资金有较高的流动性要求，财险公司投资组合首先看重的是流动性，最后是安全性和收益性；而对寿险公司来说，业务的长期性决定了资金安全性最重要，最后是盈利性和流动性。

5. 财务分析

财险公司的财务分析指标主要是偿债能力、获利能力和财务稳定性，偿债能力包括偿付能力额度、流动比率等，另外，再保险的利用率也是重要的指标，主要用于反映保险公司风险分担和承保能力增大的可能性；而寿险公司财务分析主要指标是获利能力、资本充足率和资产质量、财务杠杆，获利能力指标评价、利润来源和增长性等，资本充足率指标主要度量与公司营运规模相关资本的多少，运营中承担的风险大小、资本效益等。对于寿险公司来说，经营哲学与战略评价也极其重要。这部分主要考虑决策层的经营理念、发展战略的合理性和目标实现的可行性。

6. 宏观环境

与财险公司相比，寿险公司在受宏观环境的影响程度、资产负债的匹配程度和财务稳定性的要求等方面存在显著差别，这是由其经营业务性质决定的。因此，两种不同性质公司的评级的视角有显著不同，财险公司评级较注重公司内部控制管理水平，而寿险公司评级更侧重于风险管理和投资策略，也考虑了长期经营哲学与战略。对不同性质的保险公司采取不同的评级方法，评级结果才能更科学合理，有更深远的意义。

二、本研究的必要性

截至 2015 年 6 月，我国寿险公司总量已达 68 家。但寿险业收入发生了波动，2011 年寿险保费收入 8695.59 亿元，同比下降 10.16%，2012 年为 8908.06 亿元，同比增长 2.44%。这间接地反映了在快速发展的同时，我国的保险行业存在着一些突出的问题。保险公司"粗放式"的经营战略，刻意追求市场份额，忽略产品质量和多样性；保险市场存在不合理行为，保险人、保险代理人欺诈问题严重，缺乏有效的约束和激励机制；保险业的监管水平相对落后，没有形成一套有力的监管体系；有些保险公司比如中小寿险公司品牌认知度不高，业务发展受限，负债久期短，资产负债存在错配现象；治理结构不合理，基础管理相对滞后；保险市场的信息不对称现象严重，增加了交易成本，降低了市场效率，弱化了保险行业的形象。虽然，保监会出台了许多措施来解决这些问题，但是整体结构还有很多方面尚待完善。中国保监会主席项俊波在 2013 年全国保险监管工作会议上指出："保监会 2013 年需重点关注寿险满期给付和退保风险、资金运用风险、偿付能力不达标风险"。在这种情况下，对保险公司进行信用评级成为了解决问题的有效办法。较高的信用评级，既是寿险公司降低风险的重要保障，也是寿险公司持续发展的前提和保证，其必要性具体来说有以下几个：

1. 有利于公司的持续稳定经营

要进行持续经营必须做好风险评估的工作。寿险合同一般具有短期不可终止的性质，这不仅增加了寿险公司对于负债总额积累计算的难度，而且寿险公司总资产中占相当大比例的是外来资金，国际国内行业局势及环境的长期不确定性、消费者支付意愿和偏好等的多变性使得负债风险也具有不可预测性。因此，要进行持续经营必须做好风险评估的工作，需要对寿险公司进行信用评级。

2. 有利于改善保险市场信息不对称的现象

信息的不对称性是影响中国寿险行业腾飞的重要原因。要获得对寿险行业的肯定，必须要对寿险公司进行信用评级。首先是投保人和保险公司之间的信息不对称。任何市场交易都应尽可能地保证公平性原则，即要求保护交易主体的知情权。但是保险商品的特殊性使得投保人难以了解保险公司的真正情况。因此，保险信用评级制度能够降低保险公司与投保者之间的信息不对称。投保人与寿险公司之间的信息不对称，使投保人不能正确客观认识寿险公司所开发的产品和代理的相关业务，不能全面掌握寿险公司相关已有而未公开的真实的数据。而信用评级可以为投保人提供关于企业较为准确的参照数据以便其更合理地安排自己的消费，避免不必要的损失。对于投保人来说，寿险公司进行信用评级可以透露该公司的风险大小，向投保人或者潜在的投保人传递关于本公司的一些重要信息，作为投保人进行投保的重要参考依据。

其次是保险公司和监管机关之间的信息不对称。我国监管机构对寿险公司的监管方法和监管手段落后，缺乏有效的监管体系，使得监管机构缺乏必要的信息，无法及时了解和掌握寿险公司各方面的真实情况，增加了市场中发生违规操作的概率。对寿险公司进行信用评级，其评级的结果本身可以作为一种参考标准，为监管机构提供及时有效的信息，弥补政府监管存在的漏洞，进一步完善监管指标体系，有利于发现问题，"未雨绸缪，防患于未然"。而且，信用评级还可以揭示和预警风险，促使社会监督，有利于敦促寿险公司改善自身管理与资产状况，最大程度地规避风险。

保险市场非对称信息可能导致帕累托最优无法实现。拥有私人信息的一方会导致交易的不公平，信号传递才能实现帕累托改进。对保险人和投保人而言，保险信用评级就是一种较好的信息传递信号，可以在一定程度上解决信息不对称问题。如果交易行为的透明度低，或者交易行为的信息传递不畅，保险公司的失信行为就不能被潜在的市场参与者及时发现，相反，如果交易的透明度高，并且交易行为的信息传递畅通，那么保险公司的失信行为就会减少，失信的保险公司将被市场所淘汰。

3. 有利于公司实施全面风险管理

普华永道公司《全球首席执行官调查报告》（2004）指出，世界39%的CEO一致认为全面风险管理是企业的首要工作。对企业风险管理的所有环节进行分析，构建重要的评级指标，能够较全面和科学地反映寿险企业的基本情况，揭示其偿债支付能力以及对于风险进行控制的能力，能够很好地促进企业的发展。所以构建我国寿险行业的信用评级体系，以全面风险管理相关内容为指导思想的寿险公司信用评级将成为改变寿险市场、提高寿险公司竞争力的重要工具。

4. 有利于提升企业形象

企业信用比较客观地反映了企业履行自身承诺的能力与意愿，而历史记录是能够真实表达企业履行承诺的凭证，是企业信用的一部分。信用评级提供了一个很好的参照，一方面反映了企业是不是有积极地履行承诺的意愿，从而有助于企业保持良好的信用记录；另一方面反映了企业是不是具备保持良好信用水平的能力。

5. 有利于提高寿险公司的国际经营能力

寿险公司的信用评级符合国际惯例，是寿险公司改善自身形象、提高竞争力的有效策略。对寿险公司进行信用评级，使得公司可以清楚地认识到目前的风险状况以及潜在的问题，从而能够提前采取相应的措施，趋利避害。按照国际惯例行事，有利于寿险公司与国际接轨，更好地进入国际市场，更好地分散风险，提高经营能力。

6. 有利于提高寿险公司的市场竞争力

信用评级的结果是用一种简单的字母数字组合符号表示寿险公司风险的大小，是寿险公司综合能力的象征。寿险公司信用评级越高，表示其信誉越好，偿付能力越强。一般而言，信用评级越高的寿险公司越容易得到投保人的认可，越有利于保险公司发展新的业务，增强其经济实力以及改善经营状况；越容易巩固现存的业务，提高续保率，增强公司的盈利能力。

三、本研究的意义

在国际保险业界，保险公司信用评级已经发展得比较成熟。信用评级制度已成为各国保险监管机关进行有效监管的辅助工具，世界各大金融机构及其金融商品主动接受信用评级已成为潮流。经济社会实体会越来越多地依赖信用风险内部评级信息。信用评级结果可以广泛应用于经济生活中的方方面面，具体可以包括以下几个方面。

1. 资产报告

向高级管理层或董事会报告风险状况，分析各类资产明细表，检查资产组合变化指导管理工作。对于银行系统而言，不良资产余额显示银行问题资产的份额，正常类资产余额则提供了银行未来风险状况的趋势。对于保险系统而言，本身揭示了资产负债的匹配现状。

2. 计提准备金和坏账损失准备

根据会计和管理标准，增加贷款，或者提取损失准备，以补偿资产组合中的潜在损失，或者承保中的潜在偿付风险。

3. 经济资本配置

度量经营风险的一个重要工具是经济资本，也即银行在面临未预期到的大损失时为保持流动性而需要的资产。在目前的风险敏感性盈利模型中，评级是决定经济资本配置的主要因素。通过信用评级结果，可以指导经济资本的配置。

4. 盈利分析和引导贷款投向

根据信用评级结果，特别是财务评级结果，可以分析企业盈利来源与盈利结构，为企业经营提供参考依据。为实施敏感性盈利分析，保险公司必须估计每一级别资产的预期损失，确定可分配的经济资本数量，这对于企业管理决策十分重要。

5. 定价指导

通过评级来指导定价，如果信用评级较高，寿险产品定价可以更加向市场靠拢，否则，需要采用保守精算假设，以应对不能承担的风险。

6. 外部使用者对内部信用风险评级的应用

保险公司内部信用风险评级对保险投资者、投保者、再保险人和监管者来说是一种潜在的信息资源。例如，股东和分析者可用保险公司内部信用风险评级资料衡量保险公司风险。当一个贷款组合中的一类贷款被偿付以后，取代它的新贷款必须具有相同的内部评级（韩枫，2003）。

第四节 研究思路和研究内容

本研究结合我国评级机构早期的信用评级指标体系以及国外成熟的信用评级指标体系，尝试构建一个定量与定性相结合的寿险公司动态信用评级指标体系。本研究通过搜集保险年鉴和各大寿险公司的财务报表，收集相关指标数据，使用改进的模型对我国寿险公司进行信用评级。

一、研究思路

本研究从财险公司到寿险公司，再到再保险公司，从财务实力评级到债项评级，从静态到动态，从一般到特殊，按照循序渐进的方法来开展研究。具体研究思路如下：

1. 从财险公司到寿险公司，再到再保险公司

财险公司的业务非常复杂，但是财务比较简单，因为财险公司主要是一些中短期业务，每年的财务变化能明晰地反映其资信情况。因此，本研究首先分析财险公司。

对于寿险公司，考虑到其负债结构的长期性，短期评价有一定的弊端，本研究在后期中进一步展开研究。至于再保险公司，从精算技术上看，属于非寿险的业务范畴，与财险公司非常接近；但是从经营目标和风险管理技术上看，更类似于寿险公司。简言之，再保险公司兼有财险公司和寿险公司的特征，因此评级最困难。考虑到再保险公司的数量很少，更多情况下需要针对每个再保险公司逐个评级，因此，再保险公司的评级也是下一步研究的方向。

2. 从财务实力评级到债项评级

外部评级主要有两种，一种是财务实力评级（Financial Strength Ratings，FSR），另一种是债项评级，其中债项评级又包括长期债项评级和中短期债项评级。财务实力评级的重点是偿付能力和盈利能力分析，而债项评级的重点则是债务的情况分析，具体包括估计 PD（违约概率）、LGD（违约损失率）、EAD

（违约风险敞口）和 M（有效到期日），甚至演化为风险权重。本研究着重于财务实力评级。

3. 从静态到动态

本研究先重点分析一些静态指标，然后逐渐引入动态指标，包括管理因素、管理层变化和文化理念等。

4. 从一般到特殊

本文先研究一些普通保险公司，然后引入一些特殊的公司，特别是一些政策性的保险公司（例如农业保险）和再保险性质的公司，如劳合社保险公司。

二、研究内容

本研究对信用评级相关理论（包括信息不对称理论、全面风险管理理论以及信用要素分析法）进行综述，构建了寿险公司信用评级指标体系。分析了信用评级的原理，提出了适用于中国寿险公司评级的模型，使用中国寿险公司的财务报表数据和宏微观数据，对中国的部分寿险公司进行评级。本书的具体研究内容如下：

（1）在国内外相关理论基础上，综述我国寿险公司信用评级研究现状和存在的问题，构建了本书的理论研究基础。

（2）在理论分析的基础上，对寿险公司信用评级的相关影响因素进行分析说明，分层选取了代表性的一级指标和二级指标，基本上涵盖了寿险公司的外部因素与内部因素。

（3）确定中国寿险公司评级算法体系。公司信用评价，除了包括指标体系外，还包括算法体系，其中最核心的技术是功效函数和赋权算法。

（4）排除掉"国寿存续、平安养老、太平养老、国寿养老、长江养老、泰康养老、华汇人寿"7家公司后，对61家公司进行评级，包括：国寿股份、太保人寿、平安人寿、新华、泰康、太平人寿、建信人寿、天安人寿、光大永明、民生人寿、生命人寿、中融人寿、合众人寿、人保健康、华夏人寿、正德人寿、信泰、农银人寿、长城、和谐健康、昆仑健康、人保寿险、国华、英大人寿、阳光人寿、幸福人寿、百年人寿、中邮人寿、安邦人寿、利安人寿、前海人寿、东吴人寿、珠江人寿、弘康人寿、吉祥人寿、中宏人寿、中德安联、工银安盛、信诚、交银康联、中意、友邦、北大方正人寿、中荷人寿、中英人寿、海康人寿、招商信诺、长生人寿、恒安标准、瑞泰人寿、中法人寿、华泰人寿、国泰人寿、中美联泰、平安健康、中航三星、中新大东方、新光海航、汇丰人寿、君龙人寿、复星保德信公司。

(5) 我们对信用评级结果进行比较分析，除与非寿险公司进行比较外，还横向进行比较。

第五节 技术路线和贡献

一、技术路线

本研究的技术路线见图 1-11。

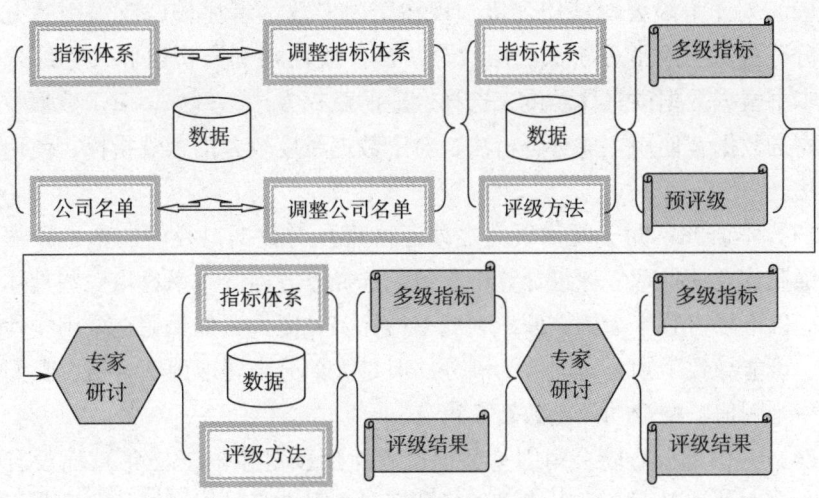

图 1-11 技术路线图

本研究的具体研究进展按照三个阶段来进行：

第一阶段：根据文献研究确定指标体系；确定非寿险公司的名单；确认保险年鉴和保险公司信息披露中有相关数据变量；搜集数据；根据保险报、保监会相关规定补充变量，调整指标体系；根据实际数据筛选待评级的保险公司名单；根据数据类型、样本量确定合适的评级方法；按照指标体系和评级方法的要求调整数据口径，使数据具有可比性。

第二阶段：按照第一阶段确定的指标体系和评级方法，根据调整口径后的数据计算多级指标，给出预评级；提交专家讨论；根据专家意见修正指标体系，修正评级方法，修正数据口径；重新计算多级指标和预评级结果。

第三阶段：将第二阶段的结果提交专家研讨、修改，确定最终的多级指标和评级结果。

二、本研究的贡献

本书构建了体现中国特色的寿险公司信用评级指标体系，在方法上也有所改进和创新，能够为监管部门提供决策支持。本研究主要有以下贡献：

（1）本研究运用国内外评级机构创建的寿险公司信用评级指标体系研究成果，从定性和定量两方面对指标进行综合分析，更加全面地总结了影响寿险公司信用评级的指标因素，构建了针对寿险公司的信用评级指标体系。在定量指标中加入了定性指标，特别是微观指标，通过专家打分，能够更加真实、全面地反映寿险公司的信用情况。

（2）对于寿险公司信用评级，现在国内多数学者比较广泛采用的方法为主成分分析法、因子分析法、层次分析法、线性判别分析法和模糊综合分析法。本书根据数据的具体粒度来选择合适的赋权方法，例如，对于数据粒度很细的财务数据，使用主成分分析法，对于数据粒度较差的宏观指标，使用层次分析法。

（3）本研究不同于既往研究之处还体现在对数据口径的调整、异常数据或者强影响点的处理、评级计算中参数的选择等方面，本书讨论一些具体计算方法。以市场占有率为例，原始利润率指标差异巨大，如果完全采用线性功效函数，可能导致个别公司取值为满分，但是大部分公司取值不合格，我们必须设定一个阈值，配合功效函数转换得分。

（4）我国部分寿险公司因为数据没有达到预定年限（三年）而没有参加评级，在这种情况下，可以通过创建模型对尚未进行信用评级的寿险公司进行信用等级预测，从而缓解寿险公司面临的诚信危机。

第二章
文献综述

> "由于三大信用评级机构被美国政府、中央银行和监管者赋予很大权威，因此它们俨然就是'市场信用之神'，并且相应享有了超商业范围的政治权力。"
>
> ——英国 BBC 评论

本研究报告将保险公司信用评级的相关文献研究和既有评级实践作为研究的逻辑起点。本章对国内外既往的研究和实践进行了简要评述，与此同时，重点介绍了国际四大著名的保险评级公司 A. M. Best 公司、标准普尔（Standard&Poor）、穆迪（Moody's）和惠誉（Fitch），以及大公国际、中诚信国际和联合资信等国内著名的资信评级公司，并介绍了国内保险公司的资信评级情况。

第一节 关于评价与评级的文献综述

信用风险是金融市场最古老、最重要的金融风险之一。直接影响着现代社会的各种交易活动，包括宏观决策和经济发展，甚至影响全球经济的稳定和发展。信用风险评级则成为现代市场经济运行的基础和前提，也是市场竞争获胜的关键。

一、信用风险主要特征

（一）信用风险概率分布的"厚尾"现象

我们常常假定市场价格的波动是以其期望值为中心，主要集中于期望值两侧,呈现"钟形"左右对称,市场风险近似服从正态分布,对于"厚尾"现象解释力很弱。然而信用风险的概率分布往往表现出"厚尾"特征以及正偏态特征,如无抵押贷款,其风险特征是在贷款安全收回的前提下获取利息收益,一旦风险转化为实际损失,这种损失要比利息收益大很多,但其发生的概率很低。

(二)道德风险是形成信用风险的重要因素

在金融和保险的信用风险交易过程中存在着很明显的信息不对称现象,其在信用市场上通常表现为银行发放贷款后,很难对借款人的行为进行持续有效的监管;保险消费者购买保险后就会放松行事的警惕性,这样就存在借款人、投保人从事较高风险行为的可能性,从而使得保险公司承受高信用风险,这就是导致了信用风险产生的所谓道德风险问题。

(三)信用风险的非系统风险特征很明显

信用风险多数情况下取决于交易对手的偿付能力和偿付意愿、债务人的经营管理能力、债务人的风险偏好等非系统性因素的影响,尽管债务人的偿还能力会受到诸如经济波动、收入水平等系统性因素的影响,但是信用风险的非系统性风险特征说明了利用多样化投资来分散风险的风险管理原则,同样适用于信用风险管理。

(四)信用风险的量化缺乏数据基础

信用风险的量化分析由于其观察数据少且不易获得,从而遇到了很大困难。贷款合同、保单等信用产品的流动性相对较差,证券化交易发展滞后。但是,二级市场通常可以为相关风险的量化提供大量数据,同时由于保单的持有期限相对较长,即便到期时出现违约,其频率也远比市场风险的观察数据少。另外,高艳(2003)认为由于信息不对称原因,导致了直接观察信用风险的变动较为困难。

二、信用评级基本要素

(一)信用评级定义

正因为信用风险的重要影响和量化的困难同在,因此信用评级就显得更为重要。市场经济的发展、借贷关系趋向成熟的背景下,直接催生了信用评级,经过100多年的发展历程,信用评级逐渐完善。但是在我国,信用评级发展历程仅有十几年。

美国《银行和金融大百科全书》中给出信用评级的定义为:"以一套相关指标体系为度量基础,标示出个人和经济体偿付其债务能力(偿债历史记录)

和意愿的值。"市场经济活动中各种债务和信用关系（包括政府机构发债、企业的市场融资，以及经济组织和个人商业性借贷），当向债权人举债时，后者就需要对前者的还债能力与意愿进行评价，估计其到期还债的可能性。

国内董辅礽教授指出，信用评级是"由专门的评级机构，对市场主体偿还债务的能力或某种金融工具的投资风险加以评价，以特定符号表示出其可信任程度，并展示给广大投资者的过程。"这个定义中，信用评级的内容为市场主体的偿债能力或者是金融工具的投资风险。

邹建平在《证券评级概论》中指出，信用评级是"通过综合考察影响各类经济组织或各类金融工具的内外部因素，使用科学严谨的方法，对它们履行各种经济承诺的能力及可信任程度进行综合分析与判断，并以简单明了的符号表示优劣，公告给社会大众的一种评价或咨询行文"。与董辅礽的定义不同之处在于，信用评级所揭示的不仅仅是偿债能力，而是广义的"履行各种经济承诺的能力及可信任程度"。

（二）评级对象

何运强（2003）认为信用评级的对象可以是国家、机构、经济实体，也可以是这些实体发行的各种金融工具，主要分为六大体系：主权评级、金融机构评级、基金评级、结构融资评级、企业评级、保险公司评级。

（三）评级目的

评级结果依赖于目前情况或整个信用持续期的整体情况，取决于不同的评级目的，当评级活动主要为是否放贷或者投资提供决策的支持时，就要求从整个信用持续期来考虑其信用状况，评级会以信用持续期的最差情况为准；然而当评级主要为分配资本金、贷后管理时，考虑目前情况的方法更合适。虽然信用评级的目的各不一样，但最基本的要求是信用评级应能反映债务人的财务状况、企业的运作表现状况和承受非预期的不利因素影响的能力。

（四）信用级别设置

信用评级结果往往用字母或数字符号来区分，其设置一般有两方面的要求：一方面是能够区分风险特征的不同，评级符号的数量应满足对信用风险充分区分的前提下尽可能少，虽然评级细分有利于更准确地分析信用风险，但相应的操作成本也会相应增加；另一方面，应将各个评级分类同违约概率等风险特征联系起来，而不仅仅是一个风险排序。

（五）评级因素

信用评级应综合考虑偿付有关的因素：（1）财务状况。当企业发生信用困难时会在其财务状况上有所体现。财务状况一般从四个方面考虑：一是盈利性指标；二是流动性比率；三是营运效率比率；四是负债比率（财务杠杆比率）。（2）行业。行业分析在以定性为主的评级中较为重要。不同行业的发展前景、生产经营周期、竞争状况、市场结构，对相同风险因素的敏感度等各不相同，例如，是否处于衰退行业，在行业中是否处于领先地位，其风险状况也不相同。债务人的财务指标需用相应的行业标准调整才会使不同行业信用评级具有可比性。（3）企业的管理水平，包括企业管理层的学历水平、背景和管理风格。（4）相关法律、国家政策的变化等特殊事件的影响。

（六）评级审核和调整

在信用评级过程中，评级结果可能会因主观错误、客观失真等而出现误差，也可能随各种条件的变化而变化。因此需要对评级结果持续进行定期和不定期的检查，及时调整。审核频次应与受评对象的风险程度相关联，每年至少审核评级结果一次。

三、信用评级方法体系

（一）信用评级方法发展简史

商业银行发展初期，量化信用风险评估一直未得到足够的重视，直到20世纪70年代末的债务危机，国际银行业对于研究和探讨量化信用风险的工作才得以进一步深化，其大致分为以下几个阶段：

在20世纪80年代初的债务危机的影响下，国际银行业开始注重信用风险的防范与管理。1988年巴塞尔银行监管委员会制定了《关于统一国际银行资本衡量和资本标准的协议》，即巴塞尔协议，该协议通过对不同类型资产赋予不同的权数来量化信用风险，从而进一步确定经济资本。但是由于该种信用风险量化方法非常粗放笼统，其在执行过程中遇到了各种各样的困难，也因此受到了越来越多的批评。

随着90年代以后衍生金融工具及交易量的迅猛增长，市场风险日益突出，金融机构危机大案（如巴林银行、人和银行等事件）的发生，使人们的注意力转向了市场风险。国际大型银行开始着手建立自己的内部风险测量与资本配置模型，市场风险测量新方法——在险价值方法（Value at Risk，VaR）诞生，其代表是J. P. Morgan的"风险矩阵（Risk Metrics）系统"。同时激发了商业银行及金融中介机构对信用风险进行量化管理从而统一风险量化工作的热情。

1997年亚洲金融危机爆发，加速了信用风险量化方法的研究，各种信用风险管理模型纷纷出现。其中比较流行的有J. P. Morgan的Credit Metrics模型、KMV公司的Credit Monitor、CSFB的Credit Risk模型以及KPMG公司的Credit

Portfolio View 模型。这些模型的共性在于充分考虑了个别资产质量的同时，从组合的角度分析了银行信用资产的风险，从而使信用风险管理更科学，代表了信用风险管理的发展方向，并在新的巴塞尔协议中进行了广泛的借鉴。

2001年1月巴塞尔银行监管委员会发布了《新巴塞尔资本协议》草案，确定了两种量化信用风险的方法：（1）标准法。改进了原有方法，提高了某些低质量资产的风险权重，使其可以达到150%。（2）内部评级法。新巴塞尔协议认为目前国际上的大银行机构所开发和应用的"组合风险管理模型"是国际银行风险管理的发展目标。考虑到一般银行不具备组合风险管理模型所需要的大量基础数据储备和技术储备，巴塞尔委员会采取了另外一种过渡的方法，即内部评级法。认为可将其内部评级作为复杂程度较高的银行确定资本标准的基础，给出确定风险权重的基本公式，包括违约概率 PD、违约损失率 LGD 等。

综观国际上信用风险管理的研究和实际应用（张维，1989）可以看出，信用风险分析方法逐渐向以多变量、依赖于资本市场理论和计算机信息科学的动态计量分析方法为主的趋势发展。

（二）信用评级方法概述

信用评级工作不仅需要运用科学合理的分析技术将客户的资料和信息加以标准化、数据化，同时还需要专家的主观判断予以辅助。同时对债务人和与其对应的信用工具进行评级是科学的内部信用评级体系的基本要求，例如，对信用工具的具体特点如抵押、担保、优先级别、受保障程度的考察，或者是对债务人的综合财务状况和偿还非特定债务能力的综合评估。

银行主要基于三个方面的信息来评定债务人的信用状况：一是财务报表等可以量化的管理信息；二是上市公司公开发行的股票和债券的市场价格信息；三是客户经理基于对企业的深入了解、结合自己的经验对企业的信用状况做出的评价。前两种信息属于可量化的信息，经过对这些信息进行统计和经济理论上的处理与分析，可以通过建立两大类模型从而建立对企业信用评级的标准。

1. 基于财务指标的模型

企业财务指标反映了企业的历史经营信息，是企业信用分析的基础。基于财务指标的模型的基本思想是筛选对违约率最有解释性的财务指标，通过统计分析建立这些指标和违约率的关系。建立基于财务指标模型的步骤如下：

第一步，筛选指标。根据 Moody 的实证研究，违约率模型中财务指标的选取甚至比模型的形式更为重要，例如 Alntlna 的 Z—Score 模型的核心在于找出一组财务变量，使得组间（如破产企业与非破产企业）方差最大，而组内方差最小。因此 Moody 提供了如下选取法则，先将私有企业的财务指标分为盈利能力、财务杠杆、经营效率等8类，然后进一步在每一类财务指标中挑选对违约率具有最强解释能力的财务指标，如果违约率随着某一财务指标的变化而迅速变化，则这个财务指标的解释力就越强。因此，Moody 在选取财务指标上有两个原则：一是条件单调性，即与违约率单调关系的独立性；二是财务指标与对应的违约率的关系图形越陡峭越好。

第二步，建立财务比例与违约率的模型。常用模型有 Altnaln 多元判别分析模型和逻辑斯蒂模型等。

第三步，实证检验。在统计分析上的数据驱动模型很容易出现过拟合现象，为了预测债务人的违约率，需要对模型进行样本外的检验和参数调整，以保证预测的准确性。

2. 基于市场信息的模型

基于市场信息的模型，其优势在于它以市场价格为基础，由于市场价格具有前瞻性，市场信息能及时调整，从而能够及时高效客观地反映债务人的信用状况变动。其理论基础是 Mertno 的资产价值模型（李银珠，2004），基本思想是：企业的股票是企业资产所有权的期权，执行日是债务的到期日，当资产价值大于债务价值时，执行期权，继续拥有企业，反之让债务人拥有企业。

信用评级的方法多种多样，在财务指标和市场信息的基础上，除了上述提到的几种模型外，有关专家学者还研究出了其他许多方法，下面就有关方法的发展进行综述。

（1）专家判断法

专家判断法是指信用分析专家根据相关的定性和定量信息进行主观判断，最终评定风险等级。包括 5C、5P、5W、LAPP、4F 要素分析法、CAMPARI 法等。

1）5C 分析法

5C 分析法最初是金融机构做客户信用风险分析时所采用的专家分析法之一，近些年则广泛地应用在企业的信用评级研究当中，信用 5C 分析法就是通过"5C"系统来分析对象的信用水平，5C 系统是评估对象品质的五个方面：品格、能力、资本、抵押和环境。

①品格（Character）。要求借款人必须诚信经营。通常要根据历史记录结合现状调查综合分析，对于公司而言，品格主要是指其主要领导人的经营能力与经营作风，公司文化及其伦理，也包括企业在同行业中的信誉、地位等。同时应包括企业经营者的年龄、文化、技术结构、遵纪守法情况，开拓进取，领

导能力,团结协作精神及组织管理能力。

②经营能力(Capacity)。从经济上看,主要指借款与偿还能力、盈利能力和营运能力;从法律上看,信用评价应着重评价授信企业是否具备法定的资格和权利。

③资本(Capital)。企业资本反映授信企业资金实力及资金积累情况。

④资产抵押(Collateral)。有了资产抵押,信贷资产就有了安全保障。信用分析必须分析担保抵押手续、抵押品的估值和出售、担保人的信誉等因素。

⑤经济环境(Condition)。经济环境内在环境主要是指企业的经营特点、经营方式、技术设备状况、劳资关系等企业自身能够控制的方面;经济环境外在环境主要是指国家经济状况、行业竞争状况、行业发展趋势、市场状况等。

2) 5P要素分析法

5P要素分析法是指:一是个人因素(personal factor),企业经营者品德、能力,是否诚实守信,还款意愿等;二是资金用途因素(purpose factor),包括生产经营、还款缴税、替代股权三个方面;三是还款财源因素(payment factor),包括现金流量和资产变现;四是债权保障因素(protection factor),包括内部保障和外部保障;五是企业前景因素(perspective factor)包括产业政策、竞争能力等。

此外,还有LAPP法:Liquidity(流动性)、Activity(活动性)、Profitability(盈利性)、Potentialities(潜力);4F法:组织要素(Organization Factor)、经济要素(Economic Factor)、财务要素(Financial Factor)、管理要素(Management Factor);CAMPARI法:品德即偿债记录(Character)、借款人偿债能力(Ability)、企业从借款投资中获得的利润(Margin)、借款的目的(Purpose)、借款金额(Amount)、偿还方式(Repayment)、贷款抵押(Insurance)。

上述评级方法在内容上存在一定的共性,都是基于信用的形成要素做定性分析,同时会在必要时配合定量分析;都是将道德品质、还款能力、资本实力和经营环境条件等要素进行单项评分,作为银行发生信用、监测信用和调整信用的依据。在运用中必须把企业信用影响因素的各个方面都包括进去。该方法的缺点在于主观性太强,因而只能作为一种辅助性信用分析工具(Snunders,1999)。

(2) 财务比率分析法

财务比率分析法产生于1966年,是通过对企业各项财务指标做综合分析,对企业的经营状况和财务状况进行评价的一种分析法。在实际应用中这是一种相对简单的加权方法,即给每个财务比率确定相应的权重和计算标准,与标准值进行对比，给出个体得分，加权求和，进行等级划分。财务比率分析法可以克服主观性问题，但是其指标权重与标准分对比后得出的财务比率得分的评价本身仍然具有主观性，使得评价结果与企业的实际情况有很大的出入。

（3）信用评级法

信用评级法是一种基于充分分析客户历史数据，并借助信用评级模型，即模型变量和参数，计算信用风险的违约概率与违约损失率，最终根据计算所得的值来确定受评对象信用等级的一种经济计量方法。由于信用评级的因素通常可以利用指标量化，通过同类指标的对比分析就能计算出这项指标的数量差距。信用评级法中一般给经济指标确定一个标准，确定正向指标、逆向指标、参考水平指标的赋值方法，作为对比的依据。常见的模型有主成分分析、聚类分析、因子分析、判别分析、Logistic 回归等。典型的模型如 1968 年爱德华·阿尔特曼博士（EdwardI. Altman）建立的 5 变量 Z-Score 模型和在此基础上改进的"Zeta"判别分析模型。

1）判别分析（Discriminant Analysis，DA）

判别分析法根据已知的违约和非违约（或多个等级）的企业特征找出一个或多个判别函数（或准则）用于判别观察向量应判属哪一类别，在所测量的指标变量上是否有显著差异。DA 包括线性判别分析（Linear DA）和二次判别分析（Qudrartic DA）。其中，Fisher LDA 应用最为广泛，先降维（例如投影），再建立判别函数。

但是，如果使得 LDA 法的成本最小，则必须满足如下条件：正态、等协方差。然而事实上经常不满足，虽然可以用对数变换使之成为正态分布，但是这种方法在理论上的可行性不够强，而且当变量向量中离散变量和连续变量同时存在时，判别结果则不是最优的。

2）Logistic 回归（Logistic Regression）

Luce 在 1959 年提出了一种非线性分类的统计方法，即 Logistic 回归。不要求满足 LDA 的基本假设，但满足 LDA 的假设时，这两者等效甚至会优于 LDA；Logistic 函数可以对每个变量进行显著性检验，尤其是计算相对风险。建模过程中，会发现异方差性几乎一定存在，因此需要对方差、协方差矩阵进行加权处理。

3）聚类分析（Cluster Analysis）

在信用风险的实际分析中，聚类分析（Cluster Analysis）法根据借款人的指标计算出在样本空间的距离，来对样本进行分类。这种方法的主要优点是可采用名义尺度、次序尺度，对变量进行分析，同时也可对现实中无法用数值精确表述的属性进行客观分析。该特性决定了该方法适用于信用风险分析中按照定量指标和定性指标对服从一定分布特性的数据信息进行分类。

k近邻判别（k Nearest Neighbor）法，先随机确定k个类中心，或者指定k个类中心，按照若干定量变量从样本中选取与确定向量距离最短的k个样本为一组，反复迭代，确定最优类中心。另外，该方法通过将变量在样本整体范围内分为任意多决策区间而近似样本分布。

4）Z评分模型与ZETA信用风险模型

①Z评分模型

Z评分模型是财务专家Edward Altman（1968）利用5个财务比率建立的著名的线性判别分析（Linear Discriminant Analysis，简称LDA）模型，其基本思想是根据数理统计中的辨别分析技术设计的一种破产预测模型，首次将严格的多元统计理论及方法应用于财务危机、公司破产及违约风险的分析当中。他选取能够反映借款人的财务状况，对贷款质量影响最大、最具有预测或者分析价值的指标进行分析，从而最大程度地区分贷款风险度。

②ZETA信用风险模型

ZETA信用风险模型（ZETA Credit Risk Model）是1977年Altman、Haldeman和Narayanan修正和提升了原始的Z评分模型。他们对银行的历史借款案例进行总结分析，挑选了7个财务指标建立了全新的多元判别分析模型，ZETA模型的评价精度优于Z – Score模型。

③简要评价及改进

Z评分模型和ZETA信用风险模型都是以会计资料为基础的多变量信用评分模型，可以较为准确地反映借款人的信用状况，可以用来判断借款人经营前景好坏，具有较强的预测能力、较强的操作性以及适应性，成为当代预测企业违约或破产的核心分析方法。

两个模型都存在如下问题：首先，两个模型过分依赖于财务报表的账面数据，忽视了各项资本市场指标，因此预测结果的时效性和可靠性受到影响；其次，模型缺乏对违约和违约风险的系统认识，线性关系本身在解释上具有一定的缺陷，因此预测结果的准确性受到影响；最后，两个模型都无法准确评估企业的表外信用风险，同时对某些特定行业的企业也不适用。

为了克服线性判别函数的缺陷，Ohlosn利用Logit方法对破产和非破产企业进行了分析，认为Logit方法在预测准确性和稳定性方面优于线性判别函数。为了克服参数统计问题，Fyrmdna等引入了递归分割方法，该方法不像参数方法那样形成一个具体的判别函数，而是通过引入期望误判损失达到最小分类准则生成判别树来进行分类。

Moody违约率模型是目前最有影响,认可度最广泛的模型,最大优点是数据样本全面,样本量大,统计可靠性和稳定性强。Moody建模方法是先将财务比率分为盈利能力、财务杠杆以及经营效率等8类,然后利用单调性和陡峭性等原则从每一类中选出一个进入模型变量,对于进入模型的财务比率采用非参数的方法对其变换,刻画该比率与违约率的关系,再使用Probit模型进行回归,得到违约率模型。

我国资本市场起步晚,国内外的会计准则有一定的差距,直接采用Z-Score模型不可靠。需要从我国企业财务数据中提取特征指标建立相应的信用评价模型,才能做出更为客观准确的评价。

陈静(1999)利用54家公司的财务报表数据,进行了单变量分析和线性判别分析。认为负债比率、流动比率的误判概率低于总资产收益率和净资产收益率指标。指出,负债比率、净资产收益率、流动比率、营运资本/总资产、总资产周转率这6个财务比率能较好地预测ST,但是距离宣布日间隔时间越长,成功率就越低。

张玲(2000)采用了负债比率(负债总额/资产总额)、营运资金/资产总额、总资产利润率、留成收益/资产总额,基于沪深两市120家上市公司(61家绩优公司和59家ST公司)数据,对其中30家ST公司做出了预测。认为在财务困境前五年,这几个比率的预测准确率分别为:87%、70%、60%、22%。

庞素琳和王燕鸣(2006)利用线性判别分析将我国某商业银行贷款企业分为如下三类:"好""中""差"。其中考虑了能反映贷款企业的经营效率、经营周转率、还款能力、盈利能力和资本结构等7个财务比率。其最终判别分类准确率达到75%。

统计模型的问题主要表现在:①模型是经验性,很难对模型的经济意义做出解释;②主要使用会计数据,统计关系有可能随着经济周期的变化而发生变动;③输入变量主要为定量指标,不能对定性信息做出全面的评估;④分析结果因行业而异,需要分行业对模型做出相应的估计。

(4)人工智能模型法

进入20世纪80年代以来,随着信息技术的发展,人工智能技术被引入到信用风险评估中。比较常用的主要有决策树、遗传算法、专家系统、递归分割算法、神经网络等方法。

1)决策树

决策树是Quinlan在概念学习系统CLS(Concept Learning System)(Hunt

上发展起来的一种自下而上的分类方法，其特点在于能构造出决策性的知识表达，直观且利于理解，但在实际应用中，由于问题非常复杂，该模型容易出现组合过于复杂的情况以及过度拟合问题。

2）遗传算法

Greene 和 Smith 将遗传算法（GA，Generation Algorithm）采用一种定长的编码来表示风险识别的准则，应用于信用风险评估问题。本质上是从输入空间到输出空间的一个非线性映射，通过调整权重和阈值来判定变量之间的重要性程度，实现分类目的。它克服了传统分析过程的复杂性以及选择适当模型函数形式的困难。虽然神经网络可以有效解决非正态分布、非线性的信用评估问题，但还是存在着一些缺陷，例如可解释性、结构确定困难等。

3）专家系统

专家系统（Expert System）是一种利用智能计算机程序实现知识和推理，成为专家的决策工具或为非专业决策者提供专业性建议。在解释功能、灵活性、学习功能三个方面具有优势。传统的专家系统采用直接法，现在的专家系统采用启发式方式，先根据专家范例对特性加以提取，然后使用启发算法获取产生式规则，选用概念学习算法抽取共性的结果，对新样本正确分类，建立产生式系统。Romaniuk 和 Hall 开发了 Fuzzynet 的信用评价专家系统，用来辅助判断是否批准贷款。其缺点在于：专家系统本身知识获取困难，信用评价过程中噪声数据的处理，不适合基于逻辑处理机制的专家系统来处理。

4）递归分割算法

递归分割算法（Recursive Partitioning Algorithm），是递归地把样本集合分割为不相连的子集，以期望误判成本最小化为目标，建立最小风险分类树，然后选定经交叉有效性测试得出的分类树的恰当的复杂度的人工智能模型。该模型广泛应用于信用风险分析。

5）神经网络

神经网络（Neural Networks），是一种自上而下的有指导的学习模型。信用风险分析中，先找出影响分类的一组因素作为输入单元，然后训练形成信用风险分析模型，再代入新的样本输入，产生信用风险的判别。包括 BP 神经网络、概率神经网络、扩展的学习向量量化器、多层感知机等方法。

①BP 神经网络

Rumelhart（1986）等人提出了误差反向传播算法（BP 神经网络模型）。在信用风险分析中，Tam 和 Kiang（1992）建立三层 BP 网络预测银行破产概率；Jensen（1992 年）对贷款企业进行分类；Coats 和 Panf（1993 年）对美国公司和银行财务危机进行分析，建立预警模型。

国内应用方面，王春峰、万海晖和张维（1992）对商业银行进行信用风险评估；杨保安和季海（2001）构建对商业银行贷款风险进行研究；郝丽萍、胡欣悦和李丽（2001）建立了商业银行信贷风险模型；庞素琳、黎荣舟和王燕鸣等（2003）对我国某商业银行贷款企业进行两类模式分类和三类模式分类，准确率分别达到98.75%和80.56%；黎荣舟、王燕鸣、庞素琳（2003）结合神经网络和多层感知器建立了一个企业信用风险评级模型；方洪全、曾勇（2004）建立了两阶段的信用风险评估体系，对银行的违约概率进行研究；吴德胜、梁樑（2005）运用Elman回归神经网络模型对信用分值进行输出；何跃、蒋国银、刘学生（2005）基于管理学6C理论建立双重指标体系BP神经网络评估模型。

②概率神经网络

1990年Specht提出概率神经网络（Probabilistic Neural Network，PNN），根据贝叶斯定律建立最优判定原则，利用样本信息结合先验概率对新的样本进行分类。这种方法既具有统计分类的功能，又不受分布设定的限制，可以提供对计算结果的解释，在分类功能上与最优Bayes分类器等价，训练时间短，具有不易收敛到局部最优点的优点。

Tyree等（1995年）建立了输入层、模式单元层、汇总单元层和输出层四层PNN，其中模式单元层中每一个结点具有其权值集合；汇总单元层中每个结点仅与其相关的那一类模式形成联系；输出层的唯一结点综合汇总层的输出得出判定结果。Yang和Marjorie（1999）建立了公司破产预警模型，研究了美国122家石油公司的财务困境，Hajmeer等（2002）和Simon等也有类似研究。

黄德双（1996）研究了隐单元的特征分解法、正交迭代法和子空间学习法；黄德双（1998）进一步提出了一种新的径向基概率神经网络模型，实现各项指标的测试准确率都比BP算法的测试准确率高；庞素琳（2005）对我国2000年106家上市公司进行了两类模式分类研究。

③扩展的学习向量量化器

扩展的学习向量量化器（ELVQ）具有一个可变动隐单元层，可以根据需要动态地确定新的隐单元，在形成最优网络结构过程的同时完成样本训练和变量选择。Poddig最先用于信用风险分析，具有训练快捷，易于掌握，结构相对简单的特点。

④多层感知机

多层感知机（MLP）采用反向传播算法，网络构建中删除技术相对于其他的神经网络更完善，MLP 在调整权重时通常采用输出值与期望输出的方差和最小为原则。输入层财务指标经过主成分分析、轮廓分析（Profile Analysis）等方法选定，隐节点层多采用 logit 函数 sigmoidal 函数，作为一种非线形的回归工具可以完成传统的统计方法的计算功能，却不受分布设定、协方差假设的限制；输入新样本后自动改变权重，不冲销旧样本，只是重要性受到一定程度的弱化；在噪音、随机环境下表现出不次于经典分类方法的分类正确性；距离借款人违约破产时间越近评定的准确性越高，对分割点（Cut off point）（即区分违约与否的分界值）的变化不如 LR 敏感；其判别能力很难以符号的方式表达，如果希望检验单个输入相对重要性，以及得出结果的原因，它就显得无能为力；MLP 的网络结构设定还没有成型的理论指导；当结构复杂时，样本训练次数要求高，其运算效率必然降低。

Altman 等研究指出，LDA 的分类正确率稍高于 MLP，但综合考虑解释能力 LDA 优于 NN，Kerling 也指出，大多数的实证倾向于 MLP 更好。

总体而言，人工神经网络方法应用于信用评价模型准确性比较高，明显高于线性判别分析，在测试数据线性可分时，则线性判别分析方法的准确性和神经网络相当。这主要是神经网络的适应性强，有较强的适应训练样本变化的能力；具有稳健性，对样本中存在的噪音数据、偏差数据不敏感。

神经网络模型的缺点体现在：一是对样本的依赖性过强；二是解释功能差，仅给出一个判断结果，中间过程是一个"黑匣子"，建议构建整合系统（Hybrid System），保持准确性高、适应性强、稳健性的特点，同时也增加了其解释功能。

6）支持向量机

Vladimir N. Vapnik 教授提出支持向量机（Support Vector Machine，SVM），在回归估计、模式识别、金融序列分析、密度估计、函数逼近、风险预算等各个领域获得了巨大成功，立刻成为机器学习、神经网络、人工智能等方向的专家与学者研究的热点。1962 年，Rosenblatt（1962）提出了第一个学习机器的模型，称作感知器；Vovikoff（1962）进一步发展了学习理论；1968 年，Vapnik 和 Chervonenkis 首次提出了统计学习理论（Statistic Learning Theroy，简称 SLT），研究有限样本情况下的机器学习规律；Vapnik 等（1995，1998）又提出支持向量机，成为解决模式分类和回归问题的有利工具。

关于支持向量机的应用，Tay 和 Gao（2001，2002）、Lijuan Gao（2003）、Kyoung – jae Kim（2003）对金融时间序列进行预测；Lin Chunfu 等（2004）、Tsujinishi Daisuke 等（2003）利用模糊 SVM 方法研究模式识别问题；Fan 和

Palaniswami（2000）对企业破产进行预测；Galindo 和 Temayo 对银行信用风险进行评估；姚奕和叶中行（2004）利用 SVM 研究银行客户信用评估系统；Huang Zan 和 Chen Hsinchun 等（2004）、沈翠华和高万林（2004）对企业信用等级进行分析。

（5）模糊评估法

模糊算子法、模糊积分法、模糊综合评估法等主要引用模糊数学方法研究企业信用问题。

模糊数学方法多使用层次分析法确定权重。T. L. Saaty 教授（1970）提出了 AHP 法，根据因素特性将各类因素组成编排好的层次结构，进行规范化，将定性问题进行量化；Sinuany、Mehrez 和 Hadad（2000）将数据包络分析法与层次分析法相结合，提出交互式 DEA—AHP 模型以提高准确性；Malcolm B（2002）提出将专家意见和多个指标进行整合的方法。

1）模糊算子法

Zimmerman 和 Zysno（1982）把模糊数学的概念运用到因素综合分析评价，提出模糊算子法。Romaniuk 和 Hall（1989）进一步开发了一个客户资信评价专家系统，然而，模糊算子模型过于简单，对于综合评价没有提出具体可操作的步骤。

2）模糊积分法

Sugeno（1979）提出了模糊积分法，给出了积分测度和被积函数之间的相似性，在企业信用评估中，积分测度由评价客观标准来确定，被积函数由被评价企业的有关参数来确定，通过 Sugeno 积分可以确定该企业是否符合有关标准。该方法的前提条件是必须事先确定评价标准，这对于企业信用等级确定有一定的难度，实施有困难。

3）模糊综合评估法

Sugeno 法要求有评价标准，模糊综合评估法克服了上述缺陷，在对影响因素进行综合分类基础上确定因素体系，利用层次分析法对所有因素的重要性进行比较计算得到有关权数，进行单因素判别建立模糊判别矩阵，再综合评价。周埠华、张综益和杨俊（2000）提出了多层次模糊综合评估法，以提高判别精度；邹新月、王建成（2001）将定量指标和定性指标进行了很好的结合，采用多层模糊综合评价模型对企业进行评价；关开澄（2005）构建了包括多种要素在内的非财务指标体系对企业绩效进行评价；杨新娟、庄宇（2006）创建了船舶企业的信用评级财务指标体系和信用评级非财务指标体系，建立了多层次模糊综合评级模型；云俊、陈虹和张帆（2006）构建了三层综合评级指标体系，建立了多层次结构模型，运用模糊综合评价方法进行评价；陈娟和吴开微（2009）基于模糊数学的方法理论提出了对企业资信进行评级的方法。

（6）信用风险量化模型

目前，国际上对信用风险量化评估研究的成果有：期限结构模型、死亡率模型、RAROC 模型、JP. 摩根银行发展的信用计量法 Credit Metrics 模型、CS-FP 发展的信用风险加模型（CreditRisk +）、KMV 公司的 KMV 模型、麦肯锡公司的信用证券组合模型 Credit Portfolio View 方法等。

1）期限结构模型

期限结构模型通过分析有风险企业债券与无风险企业债券之间的利差，评估借款人的信用风险。

2）死亡率模型

许多信用评级机构如穆迪、标准普尔等都采用并改进死亡率模型来分析债券金融工具的信用风险，通过分析某一信用级别的债券或贷款的历史违约情况来测度具有同一级别的金融工具的信用风险程度。主要困难是缺乏必要的历史记录材料。

3）RAROC 模型

20 世纪 70 年代银行家信托集团（Banker's Trust Group）首先提出 RAROC 模型（Risk – adjusted return on Capital），通过计算单位贷款风险的收益率并与基准相比来决定是否发放贷款以及贷款定价。RAROC = 贷款收益（通常一年）/贷款风险（或风险资本），其中贷款风险反映了某项贷款一年的预期收益，包括利差收益、手续费等并扣除预期损失及运营成本等。贷款收益则是对不可预期的损失或风险资本的度量。如果计算得到某项贷款的 RAROC 大于临界值，则可以核发贷款，否则应拒绝。

该模型同样可以度量银行资产信贷组合风险，在特定损失率下可以计算为降低风险敞口所必需的股权数量。George T（2005）研究了 RAROC 模型中资产转移定价；Neal 和 Josef（2007）提出调整因素分配资本，以提高 RAROC 配置信贷资源。

4）基于 VaR 的信用风险度量模型

VaR（Value at Risk）是在给定的概率水平（置信水平）下，预期可能发生的最大损失的分位值。

5）Credit Metrics 模型

Credit Metrics 模型①由 J. P. Morgan 于 1997 年推出。此后，A. Nyfeler（2000）、Lawrece R. Forest 和 Kpmecpeat Marwick（2000），David Jones 和 John Mingo（2001）对此做了进一步解释和拓展，现已基本成熟并成为当今世界最为著名的信用风险度量模型之一。该模型应用 VaR 分析框架对一些非上市流通的资产如贷款、私募债券等进行估价和信用风险评价。用模型进行信用风险评价，要搜集借款人信用评级资料、信用变换矩阵、违约贷款的回收率（如变卖抵押品等）、债券市场不同信用级别的债券收益差等资料，以估算标准差，进而计算贷款的 VaR 值。该模型依据一些基本的数理统计公式，将借款者的信用等级与风险资产的预期价值联系起来，对资产组合的信用风险进行量化和分析，目前已成为最具国际代表性的内部风险管理模型。

6）KMV 模型

KMV 模型是以 KMV 公司开发的信用监测模型为代表的模型总称。这类模型把贷款看做期权，股份公司的资产价值是公司股票与债务价值之和，当公司资产价值低于债务面值时，就发生违约，因此债权人相当于卖空一个基于公司资产价值的看涨期权。Black—Scholes—Merton（BSM）系列定价模型认为公司的破产概率取决于公司资产相对于其短期负债的初始市场价值和资产（股票）市价的波动率。因此模型对每一公司分别使用违约证券估价模型来确定其期望违约率，这一概率表示为公司资本结构、资产收益波动性和公司当前资产价值的函数。在 KMV 模型中，信用转移矩阵通过期望违约率的计算来获得，然后使用分析方法求解投资组合价值分布。KMV 模型采用的损失分布是逆高斯分布，从而求得一定置信度下的损失值（VaR）。Duffie 和 Wang（2004）证明 KMV 模型能够准确地对违约概率进行预测。

7）基于精算方法的 Credit Risk + 模型

1997 年底，CSFP（Credit Suisse Financial Products）推出以保险业中的精算思想为基础的信用风险评价模型 Credit Risk +。Credit Risk Plus 模型是一个违约模型，假定违约次数满足泊松分布，将投资组合中单个贷款按风险暴露大小分组，确定贷款违约概率和违约时金融机构承担的损失，然后确定贷款组合损失的概率分布（李毅敏，李仲飞，2002）。CRP 可以计算出数量繁杂的不同的区域之间、不同的商业银行贷款期限结构之间、性质截然不同的资产组合之间的损失概率分布情况，认为违约相关性是不可以观察到的而且也是不稳定

---

① Credit Metrics. Technical Document，JP Morgan，1997.

的，因此利用违约率的波动性来捕捉违约相关性，进一步生成贷款组合的损失分布①。

CRP 模型输入数据为贷款违约率、违约率波动性和风险暴露，尤其适用于对含有大量中小规模贷款的贷款组合信用风险分析。

8）Credit Portfolio View 模型

Credit Metrics 假定信用等级转移概率在不同类型的借款人之间、不同的商业周期之间都是相同的。但经验数据表明，低信用等级的借款者的违约率对于经济周期的敏感性很高。降级和违约概率在经济周期的衰退时期要比繁荣时期明显增大。

1998 年 McKinsey 公司运用动力学的基本原理开发出了 Credit Portfolio View 模型，从宏观经济的角度来考虑对债务人选择违约事件的可能性大小影响，通过随机模拟整个宏观经济运行的状况，来对债务人信用质量进行定量化分析②。

9）EVA 模型

1991 年美国 Stern Stewart 咨询公司提出 EVA 模型，表示净利润超出或低于投资人用同样资本投资其他风险相近的有价证券的最低回报的量值；Terrance（2005）对 EVA 和 ABC 进行集成，来对企业的内部运作和绩效进行评价。

四、国内外研究评述

综合上述文献可以看出，我国学术界对企业信用评级做了相关研究，有理论上的突破。在与国外先进机构合作的过程中，我国信用评级机构自身技术也在不断提高，评级人员越来越专业化，评级的方法与模型不断进步，准确度很高。但在以下几个方面有改进的空间：

（1）目前对寿险公司信用评级的研究相对较少，理论方面缺少创新和突破，暂时没有对我国评级机构提供强有力的理论支持。

（2）我国信用评级机构主要借鉴国外已有的研究成果，但遗憾的是我国缺少完善的数据库支持，所以需要国家对数据库进一步完善。

（3）各种主客观评价方法逐渐走向融合。例如，神经网络对数据的分布要求不严格，人工神经网络通过隐藏层实现非线性运算并取得较好的拟合效果，但是不能详细表述自变量与因变量之间的函数关系，丧失了可解释性，因

---

① 宋荣威. 信贷风险管理研究 [D]. 西南财经大学, 2007.
② 李双佳. 我国商业银行房地产贷款信用风险度量研究 [D]. 郑州大学, 2013.

此，又往往结合因子分析进行因子旋转来获得可解释性。

（4）指标的选取对于评级的影响巨大。不少学者对指标体系进行创新，例如，李小燕、卢闯、游文丽（2003）将心理学应用于信用评级，将信用评级运用于激励理论框架中。王汉荣（2002）指出，对一个事物的评价，往往需要多个指标，涉及多个因素，定性和定量相结合。

第二节　信用评级的实践

本节主要内容为国际保险公司信用评级的基本情况、国内保险公司信用评级的基本情况以及国内保险公司所获得的资信评级的基本情况。

一、国际信用评级公司

20世纪70年代以来，随着保险业的蓬勃发展，使得相应的评级机构也迅速发展起来。当前国外保险行业的信用评级制度已经成为了对保险市场进行有效监管的重要工具。信用评级机构的评级质量也将在维护健康有序的保险市场的过程中扮演越来越重要的角色。下面将对世界上著名的信用评级机构A. M. Best公司、标准普尔公司、穆迪公司和惠誉公司进行介绍。

（一）A. M. Best公司

1906年，美国A. M. Best公司开始对保险公司进行信用评级，对寿险和非寿险公司采取不同的评级方法。主要通过保险公司年度报告来考察财务数据，从偿债能力、经营业绩以及公司实力三个方面进行分析，预测保险公司破产的可能性。评级体系由三套指标构成，普遍使用的是字母等级指标，最高级用A++表示，即信用结果为优；最低级为F，即信用结果为极差。

（二）标准普尔公司

1. 基本介绍

标准普尔公司（Standard & Poor's，以下简称标准普尔）由普尔先生（Mr Henry Varnum Poor）于1860年创立。标准普尔为投资者提供信用评级、独立分析研究、投资咨询等服务。1975年美国证券交易委员会SEC宣布标准普尔公司为"全国认定的评级组织"（Nationally Recognized Statistical Rating Organization，NRSRO）。员工总数超过5000人，分布在19个国家。其通过全球18个办事处及7个分支机构提供世界领先的信用评级服务，同时为世界各地超过220000家证券及基金进行信用评级。标准普尔保持世界领先的核心竞争力是其超过1250人的分析师团队。这些分析师通过制定统一的标准以保证所有评论及分析方法的一致性和可预测性。标准普尔公司主要对企业财务状况进行评级。在保险公司评级方面，标准普尔基于外部风险、公司发展战略、资金流动性以及公司发展业绩等多个方面，依托标准普尔公司完善的评级体系，有效地对保险公司的财务风险进行评估。标准普尔为全球互联网网站提供股市报价及相关多元化金融服务，标准普尔1200指数和标准普尔500指数已成为全球股市表现和美国投资组合指数的基准指数。

标准普尔是金融业标准制定的先驱。评级内容包括：证券化融资、债券担保交易、信用证、非美国保险公司的财政实力、银行控股公司、财务担保公司。股票市场方面，标准普尔在指数跟踪系统和交易所基金方面也占有领先地位。另外，该公司把上市公司的信息标准化，从而使得财务人员能够更加高效地进行多范畴比较。值得一提的是标准普尔的网上服务为世界各地的分析、策划及投资人员提供了有效的协助。综合来讲，标准普尔提供的服务主要包括：债务评级；投资资产的标准普尔指数；为股票、固定收入、外汇及共同基金等市场提供信息分析报告。

标准普尔将企业信用划分为"长期信用等级"和"短期信用等级"；"长期信用等级"对企业信用、国家及地区、长期银行贷款、长期债券、股票及延期贷款的信用进行评估，"短期信用等级"对商业票据、债券回购、活期贷款等短期金融行为进行评估。其表现方式上也各不相同（见表2-1）。

表2-1　　　　　　　　标准普尔长期信用与短期信用

长期信用等级	评述	短期信用等级	评述
AAA	清偿能力很强，风险很小	A-1	清偿能力最强，风险最小
AA	清偿能力较强，风险小	A-2	清偿能力较强，尽管有时会受内部条件和外部环境影响，但是风险较小
A	清偿能力强，有时会受经营环境和其他内外部条件不良变化的影响，但是风险较小	A-3	清偿能力一般，比较容易受到内部条件和外部环境的影响，有一定的风险
BBB	有一定的清偿能力，但易受经营环境和其他内外部条件不良变化的影响，风险程度一般	B	清偿能力不稳定，具有投机性
BB	清偿能力较弱，风险相对越来越大，对经营环境和其他内外部条件变化较为敏感，容易受到冲击，具有较大的不确定性	C	清偿能力很差

续表

长期信用等级	评述	短期信用等级	评述
B	清偿能力弱，风险相对越来越大，对经营环境和其他内外部条件变化较为敏感，容易受到冲击，具有较大的不确定性	D	不能按期还本付息
CCC	清偿能力较弱，风险相对越来越大，对经营环境和其他内外部条件变化较为敏感，容易受到冲击，具有较大的不确定性	—	—
CC	清偿能力很弱，风险相对越来越大，对经营环境和其他内外部条件变化较为敏感，容易受到冲击，具有较大的不确定性	—	—
C	濒临破产，债务清偿能力极低	—	—
D	为破产倒闭的金融机构	—	—

注明：每个信用级别可用"＋"、"－"进行微调。

2. 评级要素

标准普尔以企业宏观的经营评价和竞争概况作为出发点，辅以财务预测和公司治理的微观标准。从分析逻辑上，标准普尔公司倾向于渐进对比研究，其评级思路表现为逻辑递进式，是以国家风险分析作为商务环境、以行业研究作为平台，对微观企业进行信用风险分析的逻辑架构，综合来说是基于信用评级框架的多环节分析构架，很大程度上依赖于对企业财务风险的综合评估，见表2-2。

表2-2　　　　　　　　　　企业信用评级要素

企业经营风险
➢ 企业的特点和特征，如行业、规模等
➢ 竞争环境（国内/国外），如市场、技术、效率、法律法规，等等
➢ 企业的内部管理
企业财务风险
➢ 财务的特点
➢ 企业财务制度
➢ 盈利情况
➢ 资本结构
➢ 现金流
➢ 财务的机动性和适应性

资料来源：标准普尔《公司信用风险分析》。

下面详述标准普尔在评估经营风险、财务风险等时的考虑因素。

(1) 经营风险。其在业务经营过程中需要考虑到的风险有：

① 国家风险：包括政治、经济、特定行业因素和外汇方面的风险。标准普尔把影响私人部门的国家风险因素分成两类，即经济/政治风险和行业相关风险。经济/政治风险方面，关注国家的经济增长预期情况和国家的经济周期趋势等相关因素；在行业相关的风险中，关注劳工市场的限制、劳动力成本和基础设施条件等因素。当标准普尔对公司、基础建设类公司和项目进行评级分析时，其除了考虑主权评级外，还会具体评价影响公司信用质量的经济环境风险或国家主权风险，参考受评主体隔绝这些风险的能力。

② 行业风险：包括行业趋势、行业结构、市场规模、增长潜力、周期性、竞争基础、技术改革以及监管环境等方面导致的风险。标准普尔行业分析的焦点问题是行业的未来发展前景，以及影响该行业的竞争因素。行业风险分析集中到了五个方面：行业平均的净资产收益率；行业产品风险；准入门槛；行业发展前景；合规（也就是考察监管部门的监管和治理能力）。标准普尔将保险公司的竞争地位分为六个等级。在一致性的统一上，其公司进一步引入了"压力情景"（Stress Scenarios）来实现可对比的客观标准的目的。

信用风险方面，重要的因素包括周期性、竞争的激烈程度、资本密集程度、技术风险、监管/放松监管以及能源成本敏感度，标准普尔的公司分析建立在行业风险分析上，其风险状况分析的目的是对公司外部商业和运行环境具有深刻的理解。标准普尔基于对行业之间各项因素的横向比较，以此来确定行业间的风险大小排序，这就增强了跨行业的横向比较性。

③ 个体风险：包括竞争因素、市场地位、成功的关键、多元化、战略与管理和盈利能力等因素。

(2) 财务风险。会计政策；管理层的风险偏好（包括董事会组成、独立性和有效性）、管理实践、财务策略、风险容忍度、会计实务和内部控制；现金流状况；资本结构和资产保护，包括债务形式、资产负债表外债务、混合工具等；流动性及短期因素。

标准普尔认为，在实践中，即便两家公司的财务表现相似，但级别仍可能存在较大差异，原因是在某种程度上它们所面临的经营挑战和发展有差别。对财务风险的评价不会是简单的，而是围绕财务政策和风险容忍度，未来表现的波动性及风险，对现金流充足状况的看法，包括自由现金流和资本支出的弹性程度，以及不同的流动性度量，包括对短期内到期债务的覆盖程度。

因此，标准普尔从风险地位与财务弹性来考虑保险公司的财务问题。

第一,风险地位的评价主要目的是考虑无法通过资本与盈利评估的风险。标准普尔从三个层面进行分析:企业年金、外汇风险和投资风险。

第二,财务弹性方面,标准普尔主要从未来的两年时间内外部资产的来源与支出上分析,可以从以下几点来观察:外部资产来源、财务杠杆、固定费用保障倍数。

除上述因素之外,标准普尔还会考虑公司风险管理、公司治理、流动性、主权评级以及外部支持等影响因素对公司整体信用质量提升的影响。

①公司的风险管理:国际保险公司会在董事会下设立风险管理委员会和风控部门。标准普尔对公司风险管理的评估集中在五个方面:公司风险管理的文化(例如,风控的架构和体系,风险披露的流程等);风控的覆盖面(信用风险、利率风险、市场风险、保险风险、操作风险);新兴风险的管理(未来宏观经济局势的变化、新科技对金融的冲击等);风控模型(VaR模型);风险战略。

②公司治理:标准普尔主要从公司治理结构完整程度、未来发展战略合理性、兼并收购和商业模式等方面对公司治理进行评估。

③外部支持:标准普尔对外部支持的评估,主要考虑国家支持与集团支持,包括社会民生问题,例如出生、教育、医疗、住房、养老等一系列民生问题。

3. 评级方法

标准普尔采用定性分析和定量分析相结合的方法进行信用评级:定量分析方面,在财务分析和部分指标预测中采用数据分析,基于企业经营活动的实际数据通过数学模型来量化信用风险,实际数据主要来自于企业的财务报表;定性分析方面,评估人员需要根据其自身知识、经验以及综合判断能力针对企业内部及外部的经营环境进行分析判断,通过对照其信用评级的参考标准,进而对各项评价指标进行分析判断,最终形成定性评价结论。主要考虑的因素有:经济周期、竞争地位、行业发展态势、法律诉讼、政策环境及突发事件等;财务分析上关注现金流的分析和预测。

4. 评级过程

标准普尔的信用评级过程如图2-1所示。

其中,标准普尔评级过程具体流程如下(见图2-2)。

标准普尔的评级方法将主体评级的风险划分为经营风险和财务风险,进而通过矩阵形式来表达经营风险与财务风险的组合关系。其评级模式是双重变量的驱动模式,不仅包括根据不同分析因素的评分变量,还有根据评分进行赋权

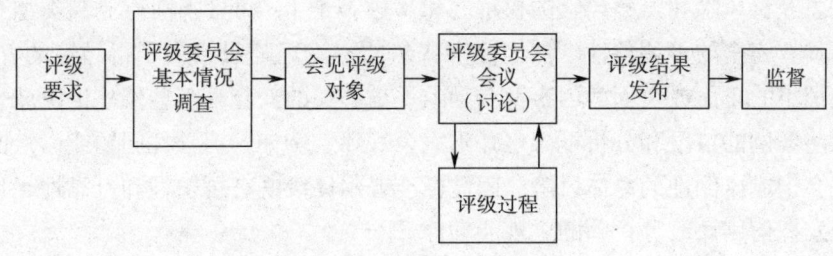

图2-1 标准普尔信用评级过程

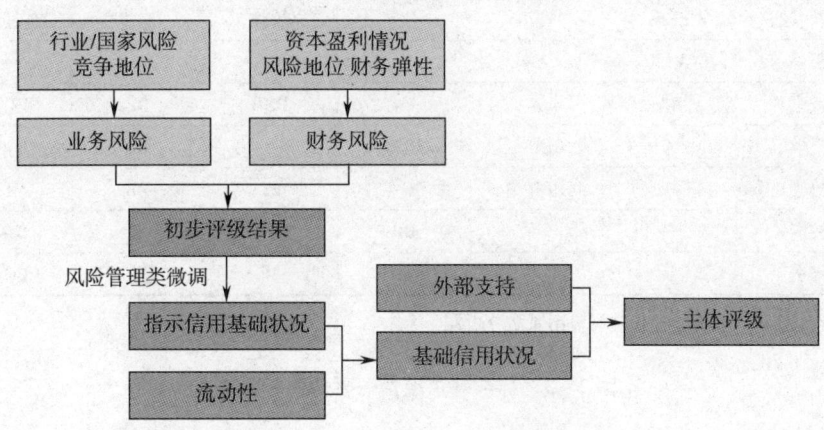

图2-2 标准普尔信用评级流程

的变量。打分参数和权重比率不仅可变,而且两者之间还存在着非常强的相关性。标准普尔并没有完全限定赋权的比率,同时也没有权重比率限制,其根据具体案例具体问题具体分析,这就为分析师提供了研究空间。财务风险和经营风险的权重变化主要体现在不同行业和不同种类公司间的比较转换中,经营风险和财务风险转换的逻辑原则如表2-3所示。

表2-3　　　　　经营风险和财务风险转换的逻辑原则

风险分类	经营风险权重(%)	财务风险权重(%)
极低风险	60~70	30~40
低风险	50~60	40~50
中等风险	40~50	50~60
高风险	20~40	60~80
极高风险	10~20	80~90

资料来源:朱荣恩.新世纪信用评级研究与探索[M].北京:中国金融出版社,2012.

基本逻辑可以概括为根据得分情况确定风险类别,进而根据风险类别选择权重。经营风险和财务风险的权重之和永远等于1,而且不同行业和类型企业都要具有完全的可调整性。然而标准普尔的评级矩阵只给出了指导性的方向,一些细小的正面或负面的因素都会导致一个子集的变化,某些例外情况就会导致某些案例的情况和分析框架也并不完全一致,例如,流动性问题或诉讼问题往往会构成压倒性的总体风险。因此标准普尔评级既有逻辑性和可靠性,也能充分发挥信用评级分析师的主观能动性。

经营状况	财务风险状况					
	最小	较小	中等	较强	激进	高杠杆
极强	AAA	AA	A	A−	BBB	—
较强	AA	A	A−	BBB	BB	BB−
足够	A	BBB+	BBB	BB+	BB	B+
恰当	—	BBB−	BB+	BB	BB	B
较弱	—	—	BB	BB+	B	B−
极弱	—	—	—	B	B	CCC+

资料来源:标准普尔《公司信用风险分析》。

图 2-3 标准普尔经营—财务风险矩阵

图 2-4 阐述了主权评级是如何得出的以及它的调整过程。

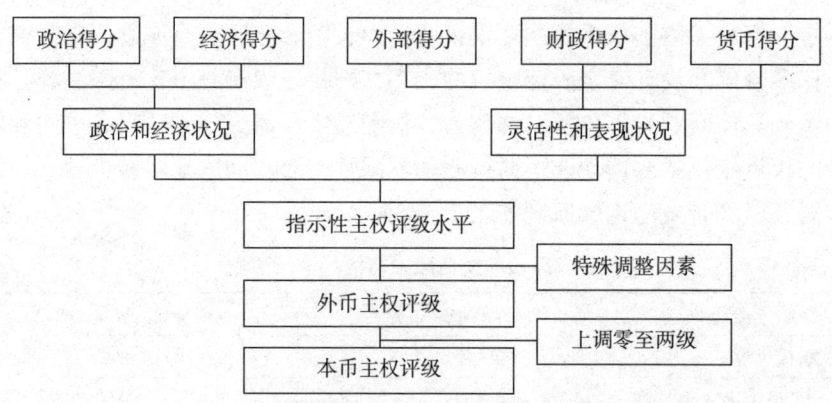

图 2-4 标准普尔主权信用评级的逻辑框架

资料来源:朱荣恩. 新世纪信用评级研究与探索[M]. 北京:中国金融出版社. 2012.

在对两大因素——经营风险与财务风险具体的评分过程中采用的是指标计分法。其中对经营风险中的企业定位和同业比较因素的打分均是依据行业标杆法(Benchmarking)也叫基准法。而财务风险中要素分析主要依赖于对财务指标的回顾和对未来财务状况，包括对现金流的预测。

（三）穆迪公司

1. 简要介绍

穆迪投资服务公司（Moody's，以下简称穆迪公司）由约翰·穆迪于1909年创立，形成了比较成熟的全球信用评级方法体系，其权威性已得到世界公认。截至2015年5月24日，穆迪发布了444个评级方法文件，包含了企业部门、金融机构、基础设施和计划融资、集合投资工具、主权和超国家的机构、结构融资、次国家主权的机构和公共融资等这些细分产品目录。

穆迪公司评级业务类别主要包括：长期债券评级、短期债券评级、共同基金评级、保险公司支付能力评级、优先股票评级和主权评级等。在对工业企业的评级中，穆迪公司的企业信用分析包括八个方面的内容：行业发展趋势；国家政策和监管环境对于公司现金流入和履行债务能力的影响；管理层的素质；公司的基本经营和竞争地位；财务状况及流动资金来源；公司的体制和架构；母公司担保及维持协议方面的情况和突发事件风险。

2. 评级要素

穆迪公司对保险公司进行评级时，一般着重考虑宏观环境和国家政策对保险公司的支撑力度，但公司财务状况的分析成为评级工作的核心和基础。对于寿险公司而言，主要从资本充足性、财务和运营杠杆、盈利能力、资产负债管理以及流动性、资产质量和投资风险以及业务基础六个方面进行信用评级。穆迪公司评级体系等级最高为"AAA"，最低为"C"，反映发生违约的概率及财产损失概率。

3. 评级方法

从穆迪公司的企业评级方法中可以发现，穆迪公司引入国家主权上限的概念，强调以行业或品种来划分信用特征，并且是以行业标杆法（Benchmarking）和财务预测（Financial Forecast）作为核心评级工具，存在事实上的行业信用区间、行业信用上限、关键信用要素、细分信用要素等基本概念。企业评级所使用的是指标计分原理，具体的每个行业都有符合自身特征的信用要素作为判断，并且每个指标都有比较细致的映射区间，即使是定性指标也有相对明确的定量化标准。

穆迪公司的细分行业研究方法中，直接给出了不同行业中，建议性的要素和权重比率，一般情况下可直接运用于主体评级。其公司对于国家风险或商业环境的评估是直接镶嵌于各行业之中的，做到了对几乎所有精确细分领域的有效把握。穆迪公司的这种评级逻辑是属于完全意义上的层级分类比较。同时，穆迪公司分析过程是同时采用历史数据与未来数据的，并且有专门的财务预测模块，以未来测算结果来调整现有的评级结果。其所采用的财务指标是调整后的，即可以根据各个行业，甚至每个发行人的具体情况进行公式的调整，而不是刻板地使用审计报告的数据。最终评级因素的得出也是各个信用要素得分经过多重模糊化处理后，而不是依靠完全精确的评分，最后得出一个经过评审委员会综合审议后才确定发布的评级结果。

穆迪公司信用评级对影响其未来偿付能力的各种因素进行系统而深入的分析，核心是充分揭示和预警风险。采用定性和定量相互结合的方法，强调对各因素内在联系和变化规律的把握，强调同类企业之间的对比，注重分析员的经验积累和专家的综合评判。

穆迪公司对可比性的定义相对模糊，即认为在同一给定的市场环境中，同一信用等级的产品才具有一定的可比性。如果从横跨市场的角度来观察，那么其可比性就相对较弱。穆迪公司的评级侧重点是强调每个产品类型内信用风险的相对排序（Relative Ranking）。这在一定程度上制约其跨行业的可比性和对不同种类评级的一致性。

在定量化对比中，穆迪公司认为增加突出预期损失率、产品预期违约率和预期损失额度这三个参数的使用，可以达到类比不同行业、种类和地域中，相同信用等级证券的效果。穆迪公司所期望的目标是在不同的评级类别和时间，实现稳定的预期违约率。

总体而言，在方法论总结上穆迪公司在可比性和一致性方面可能要略低于其他两家公司。不过，目前穆迪公司正在试图通过不断修正各行业或产品间评级方法的差异，来起到缩小不同类型间可比性的目的。

穆迪公司认为市场观点（Market Opinion）对于基本信用分析起到了非常重要的作用，因此定义目标是运用以市场观点和行业分析为基础工具，在基础评级和评级数据运用中，来定义具体产品及整个系统的差异。

穆迪公司认为信用质量的评估结果涵盖了四方面的信息：相对违约率、损失额度、财务实力和信用迁移风险。穆迪公司在不断完善和增强不同市场间的可比性，在对不同信用质量特征的定量化预测中，更是增加和突出了预期损失率（Expected Loss Rate）、预期违约率（Expected Default Rate）和预期损失额度（Expected Loss Severity）作为增强评级结果一致性的补充数据。如果债券拥有同样的信用等级，也许可以互相比较其总体信用质量，但是区别在于它们之间特定的信用质量特征。

总体来看，由于各种类和行业评级方法不同，导致了各种类之间的违约率与违约损失的历史数据都不尽相同，而且会随着时间的推移而产生波动。针对于此，穆迪指出，随着各个债券市场的融合，其差异正在变得模糊，其分领域的评级差别也在日渐缩小。

（1）评级步骤

穆迪公司主体评级虽然不存在总论性的评级方法叙述，但是其基本评级逻辑结构也是建立在层级递进的逻辑架构之上的。例如，穆迪公司的主权债务评级（Sovereign Bond Ratings）逻辑就是遵循递进式的逻辑规则，在叠加了四个方面的因素后，通过整体的指标计分法，来确定最终的评级标准。其方法针对的是信用风险，是指持有特定政府债券的投资者所面临的风险。穆迪公司的主权分析过程分为三个步骤并考虑了四方面的影响因素，然后由评级委员会来最终决定。在评级过程中，各个中间参数均采用从"极高—高—中等—低—极低"的模糊指标排序方式来衡量。由于穆迪公司使用的是区间打分法，最后得到的结果可能是一个大约范围的模糊区间，穆迪公司通过综合所有因素而得出最终评级信用区间的评级棒法（模糊分析法）。

由于穆迪公司按行业建立各自的评级方法，一般每个行业的评级方法由六个步骤组成。

第一步，主要因素的讨论和定义。评级方法侧重于确立几个主要因素（一般为四个）以及其权重，通常这几大类因素会进一步拆分出更多的子因素。以表格形式将子因素和其分别对应的权重描述出来。

第二步，主要因素的估计。这一步主要是解释为什么要确立上述因素为主要因素，以及各因素的权重是怎么计算得到的。其中大部分子因素可以在公司财务报表中直接得到，而其他因素需要由分析员查找资料分析计算得到。穆迪认为评级是前瞻性的，应该并入未来财务和经营业绩的期望。在评级过程中，穆迪将历史分析和预计财务分析相结合。

第三步，将子因素映射到具体的级别。在确定每个子因素的衡量标准后，以图表形式将子因素映射到具体评级级别（Aaa, Aa, A, Baa, Ba, B 和Caa）。

第四步，将发行人映射到表格中以及讨论表格的端值。子因素评分的加权平均将产生对应广义因素的网格指示（Grid-indicated）级别。

第五步，假设、局限性和其他注意事项。这里主要讨论相比于实际评级，网格映射应用的局限性、评级中一些没有在表格中体现的其他因素，以及整个评级方法的局限性和假设。

第六步，确定总体的表格指示级别。将每个子因素对应评级级别（即

Aaa、Aa、A、Baa、Ba、B 和 Caa）转换为不同的具体数值（每个行业具有不同的对应值），然后乘以各自子因素的权重，再求和就得到一个复合加权因子得分。最后通过总体的表格指示级别，得到具体级别。

对于不同行业，穆迪公司会选取不同的主要因素以及子因素，但是有些因素是所有行业都应考虑的，如所有权、流动性、企业组织架构以及公司治理等。为了比较行业之间的评级方法不同。

从子因素级别赋值可以看到，钢铁行业子因素随着级别的降低，其赋值也是降低的，故使得累积加权因子得分越高，对应的整体级别就越高；相反，出版行业和航空行业，子因素赋值都是随级别降低而升高的，故累积加权因子得分越高就意味着整体级别越低。

（四）惠誉公司

1. 简要介绍

1997 年底，美国 Fitch 投资者服务公司和英国 IBCA 公司合并而成惠誉国际（Fitch，以下简称惠誉公司）公司，将定性指标与定量指标结合起来，侧重考察保险公司偿还债务的能力，计算受评公司的违约概率。惠誉公司的信用级别最高为 AAA，最低级别为 BB。对于寿险公司和非寿险公司的评级体系差异不大。

惠誉公司相比于上述两家信用评级公司而言，其产品相对比较传统和简单，种类也不及另两家公司丰富。惠誉公司对公司（主体）进行信用评级时，会从行业风险、运营环境、国家风险、公司概况、管理战略/公司治理、公司集团机构架构和财务概况来进行全方位的分析。其中的行业风险也是通过对具体行业部门的划分来起到统一评级一致性的目的，而国家风险和运营环境分析则类似于标准普尔的国家风险分析，同样也是从全球范围内可比性的角度来观测某一公司所面临的政策环境风险。而不同于其他两家公司的是，惠誉公司的目标是在不同的部门中复制评级表现，例如，通过公司债和市政债券等，达到可以预期产品信用质量周期性下降的目的，从而使评级的结果可以贯穿整个产业周期。这些目标不但可以帮助全面纠正和补充其公司评级标准，也可以全方位审核与对比评级产品表现不佳或不如预期的原因。惠誉公司的评级目标中有一项就是追求建立一个在不同资产类别的领域，具有高度可比性的信用转换模式（Ratings Transition）。

惠誉公司的长期评级仅仅是单独地反映出了违约风险。表面上看，违约损失率似乎是嵌入长期评级的一个理想组成部分。惠誉公司仍然承诺在评级过程、评级标准、观点发表和数据使用等方面提供相应的透明度。在可比性方面仍然在不断修正。在其所有的国际评级中都使用了相同的评级范围,那么市场参与者可以比较惠誉公司评级对于不同种类和地区的信用风险展望。惠誉公司信用评级结果的发布就是为了设计这样一个跨市场、行业和种类的等级排序,从而阐明从最小违约可能性到最大违约可能性。

2. 评级因素

惠誉公司不同主体的评级因素不同,以主权评级为例,包括了宏观经济表现和展望、经济的结构特点、公共财政和内部财政。这些部分的权重集合构成了惠誉公司的主权评级。详细评级因素见表2-4。

表2-4 惠誉公司评级因素

因素1	行业风险	行业周期、资本密集程度和行业波动因素等
因素2	运营环境	社会变动、地理环境、政策法规和技术变革等
因素3	国家风险	国家财务状况和国家产业结构等
因素4	公司概况	行业地位、竞争压力、产品种类和客户群体等
因素5	管理战略/公司治理	公司战略、股权结构和公司治理等
因素6	集团公司构架	集团公司治理、集团公司运营结构和集团公司规章制度
因素7	财务概况	现金流关注、资本结构、财务灵活性、临时负债和会计制度等

惠誉公司的评级方法中,考虑的因素有以下几个:

(1) 行业状况和运营环境,包括行业风险、运营环境和国家风险等。

(2) 公司概况,包括公司在主要市场中的地位、产品的市场主导水平和价格影响力等。

(3) 管理战略和公司治理。

(4) 所有权、支持和集团因素等。

(5) 财务状况,包括现金流、收益、资本结构、财务灵活性、或有负债和养老金。

个体与整体之间的定性和定量因素的加权值将随时间不同而变动。作为概括性指南,某一因素若明显比其他因素弱,该最薄弱因素通常会被赋予更大权重。

3. 评级方法

惠誉公司认为目前来说同一信用等级间的可比性不是非常强,所以其公司主要是通过加强一致性来完善可比性。他们主要是通过不断修正评级标准、评级符号和公开评级过程的透明度(Transparency)来达到统一一致性的效果。他们尽量使用趋同的评级模型和范围来加强其不同行业和类型间的可比性,他们对于统一评级模型设计的渴求要远远强于其他两家公司。

惠誉公司的分析方法是总论式的方法论,然后再对不同产品进行区别分类,这点与标准普尔公司相同。惠誉公司对公司(主体)进行信用评级时,会分别从行业风险、国家风险、运营环境分析、公司概况、管理战略/公司治理、集团公司架构和财务概况来进行全方位的分析。但需要指出的是事件风险是被排除在惠誉公司的评级考虑范围之内的,如法律变化、自然灾害、敌意收购、资本结构的改变、重大的收购行为或战略重组等。惠誉公司的信用评级业务开展时也会按照行业属性进行划分,目前有企业部门、金融机构、全球基础设施和计划融资、保险、公共融资、结构融资和主权和超国家的机构等部门。

以惠誉公司的公司(主体)评级为例,它采用的是平行逻辑的因素法,是按照几个因素的权重综合起来评定一个公司的级别,非常强调权重比例的分配。具体不同行业和不同部门的权重比例是具有可变性的,主要是根据对不同类型公司和产品的判断。当然在各个因素的评定中,它仍然使用的是矩阵比较法和指标计分法。

惠誉公司评级的主要方法是指标计分法(因素法),也使用与标准普尔类似的总体式方法论,包括公司主体评级总论等。但是不同于标准普尔的是,他们运用了平行式的逻辑构架来评定最终的结果,强调各有效因素间权重比率的分配和调整。与此同时,惠誉公司也非常重视同业比较,但是惠誉公司并没有在方法论中详细说明这些权重的分配情况,只是表示了不同行业和产品结构中的权重比率是具有可变性的,对不同行业和产品进行区别对待,同时他们也特别强调了同行业中权重的可调整性,这与其他两家公司的方法论构架也是大致相同的。

二、国内信用评级公司

我国已经基本建立了保险公司信用评级法规制度。新《保险法》增加了诚信建设相关条款。在行业监管方面,保监会也在通过偿二代推动保险业信用体系的建设进程。国内中诚信、大公国际和联合资信等评级机构逐步建立起了较为全面的保险公司评级方法。遗憾的是,他们对寿险公司和非寿险公司的评级方法相似,故而缺少针对性。

(一)中诚信

1992年中诚信国际信用评级有限公司成立,2006年8月被穆迪公司收购。其评级体系具有定性分析和定量分析相结合、历史数据与未来发展相结合的特点。对寿险公司的信用评级主要从外部环境、经营因素、财务因素三个方面进行指标构建，重点分析偿付债务实力，并与同行业企业进行比较，增加了评级结果的统一性。

（二）大公国际

1994年大公国际资信评估有限公司成立，由中国政府批准特许经营，1999年7月30日与穆迪公司建立双方联盟性的合作关系。大公国际资信评估有限公司主要从经营环境、所有权结构、基本经营和竞争地位、风险管理、管理与策略以及财务分析六个方面对寿险公司进行信用评级，比较全面地涵盖了相关内容。

大公国际的信用评级方法体系是在全面吸收穆迪信用评级的核心技术，结合中国国情和资本市场特点，遵循信用评级相关国际惯例的基础上形成的。大公国际与穆迪评级方法的共同点是：评级目的相同，即充分揭示受评对象的特定违约风险和违约的严重程度，为投资者提供客观、公正的信用信息；信用评级考虑的基本要素类似，包括宏观经济环境、产业背景、基本经营和竞争地位、管理水平及财务状况等基本方面；评级的主要原则基本相同，一贯主张定性分析与定量分析相结合，强调项目分析人员的综合素质和专家判断在信用评级中的作用，将现金流量作为决定受评对象信用级别的最重要因素之一；信用等级的设置和解释大致相同。

在宏观经济环境和产业背景分析中，大公国际特别注重政府支持的可能性和相关行业政策变化；在企业内部素质分析中，更侧重于企业所有制性质、管理水平和企业基本经营的稳定性等方面；在担保和其他外部支持分析方面，侧重于分析担保和其他外部支持的可能性，并对担保企业的信用状况进行全面、深入的调查和分析。在银行评级中，将受评银行呆账准备金与贷款规模和贷款质量进行深入分析和比较。同时，在评级具体操作上与穆迪也有所不同，更注重企业外部因素的分析和评价；信用评级基本要素的侧重点不同；具体财务指标的设置和运用也有所不同。

大公国际信用评级方法体系遵循简单性、可比性和公开传播性等国际惯例。定性分析和定量分析相结合，从受评对象目前现金流量和其他现金来源对债务的保障程度入手，对影响受评对象未来偿付能力的各种因素及其变化趋势进行全面系统的考察，充分考虑宏观经济环境、产业发展趋势、政策和监管措施等企业外部因素和基本经营、管理素质等企业内部因素的影响，确定违约概率及违约损失的严重程度，从而对受评对象未来偿付能力做出判断。

大公国际目前的信用评级主要是本地货币评级，其信用级别的决定不受主权信用级别的限制。目前信用评级主要是以国内同类企业或同行业平均水平为参照,在全球化背景下,类比组选择的范围也将随之扩大到全球同业。

(三) 联合资信

1995年福建省信用评级委员会成立,2000年7月改名为联合资信评估有限公司,公司内部进行了重组。联合资信评估有限公司主要从五个方面对寿险公司进行信用评级:行业分析、监管与政策分析、信息的可靠性、财务稳健性、业务发展与风险管理。

三、国内保险公司获得资信评级的基本情况

随着中国保险公司经营经验的丰富和数据的积累,国内保险公司获得评级的事例逐渐增多,按照时间顺序进行归纳如下:

(1) 1998年8月,泰康人寿保险股份有限公司获中诚信国际"AA"信用评级,成为国内首家通过信用评级的保险企业。

(2) 2000年8月,时任保监会主席马永伟在其主编的《保险知识读本》中称:"可根据各个保险公司不同的信用等级来区别对待,给予不同的政策,决定其保险资金运用的范围。"

(3) 2001年8月,中诚信国际将泰康人寿保险股份有限公司信用等级由"AA"上调为"AAA-"。

(4) 2001年5月,标准普尔专门负责亚洲银行和保险机构评级的负责人在北京表示,由于中国保险公司总是处于"强烈的变化"之中,暂时不会对中国保险公司进行评级,但目前正关注着包括中国保险公司在内的亚洲主要保险公司的发展情况,尽可能地搜集它们的数据和资料,并和监管机构保持长期沟通。

(5) 2001年9月,中国平安保险(集团)股份有限公司获中诚信国际"AAA"信用评级,成为国内第一家获得"AAA"级信用等级的金融保险企业,成为目前国内第一家获最高信用评级的保险企业。2001年9月,《亚洲周刊》(*ASIA WEEK*)的排名显示,2001年度中国平安保险股份有限公司在"亚洲最大一百家人寿保险公司"的排名比2000年前进一名,位居第23名。而平安的资产利润率为2.0%,在前23家公司中位居第一。

(6) 2001年11月28日中再国际的控股公司中保国际控股公司宣布收购太平人寿保险及太平保险以及发行新股。标准普尔2001年11月29日确认中国国际再保险公司"BBB+"长期保险公司财政实力评级,并把该公司长期信用评级展望由稳定调整为正面。

(7) 2002年9月17日,保监会颁布了《再保险公司设立规定》,规定保

险公司向被保险人在中国境外的关联保险公司办理分出业务时,该关联保险公司应由同一家国际信用评级公司对其做出的评级在最近三年均不低于"A"级。

(8) 2003年1月,经权威评估机构大公国际资信评估有限公司评级,中国平安保险(集团)股份有限公司再次获得"AAA"级财务信用等级。

(9) 2003年3月,中国平安保险(集团)股份有限公司获中诚信国际"AAA"信用评级。

(10) 2003年10月23日,国际权威评级机构惠誉国际(Fitch)为太平人寿做出中国企业最高评级"BBB+",认为该公司信用质量良好,建立了良好的商业模式。这是迄今为止国际评级机构对中国保险企业做出的最高评级。

(11) 2003年11月,标准普尔对中国金融业整体做出展望,保险业是其中的一部分。

(12) 2004年3月,中国平安保险(集团)股份有限公司获大公国际"AAA"信用评级。

(13) 2004年7月,联合资信完成了新华人寿保险股份有限公司13.5亿元次级债券评级,级别为"AAA"。

(14) 2004年12月,惠誉国际确认中保国际控股有限公司的长期信用评级为"BBB-",同时确认中保国际的两家子公司——中国国际再保险公司和太平人寿保险有限公司的保险公司财务实力评级分别为"A-"和"BBB+",上述各评级的评级展望均为"稳定",这也是我国保险企业首次获得国际权威评级机构的评级报告[①]。

(15) 2005年6月23日,标准普尔发布《中国保险业信用前瞻(2005—2006)》,首次对中国10家主要保险公司逐一测评。该报告所使用的评价依据是营运表现、投资回报率和资本充足率几个指标。该报告指出,与两年前对中国保险业进行评估时比较,中国保险业当前的财务状况和市场风险的一些不明朗因素有所改善,但处于起步阶段的中国保险业仍需要提升营运管理的质量。

(16) 2005年7月16日,中国保监会主席吴定富在中国社科院举行的"寿险公司内含价值国际研讨会"上说,《人身保险内含价值报告编制指引》草稿已完成,计划在年内正式出台并实施。

(17) 2005年7月21日,上海保监局发起召开了"保险中介机构信用评级方案"研讨会,明确了保险中介机构信用评级的基本思路。

---

① 周阮帆.中国保险信用评级大事记[J].中国乡镇企业,2005(6).

（18）2006 年，标准普尔评级公司发布了《中国保险业信用前瞻》，该报告仅仅是对中国保险业的综合评析，而非对具体保险公司进行评级。

（19）标准普尔评级公司 2007 年 8 月 10 日授予中国出口信用保险公司（中国信保）"A"的长期发债人评级和"A-1"的短期发债人评级，评级展望为正面。标准普尔信用分析师陈锦荣说："中国信保的发债人评级与中国的政府评级相一致，这反映了其来自中国政府的支持以及所扮演的重要的政策性角色，这一角色是不可能通过一家商业保险公司来有效实现的。"中国信保是中国唯一专业从事出口信用保险的政策型保险公司，由中国政府于 2001 年设立，旨在促进符合国家政策的出口和投资。中国政府是该公司唯一的股东，并通过财政部来监督其业务运作。中国信保的监事会由财政部任命，负责审批公司的年度商业计划，公司的管理层则对管理委员会负责。在批准中国信保的国务院有关文件中，政府也承诺维持该公司足够的资本。

（20）2009 年国际三大评级机构标准普尔、穆迪和惠誉国际分别对中国人寿保险股份有限公司给出"A+"、"A1"、"A+"的信用评级，评级展望为稳定。中国人寿成为中国公司中评级最高的公司之一，并跻身于全球最高信用评级的保险公司之列。标准普尔称，"尽管由于投资收入降低，其 2008 年利润水平将很可能降低，但其运营业绩仍旧良好。虽然投资市场动荡，但标准普尔预计未来几年在可持续增长及良好的核保利润支持下，公司运营业绩仍旧会令人满意"。惠誉国际对中国人寿"强大的分销能力及续期保费收入的持续强劲增长"以及"审慎的管理和强有力的公司治理结构"表示欣赏。穆迪的评级报告中则着重指出中国人寿"坚实的资本结构，金融杠杆比最小"这一优势。在评级过程中，三大评级机构一致认为中国人寿无与伦比的市场地位、遍布全国的强大分销网络及良好的资本状况是其有别于同行的主要优势。同时，上述评级机构也表示了如下顾虑："由于金融市场放开，在寿险领域的竞争愈演愈烈，面临保持其市场份额的挑战。经济低迷与社会风险加大的情况下，可能对其投资结果产生不利影响。在资本需求，产品销售及投资限制上面临很大的监管风险。"

（21）2010 年，国际评级机构惠誉国际将太平人寿国际评级上调至"A-"，评级展望为"稳定"。从 2004 年起，惠誉国际连续六年为太平人寿做出"BBB+"评级。

（22）2010 年 6 月，国际著名的评级公司标准普尔宣布，授予中国平安财产保险股份有限公司"A"的长期交易对手信用评级和保险公司财务实力评价，评级展望为稳定。标准普尔报告指出，中国平安财产保险股份有限公司获得这个评级反映出该公司竞争实力强劲、承保表现良好以及合理审慎的投资策略,评级的稳定展望反映了该公司在多元化分销渠道支持下的强劲竞争实力、不断改善的承保表现以及平安保险集团的有力支持。标准普尔在评级报告里称,中国平安财产保险股份有限公司作为平安集团的核心子公司之一,将获得来自集团强大的综合金融平台支持。目前中国平安持有平安产险99.13%的股份,平安产险将在品牌知名度、交叉营销机会以及集中化的后台处理方面都从中国平安集团受益,并在必要时能给予其强有力的财务支持。数据统计显示,2009年中国平安财产保险股份有限公司实现总保费收入为人民币384.8亿元,同比增长43.86%,市场份额获大幅提升,历史性跃居行业第二。业务规模实现强劲增长的同时,承保效率良好。而平安产险在今后也将持续其优良的业绩、强大的平台、稳健的经营和更优质的服务,努力打造行业典范。标准普尔认为中国平安财产保险股份有限公司目前的市场地位十分稳固,分销渠道多元化。根据公开资料显示,目前平安产险是中国第二大财产保险公司,以2009年保费计算的市场份额为12.86%。平安产险在母公司的支持下,将分销体系拓展至电话营销、网络营销和交叉销售,并在这方面的表现优于其他公司,其分销体系和承保表现在未来还会呈持续增长势头。

(23) 2010年11月A.M.Best授予爱和谊财产保险(中国)有限公司 [Aioi Insurance Company (China) Limited](以下简称爱和谊保险)"A-"级(优秀)财务实力评级和"a-"级发行人信用评级,评级前景展望为稳定。爱和谊保险获得的评级反映了公司有利的风险调整后资本总额、优越的流动性状况,以及来自母公司爱和谊日生同和保险公司(Aioi Nissay Dowa Insurance Company Limited)在业务开发和再保险等方面的强大运营支持。A.M.Best以Best资本充足率(BCAR)指标来衡量,爱和谊保险的总体资本化水平为其承保与资产风险提供了有力的保障。A.M.Best认为,爱和谊保险的预期风险调整后资本总额将继续足以支撑公司预期的保费增长,同时预测在产生资本需求时该公司将受益于母公司的持续支持。与获得相对较新业务的牌照有关的高额设立费用以及与预期保费增长相关的执行风险在部分程度上抵销了上述积极因素的有利影响。鉴于保险业竞争将日趋激烈,A.M.Best认为,具有挑战性的市场环境,以及爱和谊保险过去三年中表现平平的承保业绩记录将给公司在未来三年内实现预期收支平衡带来压力和执行风险。

(24) 2011年12月28日,大公国际对安邦财产保险股份有限公司(以下简称"安邦保险") 2010年度次级定期债务信用等级维持"AA+",主体信用等级维持"AAA",评级展望维持为稳定。安邦保险主要从事财产保险、短期健康保险和意外伤害保险等业务。评级结果反映了安邦保险资本实力雄厚、成本管控能力较强、承保利润逐年较快增长以及偿付能力保持在较高水平等有利因素,同时也反映了安邦保险车险占比较高、投资收益波动较大等不利因素。

(25) 2012 年 2 月 21 日,惠誉发布的最新研究报告显示,惠誉评级已确认中国人寿保险股份有限公司(中国人寿)的保险公司财务实力评级(IFS)为"A+"级,评级展望为稳定。该评级反映了中国人寿产品较低的承诺收益率、实力雄厚的零售网点、强大的分销能力,以及稳健的风险资本金水平。基于中国人寿多数股权为政府持有,及其庞大的保户基础和在中国金融体系中占据重要地位,此评级还考虑到了财政部在资本和政策方面可能提供的支持。但是,该评级受到其收益业绩的波动性和风险集中于国内市场,以及持续的市场竞争的制约。中国人寿继续通过增加期交保单来提高利润率,在国内市场维持领先地位。

(26) 2012 年 8 月 17 日,标准普尔评级公司宣布,将中国平安财产保险股份有限公司(平安产险)的评级展望从稳定调整为负面。与此同时,标准普尔确认该公司长期本币交易对手信用评级和保险公司财务实力评级为"A",确认大中华区信用评级为"cnAA+"。标准普尔信用分析师刘维明表示:"本研究调整平安产险的评级展望,这是因为本研究认为其母公司中国平安保险(集团)股份有限公司(平安集团,未评级)的信用状况可能在未来两年内变差。将之归因于平安集团保险和银行业务的快速增长,认为其资本水平构成评级限制。由于资本市场可能持续波动,以及银行和保险业务的快速扩张,平安集团的资本状况可能削弱。"标准普尔确认平安产险的评级,是因为平安财产公司在未来两年内能够维持其强劲的市场竞争地位,良好的运营表现和令人满意的投资状况。不过该公司中等的资本水平,以及中国产险市场中等偏高的行业风险,且该市场还可能迎来新出现的风险,这些因素则抵销上述优势。标准普尔将平安产险视为平安集团的核心子公司。评估平安产险的信用状况时会同时考虑平安集团的信用状况。

(27) 2012 年人保集团在财政部 2011 年度绩效评价中,与中国工商银行两家获得"优"的最高评级,成为国内保险业唯一一家获得该评价的公司,A 类"AAA"级是财政部绩效评价结果的最高级。中国人保集团是在经济增速放缓、资本市场持续低迷的大背景下取得 A 类"AAA"级最高评级的。在保险业发展形势严峻的 2011 年里,中国人保集团是唯一一家净资产收益率同比上升的保险集团,并交出了盈利增长列主要保险集团之首,资产增幅和保费收入居行业第二的优异成绩单。

(28) 2012年6月8日,国际著名三大信用评级机构之一的惠誉发布最新研究报告,授予华泰财产保险有限公司财务实力评级(IFS)"A-"级,评级展望为稳定。该评级反映了华泰财险长期良好的运营业绩、优质的保险业务、稳健的流动性头寸,以及在竞争激烈的国内非寿险行业中稳固的行业地位。惠誉评估报告的部分内容如下:华泰财险是华泰保险集团股份有限公司内核心运营实体,在中国的非寿险市场拥有超过16年的运营历史。公司通过保险中介和国内27家网点不断扩大业务。其毛承保保费过去五年年均增长为27.9%,从2006年的15.5亿元人民币增长至2011年的48.7亿元人民币。虽然业务量增长强劲,公司的综合成本比率从2008年的109.3%改善至2011年的94%。2011年,在市场环境遇到挑战的背景下其车险业务的承保利润率依然强劲。

(29) 2013年5月30日,惠誉评级已确认中国太平保险控股有限公司(中国太平控股)发行人违约评级(IDR)为"BBB+"级。中国太平控股在宣布以106亿元人民币的价格收购其控股股东中国太平保险集团(香港)有限公司[中国太平集团(香港)]和其最终的母公司——中国太平保险集团公司(中国太平集团)资产后惠誉采取了上述评级行动。在此次重组后,中国太平控股在中国的几家子公司如太平人寿,太平财产保险有限公司(太平财险),太平养老保险股份有限公司(太平养老),以及太平资产管理有限公司(太平资产)中所占股份将上升。此外,几家物业投资业务实体和海外财产保险业务也将转移至中国太平控股。随着中国太平控股计划增发股本为此项交易融资,此项收购完成后中国太平集团持有中国太平控股的股份也将从53.27%上升至68.96%。虽然重组将进一步扩大中国太平控股的收入来源,增强其收益稳定性,针对重组对集团调整后财务杠杆率的影响,惠誉持谨慎态度。由于中国太平控股在完成收购时必须承担约43亿港元的银行贷款,收购完成后集团在2012年底预计调整后财务杠杆率可能为43.5%左右。在2012年12月底,拟进行重组之前,中国太平控股调整后财务杠杆率为39.2%。惠誉已经收到了中国太平控股明确的承诺,在2014年上半年完结前,公司计划将调整后财务杠杆率降低至40%以下。中国太平控股有足够的灵活性在重组后利用内部资源偿还其部分银行贷款。

(30) 2013年6月18日,穆迪发布了《中国人寿保险业展望》,对中国人寿保险业的评级展望为稳定。虽然经济情况假设偏向正面,但保费收入增长将依然疲软。保险公司盈利能力受到压力,但较2012年的低基数有所改善。缓慢的保费增长、充足的流动性及资本水平限制了资产负债表的风险。

(31) 2013年7月26日惠誉确认中国人寿的保险财务实力评级为"A+"

级,展望为稳定。该评级反映了中国人寿实力雄厚的零售网点、强大的分销能力,以及稳健的风险资本金水平。基于中国人寿多数股权为政府持有,及其拥有超过1亿长期投保人的庞大的保户基础,此评级还考虑到了财政部在资本和政策方面可能提供的支持。但是,该评级受到其收益业绩的波动性和风险集中于国内市场,以及持续的市场竞争的制约。

（32）2013年12月17日惠誉确认中国太平保险的评级为"BBB+"级,展望为稳定。评级反映了中国太平控股广泛的收入来源、稳健的财务灵活性和在中国的子公司的持续增长。此项评级也考量了公司在中国大陆和香港地区的保险运营子公司2013年上半年令人满意的运营业绩。

（33）2014年3月2日惠誉将泰康人寿的保险财务实力评为"A-"级,展望为稳定。该评级反映了泰康人寿成熟的运营网点,强大的分销能力,以及良好的盈利能力。评级也考虑到该保险公司在2014年第四季度将通过注资,将其偿付能力充足率从2013年底的166%提高至200%以上的承诺。该公司已经将其偿付能力充足率维持在略高于监管机构设定的150%的标准以上,但是收益的波动性和业务扩张带来的持续资本需求可能会拖累该比率。

（34）2014年4月17日惠誉确认中国人寿的保险财务实力评级为"A+"级,展望为稳定。

（35）2014年6月26日,穆迪认为中国人寿保险业评级展望为稳定。虽然行业竞争日趋激烈,但受益于经济稳定增长,保费收入增长有望持续。目前公司仍处于产品结构调整初期,承保盈利能力呈逐步改善趋势。

（36）2014年8月22日,国际著名评级机构惠誉发布权威评级报告,将中国太平保险集团（香港）有限公司发行人违约评级评为"A-",将中国太平保险控股有限公司评级由"BBB+"上调至"A-"。同时,惠誉确认中国太平旗下子公司太平人寿财务实力评级为"A-",太平再保险财务实力继续获评"A"评级。同时,惠誉将中国太平保险控股有限公司高级无担保债券的高级债务评级,从"BBB"上调至"BBB+"。并且,惠誉强调,中国太平及子公司的上述高评级将保持稳定。

（37）2014年10月30日,惠誉确认中国人寿的保险财务实力评级为"A+",展望为稳定。该评级反映了中国人寿实力雄厚的零售网点、强大的分销能力,以及稳健的风险资本金水平。但是,由于公司的风险主要集中在中国且市场竞争激烈,上述优势受到此类因素的制约。基于中国人寿多数股权为政府持有,且其拥有超过1亿长期投保人的庞大保户基础,惠誉认为在必要时,中国财政部在资本和/或政策方面提供支持的可能性很高。

(38) 2014 年 11 月 26 日，穆迪授予中国人寿保险（海外）股份有限公司"A1"的保险财务实力评级。以 2013 年有效保单总保费收入衡量，中国人寿保险（海外）股份有限公司［中国人寿（海外）］是香港第五大寿险公司。该公司是中国人寿保险（集团）公司（集团公司，未评级）的全资子公司，实际上由中国财政部全资控股。集团公司还持有中国最大的寿险公司中国人寿保险公司（保险财务实力评级"A1"/稳定）68.37% 的股份。该公司"A1"的保险财务实力评级反映了良好的市场地位和品牌知名度、稳健的资本状况、在竞争激烈的香港地区寿险市场中拥有良好的盈利能力以及很少的债务。

(39) 2014 年 12 月 22 日，标准普尔授予中国再保险集团信用评级"A+"级，展望为稳定，财务实力"A+"级，展望为稳定。标准普尔认为中再集团作为一个与政府相关的保险集团，会得到政府的大力支持，信用等级较高。

(40) 2015 年 1 月 19 日，惠誉确认泰康人寿的保险财务实力为"A-"级，展望为稳定。该评级反映了泰康人寿成熟的运营网点、强大的分销网络和良好的盈利能力。但公司的资本金水准仍然容易受到资本市场不利波动的影响，这是主要的评级制约因素。

(41) 2015 年 2 月，穆迪发布《中国市场研究报告精选》，其中列示了中国前 10 大寿险公司和财险公司的保费收入、市场份额、财务评级实力及展望。

表 2-5　　　　　　　　　　中国前 10 大寿险公司

公司名称	保费收入（人民币百万元）	按保费收入计算的市场份额	保险财务实力评级	展望
中国人寿保险股份有限公司	326720	30.4%	A1	稳定
中国平安人寿保险股份有限公司	146091	13.6%	NR	NA
新华人寿保险股份有限公司	103640	9.6%	NR	NA
中国太平洋人寿保险股份有限公司	95101	8.9%	NR	NA
中国人民人寿保险股份有限公司	75273	7.0%	A3	稳定
泰康人寿保险股份有限公司	61124	5.7%	NR	NA
太平人寿保险有限公司	51853	4.8%	NR	NA
中邮人寿保险股份有限公司	23037	2.1%	NR	NA
生命人寿保险股份有限公司	22243	2.1%	NR	NA
阳光人寿保险股份有限公司	15756	1.5%	NR	NA

注：NR = 未评级。

资料来源：保监会、穆迪评级，截至 2014 年 6 月 6 日。

表2-6 中国十大财险公司及穆迪评级的财险公司

	公司	2013年保费收入（人民币百万元）	以保费收入计算的市场份额	保险财务实力评级	展望
1	中国人民财产保险股份有限公司（人保财险）	223005	34.4%	A1	稳定
2	中国平安财产保险股份有限公司（平安财险）	115365	17.8%	未评级	NA
3	中国太平洋财产保险股份有限公司（太保财险）	81613	12.6%	A1	稳定
4	中国人寿财产保险股份有限公司	31849	4.9%	未评级	NA
5	中华联合财产保险股份有限公司	29712	4.6%	未评级	NA
6	中国大地财产保险股份有限公司	19846	3.1%	未评级	NA
7	阳光财产保险股份有限公司	16598	2.6%	未评级	NA
8	中国出口信用保险公司	14031	2.2%	未评级	NA
9	太平财产保险有限公司	10800	1.7%	未评级	NA
10	天安保险股份有限公司	9951	1.5%	未评级	NA
33	美亚财产保险有限公司	1149	0.2%	A2	稳定

资料来源：保监会、穆迪评级，截至2014年6月。

（42）2015年4月13日，惠誉确认华夏人寿的保险财务实力评级为"A-"，展望为稳定。该评级反映了华夏人寿在万能寿险产品领域的市场地位、经营利润的好转、快速的保费增长、稳定的分销网络以及股东为支持公司业务扩张进行的持续注资。

（43）2015年5月12日，惠誉将中国太平保险集团的评级置于"评级观察正面"。太平集团的子公司之一——太平控股发售新股之后，太平集团的资本金将得到强化，公司的财务灵活性也会提高。惠誉预计，新股发行以及公司良好的盈余增长将让太平控股的财务杠杆预计从2013年底的47%降至2014年底的28%左右。太平控股股东的股权与非投资连结资产总额之比预计将从2013年底的8.1%提升至交易完成后2014年底的13.2%。

（44）2015年5月29日，惠誉授予阳光财险的保险财务实力评级为"A-"级，展望为稳定。该评级反映了阳光财险有所提升的承保利润率和缓冲资本、持续的保费增长和中国境内广泛的分销网络。该评级也体现了阳光保险集团股份有限公司（阳光保险）整体的资本实力和财务表现。

（45）2015年6月17日，惠誉确认中国人寿的保险财务实力评级为"A+"。

该评级反映了中国人寿实力雄厚的零售网点、强大的分销能力以及稳健的风险资本金水平。但是，由于公司的风险主要集中在中国且市场竞争激烈，上述优势受到此类因素的制约。

（46）2015年6月23日，穆迪将中国人民人寿保险股份有限公司（人保寿险）的保险财务实力（IFS）评级从"A3"上调至"A2"，与此同时评级展望亦从稳定调整为正面。评级上调反映了穆迪对政府支持力度加强这一评估，自2005年成立以来，人保寿险对人保集团的利润贡献作用越来越大。"A2"的保险财务实力评级反映了人保寿险良好的市场地位以及强大的品牌知名度，并且能够充分利用其与姊妹公司人保财险的联营关系。另外，人保寿险具有良好的成本效率，与国内同业相比费用率较低，这一优势使其保险产品能够实现更具竞争力的定价，并为过去几年实现保费快速增长提供了支持。

（47）2015年7月16日，穆迪维持中国人寿保险（海外）股份有限公司的"A1"评级，展望为稳定。穆迪副总裁/高级信用评级主任严溢敏表示："'A1'的保险财务实力评级反映了中国人寿（海外）获增强并作为香港第四大寿险公司的市场地位（以2014年有效保单总保费收入衡量），以及作为中国最大的保险集团中国人寿保险（集团）公司子公司强劲的品牌知名度。"

（48）2015年7月17日，惠誉上调太平保险集团的评级至"A"，并将其移出"正面观察"名单。评级上调表明，太平控股发售新股之后，太平集团的资本金和财务灵活性均有实质提高。太平集团在惠誉的Prism信用因素导向型资本模型中的资本评分（合并口径包括发售新股资金）从2013年底的"良好"升至2014年底的"非常良好"。2014年底，太平集团的合并口径股东权益与非投资连结资产总额之比为12.8%（2013年底为8.9%）。

（49）截至2015年8月15日，《穆迪公开评级的大中华区机构》中对国内四家保险公司进行了评级。

表2-7　　　　　　　　四家保险公司评级结果

中国人寿保险股份有限公司	A1	稳定
中国太平洋财产保险股份有限公司	A1	稳定
中国人民人寿保险股份有限公司	A3	稳定
中国人民财产保险股份有限公司	A1	稳定

（50）2015年8月31日，惠誉将华泰财险的保险财务实力评级上调至"A"，展望为稳定。根据惠誉的保险评级方法，华泰财险被确认为华泰保险集团内的核心子公司。按照惠誉的Prism风险导向型资本模型（FBM），2014年

底华泰保险集团的合并口径风险调整后的资本金水平为"极为良好"。惠誉认为,如果需要,华泰保险集团有能力提供资金协助旗下的保险子公司发展业务。2014 年集团向华泰财险注资 10 亿元人民币,进一步体现了华泰保险集团为该子公司的业务扩张提供资金支持的承诺。

目前,我国还没有专门提供保险信用评级服务的信用评估机构。截至 2015 年 8 月,我国内地保险公司的信用评估状况见表 2-8。

表 2-8　　　　　我国内地保险公司的信用评估等级

	评估等级	评级机构
泰康人寿保险公司	AAA -	中诚信国际
	A -	惠誉国际
中国平安保险股份有限公司	AAA	中诚信国际
生命人寿保险公司	AA -	中诚信国际
中国人寿	A +	标准普尔
	A1	穆迪公司
	A +	惠誉国际
中国人民保险有限公司	A1	穆迪公司
	AAA	财政部
太平人寿保险有限公司	BBB +	惠誉国际
	A -	惠誉国际
中国平安财产保险股份有限公司	A	标准普尔
爱和谊财产保险有限公司	A -	A. M. Best
安邦保险	AAA	大公国际
华泰财产保险有限公司	A	惠誉
中国再保险集团	A +	标准普尔
中国太平洋财产保险股份有限公司	A1	穆迪公司

第三章
中国寿险公司信用评级方法设计

> 信用评级机构的权利有正当的法权渊源，信用评级权是债权人知情权的当代实现方式；信用评级是信用经济、信息社会的必然产物，有助于经济、社会的安全；信用评级是金融发展到一定阶段的必然产物，有助于金融市场的效率。
>
> ——封红梅

近年来，我国信用评级机构开始不断发展，评级市场逐渐健全，信用评级指标体系不断完善，人们对信用评级的关注度不断提升，致使一些大规模权威性评级机构为了更好地盈利和发展，将评级时应用的指标体系不断私有化，不再对外公布，在对公司进行信用评级后仅公布评级结果。本书通过对国内外评级机构较早时期公布的信用评级指标体系进行分析，并结合相关的理论知识，构建一套相对完整的信用评级指标体系。

第一节 国内外保险公司信用评级方法

A. M. Best 公司、穆迪（Moody's）、标准普尔（Standard & Poor）和惠誉（Fitch）四大国际著名评级公司的信用评级方法体系，具有重要的借鉴意义，但这些已有的评级方法对中国保险公司的信用评级存在一个适用性问题。在研究国内外信用评级方法的基础上，要着力于中国寿险公司信用评级方法体系的构建，包括框架体系、指标体系和方法体系的创新设计。本研究框架指标体系涵盖财务指标体系、微观指标体系和宏观指标体系；在研究方法上结合了层次分析法和主成分分析法；在数据处理上改进的指数功效函数与对数功效函数共举,是对中国寿险公司信用评级的方法论基础。

一、寿险公司信用评级的内涵与特征

寿险企业作为一种现代金融企业,其业务覆盖范围很广,其中寿险业务主要包括个人的寿险和健康寿险,以及团体的健康寿险等。具体到信用评级工作,寿险公司的信用评级主要是指基于寿险公司的公开信息,以及部分内部提供的非公开信息,利用某种量化标准来对相应寿险公司进行信用评价,也可以说这是对于寿险公司违约风险的一种相对独立的判断。可以直观地通过由字母和数字组成等级结果来判断寿险公司的信用情况。监管部门会针对不同等级的寿险公司采取相应的监管措施,以达到规范寿险公司的内部运作,进而提高寿险公司综合竞争力的目的。

寿险公司信用评级与非寿险公司信用评级的特点主要体现在如下两个方面:

第一,寿险产品的整个投资回收期跨度很大,基于这一因素,消费者会在购买该种产品时着重考虑影响企业对客户的到期偿债能力的因素,比如资金储备量及企业信誉等,因此相对而言更加侧重于考虑相关寿险公司的财务稳健性指标以及与到期偿付能力相关的指标。

第二,寿险产品更偏重于体现保险的保障功能,使资产保值增值并不是其主要功能,这就使得寿险公司将预定利率保持在与即时银行存款利率大致吻合,或者是略高于银行存款利率的水平,以争取买方市场。因此,本质上说,人寿保险产品更易受到宏观环境的影响,会受市场利率频繁波动的影响。

二、国外保险评级框架和方法

A. M. Best 最早于 1906 年开始进行保险公司评级,并在此后 70 多年的时间里,该公司每年对美国的保险公司进行评级。标准普尔、惠誉和穆迪也于 20 世纪 70 年代末开始进行保险公司评级业务。

(一) A. M. Best

与其他三个评级机构相比,A. M. Best 是专门从事保险公司评级的信用评级机构。以保险公司年度报告为依据,从资产负债实力、运营业绩及业务概况三个方面进行定性和定量分析,对保险公司偿付能力进行评级,提供保险公司破产可能性的专业意见。A. M. Best 公司评级体系由字母等级(运用最为广泛)、财务效益等级和财务规模等级三套指标构成,字母等级的变化范围从"A + +"到"F",对应于从优到差的评级结果。

(二) 穆迪

1986年，穆迪（Moody's）引入保险信用等级评估制度。穆迪的保险信用评级从财务状况和业务状况两方面进行分析，针对保险公司能否按时支付保单持有人理赔和保险责任的能力而做出评估意见，反映的是当前的财务实力以及承受未来财务困难时期的能力。保险信用评级级别的变化范围从"Aaa"到"Ba2"，共12个等级，对应于从偿付能力最强到仅有基本偿付能力的评级结果。

穆迪评级公司2005年公布的对寿险公司进行信用评级时所选取的指标体系如表3-1所示。

表3-1　　　　　　　　穆迪评级机构的评级指标

	项目	内容
评价内容	行业分析	影响行业的趋势、整体经济环境、行业内的集中度、人口和竞争问题、金融行业的一体化和合并的影响以及会计和监督环境
	公司分析	组织结构、所有权以及公司管制、战略问题、管理素质、公司特许权、销售网络和产品特质
	资本充足性	巩固资本化；法定盈余的增长；无形资产占股东权益的百分比；总承保杠杆
	财务和运营杠杆	财务杠杆；利息和优先股红利的现金储备
	盈利能力	资本的法定运营回报
	资产负债管理以及流动性	流动性资产占可退保年金保险责任的百分比
	资产质量和投资风险	风险资产占资本的百分比
	业务基础	市场存在得分

穆迪公司比较特殊的地方在于被评级保险公司的财务实力评价中，一般都会考虑外部支持评级的因素，而标准普尔和A. M. Bset则一般不以外部支持为指标因素。

(三) 标准普尔

标准普尔（S&P）自1971年就开始对保险公司的财务实力进行评级。标准普尔保险评级部采用的评级标准是"理赔能力等级"，即考察其资本能否足以承担其所担负的长期或短期的保单责任。标准普尔依据对保险人的财务实力的评定，将众多保险公司分为两类——安全级和脆弱级。安全级中的等级类别从"AAA"到"BBB"，指保险人的资本实力与所承担的保单责任相符合，具有偿付能力。脆弱级中的等级类别从"BB"到"CC"，指保险人的资本实力处于脆弱状态,难以承受经济恶化及承保条件的变化。

表 3-2　　　　　　　　标准普尔的保险公司等级类别

等级	字母等级	文字评价	具体内容	备注
安全级	AAA	最安全的资金保障	资本实力绝对充足与安全,资本金完全可以承担保单责任,而不受经济及承保条件变化的影响	在 AA 级到 B 的等级分类中,每一个资信级别还可以通过加注(+)或(-)符号进行微调,这是表示保险人或再保险人在等级分类中的相对位置,而并不意味升级或降级。(+)及(-)符号使评级结果更加精确。若仅依据公开出版物的评级则不使用(+)及(-)符号
安全级	AA	优良的资金保障	在经济及承保条件变化后其资本金仍可承担保单责任	
安全级	A	良好的资金保障	在经济恶化及承保条件变化时,其资金保障会受到轻微影响	
安全级	BBB	适度的资金保障	在经济恶化及承保条件变化时,其资金保障易受影响	
脆弱级	BB	可能适度的资金保障	在经济恶化及承保条件变化时,其资金保障不能与保单责任相适应,特别是那些长期保单或长尾保单	
脆弱级	B	脆弱的资金保障	资本金暂时可与保单责任相适应,但在遭遇经济恶化及承保条件变化时,其适应性会变得特别脆弱	
脆弱级	CCC	极为脆弱的资金保障	资本金与保单责任的适应性极不可靠	
脆弱级	CC		不能提供包括承担保单责任在内的任何资金保障	
脆弱级	Upi	未被评级	被冠以"U"的公司由于未提供充足的资料,故无法给予评级	

(四)惠誉

惠誉(Fitch)是唯一的一家欧洲评级机构。通过定性分析(管理层访谈、行业、专家意见)和定量分析(财务和部分指标预测)相结合,并结合对保险公司如期履行债务或其他义务的能力和意愿的考察,侧重对未来偿债能力和现金流量的分析评估,揭示受评对象违约风险的大小。惠誉评级体系等级的变化范围从"AAA"到"BB",对应于从偿付能力极强到偿付能力弱的评级结果。惠誉也预计新的偿付能力制度将促使中国的寿险公司更灵活的管理资本水平,包括发行更多类型的资本工具来加强资本金并使用非传统再保险来降低最低资本要求。

由以上各个机构评级特点可知各个机构都采取了定性分析和定量分析相结合的方法。定量分析以保险公司的主要财务报表和业务数据为基础,国外知名评级公司都建立了规模宏大的保险公司数据库,包括不同国家的财险、寿险以及综合性保险公司的主要财务数据和业务数据；而定性分析则依赖对保险公司的访谈或者对公开资料的搜集等。

三、国内保险评级框架和方法

中国的信用评级机构，在保险公司信用评级领域，最有影响力的主要是中诚信国际和大公国际。同时，保监会出台的《寿险公司法人机构经营评价指标》以及"中国风险导向的偿付能力体系"本身对于评级有重要的指导意义，这里一并介绍。

（一）中诚信

中诚信国际对寿险业的评级采用定性分析和定量分析相结合的方法，定性分析主要涉及经济环境、行业动态、业务基本面及战略的探讨；而定量分析主要涉及财务指标、业务基本面和比率分析。其对保险公司发布两类评级：保险公司财务实力评级和债项评级。其中财务实力评级主要考察经营环境、品牌价值、财务分析和外部支持分析，包含设计多种财务指标的分析如资本充足率及盈利能力等。中诚信国际的评级中主要以个体评估为主，考虑支持因素，长期评级试用 AAA~C 的评级符号。

表 3-3 展示的是中诚信评级公司对寿险公司进行信用评级时所选取的指标（2004 年公布）。

表 3-3　　　　　　中诚信评级机构的评级指标

个体评级	外部环境	经济环境	经济运行周期
			经济政策
			区域经济状况
		监管环境	
		行为环境	
	经营因素	管理和战略	管理层素质及其偏好
			经营方针和目标
			企业文化和人力资源
			组织结构
		竞争地位	市场地位
			产品开发能力
			服务水平
			业务承保
	财政因素	财务制度	内部稽核制度

续表

		会计政策和方法
		披露水平
		会计数据的真实性
		注册会计师的意见
	盈利能力	净现金流量、保费收入增长率、费用增长率、赔付率
		投资组合管理
		偿付能力管理
		准备金管理
支持评级		寿险公司的重要性
		公司的所有权结构

(二) 大公国际

大公国际在寿险业信用评级方面主要是在财务实力和外部评级的基础上根据寿险公司的特点对受评公司给予综合的主题信用评价。在考虑到寿险行业状况及受评公司经营状况以后采用定性和定量相结合的方法。主要考察指标有财务实力、营运状况、资本充足率、基本财务面的分析。与穆迪公司相同,大公国际也考虑受评公司的外部支持状况。

(三) 保监会《寿险公司法人机构经营评价指标》

保监会出台了《寿险公司法人机构经营评价指标》,它对于寿险公司的评估有重要指导意义。具体指标体系见表3-4。

表3-4 《寿险公司法人机构经营评价指标》

指标类别	指标名称	指标口径	分值	评分规则
速度规模 (共3分)	1. 保费收入增长率	本期保费收入÷上年同期保费收入×100%-1 保费收入=利润表保险业务收入的金额(下同)	1	-10%≤指标值≤60%,得1分; -30%≤指标值<-10%或60%<指标值≤100%,得0.5分;否则,得0分
	2. 规模保费增长率	本期规模保费÷上年同期规模保费×100%-1 规模保费是指保险公司按照保险合同约定向投保人收取的全部保费(下同)	1	-10%≤指标值≤60%,得1分; -30%≤指标值<-10%或60%<指标值≤100%,得0.5分;否则,得0分
	3. 总资产增长率	期末总资产÷期初总资产×100%-1 总资产应扣除卖出回购金融资产款	1	-10%≤指标值≤60%,得1分; -30%≤指标值<-10%或60%<指标值≤100%,得0.5分;否则,得0分

续表

指标类别	指标名称	指标口径	分值	评分规则
效益质量（共5分）	4. 综合投资收益率	（投资收益＋公允价值变动损益＋汇兑损益＋当期可供出售金融资产的公允价值变动净额－投资资产减值损失－利息支出）÷资金运用平均余额×100% 投资收益＝利润表投资收益的金额（包括存款、债券等投资资产的利息收入） 资金运用平均余额＝（期初资金运用余额＋∑本期每月月末资金运用余额）÷（本期月份数＋1） 资金运用余额应扣除独立账户的投资资产	1	≥行业均值，得1分 （行业均值－1%）≤指标值＜行业均值，得0.5分 否则，得0分
	5. 净资产收益率	本期净利润÷净资产×100% 净资产＝（期初净资产＋∑本期每月月末净资产）÷（本期月份数＋1）	0.5	≥行业中位数，得0.5分 否则，得0分
	6. 新业务利润率	本期新业务的首日利得÷新业务各期保费收入之和×100% 首日利得是指新业务在首次进行准备金评估时的剩余边际 各期保费收入之和是指在不考虑退保、贴现等条件下的首期保费收入与所有续期保费收入的总和	1	≥行业中位数，得1分 行业中位数×0.6≤指标值＜行业中位数，得0.5分 否则，得0分
	7. 内含价值增长率	本期末的内含价值÷上年期末的内含价值×100%	0.5	≥行业中位数，得0.5分 否则，得0分
	8. 综合退保率	（退保金＋保户储金及投资款的退保金＋投资连接保险独立账户的退保金）÷（期初长险责任准备金＋保户储金及投资款期初余额＋独立账户负债期初余额＋本期规模保费）×100%	0.5	≤行业均值，得0.5分 行业均值＜指标值≤（行业均值＋3%），得0.3分 否则，得0分

续表

指标类别	指标名称	指标口径	分值	评分规则
效益质量（共5分）	9. 13个月保单继续率	评价期前溯12个月承保的期交新单在首个保单年度宽限期内实收的规模保费÷评价期前溯12个月承保的期交新单实收的规模保费×100% 评价期前溯12个月是指评价期初前推12个月和评价期末前推12个月之间的时间 期交新单指投保人为个人的期交保单，不包含趸交件、犹豫期撤单件、发生理赔终止件、免缴、注销、迁出、效力中止及转换终止的保单	1	≥行业中位数，得1分 行业均值＜指标值≤（行业均值+5%），得0.5分 否则，得0分
	10. 综合费用率	（业务及管理费+佣金及手续费+营业税金及附加）÷规模保费×100% 佣金及手续费包含在其他业务成本中进行核算的，未通过重大风险测试的保险合同相关手续费及佣金支出	0.5	≤行业均值，得0.5分 行业均值＜指标值≤（行业均值+5%），得0.3分 否则，得0分
社会贡献（共2分）	11. 风险保障贡献度	公司经营的各类人身保险产品本期累计新增保险金额之和÷寿险行业本期累计新增保险金额总和×100%	0.5	≥1%，得0.5分 0.5%≤指标值＜1%，得0.4分 0.1%≤指标值＜0.5%，得0.3分 否则，得0分
	12. 赔付贡献度	公司赔付金额÷寿险行业赔付金额总和×100% 赔付金额=利润表中本期的赔付支出金额	0.5	≥1%，得0.5分 0.5%≤指标值＜1%，得0.4分 0.1%≤指标值＜0.5%，得0.3分 否则，得0分
	13. 纳税增长率	本期纳税额÷上年同期纳税额×100%-1 纳税额是指保险公司扣除当期税金返还后实际缴纳（包括预缴）的企业所得税、营业税、印花税等各项税金的总和（包括代扣代缴的个人所得税、代征的车船税等税金）	0.5	≥0，得0.5分 -20%≤指标值＜0，得0.3分 否则，得0分

续表

指标类别	指标名称	指标口径	分值	评分规则
社会贡献（共2分）	14. 增加值增长率	增加值增长率 =（本期增加值 - 上年同期增加值）÷ 上年同期增加值的绝对值 × 100% 增加值 = 劳动者报酬 + 生产税净额 + 固定资产折旧 + 营业盈余 其中： (1) 劳动者报酬 = 职工工资及福利费 + 支付给个人代理人的佣金 + 劳动保险费 + 待业保险费 + 住房公积金 + 社会统筹保险 + 取暖降温费 (2) 生产税净额 = 营业税金及附加 + 印花税 + 房产税 + 车船使用税 + 土地使用税 (3) 固定资产折旧 = 本年折旧 (4) 营业盈余 = 营业利润 - 公允价值变动收益	0.5	≥行业中位数，得0.5分 行业中位数×0.8（或1.2）≤指标值<行业中位数，得0.3分 否则，得0分 注：当行业中位数为负值时，第二条评分规则左侧取"行业中位数×1.2"

（四）保监会偿二代

保监会牵头制定了中国第二代偿付能力监管制度体系，即"中国风险导向的偿付能力体系"（China Risk Oriented Solvency System，简称C-ROSS，"偿二代"），该体系对于保险公司的经营与监管具有重要意义，对于保险公司评级同样具有指导意义。

其整体框架包括制度特征、监管要素和监管基础三部分，见图3-1。

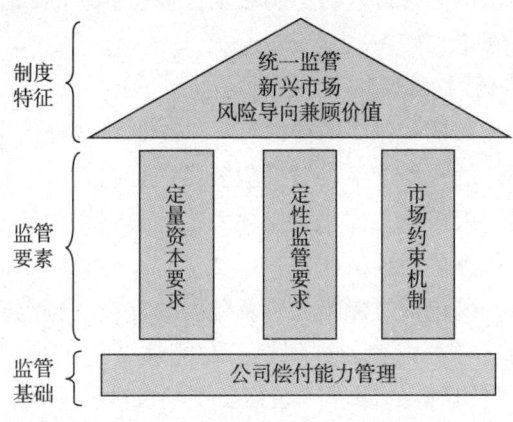

图3-1 保监会"中国风险导向的偿付能力体系"

监管要素是偿付能力监管的三支柱：定量资本要求、定性监管要求和市场约束机制。

1. 第一支柱定量资本要求

第一支柱定量资本要求主要包括五部分内容：一是第一支柱量化资本要求，具体包括：（1）保险风险资本要求；（2）市场风险资本要求；（3）信用风险资本要求；（4）宏观审慎监管资本要求，即对顺周期风险、系统重要性机构风险等提出的资本要求；（5）调控性资本要求，即根据行业发展、市场调控和特定保险公司风险管理水平的需要，对部分业务、部分公司提出一定期限的资本调整要求。二是实际资本评估标准，即保险公司资产和负债的评估标准和认可标准。三是资本分级，即对保险公司的实际资本进行分级，明确各类资本的标准和特点。四是动态偿付能力测试，即保险公司在基本情景和各种不利情景下，对未来一段时间内的偿付能力状况进行预测和评价。五是监管措施，即监管机构对不满足定量资本要求的保险公司，区分不同情形，可采取的监管干预措施。

2. 第二支柱定性监管要求

第二支柱定性监管要求包括四部分内容：一是风险综合评级，即监管部门综合第一支柱对能够量化的风险的定量评价，和第二支柱对难以量化风险（包括操作风险、战略风险、声誉风险和流动性风险）的定性评价，对保险公司总体的偿付能力风险水平进行全面评价。二是保险公司风险管理要求与评估，即监管部门对保险公司的风险管理提出具体监管要求，如治理结构、内部控制、管理架构和流程等，并对保险公司风险管理能力和风险状况进行评估。三是监管检查和分析，即对保险公司偿付能力状况进行现场检查和非现场分析。四是监管措施，即监管机构对不满足定性监管要求的保险公司，区分不同情形，可采取的监管干预措施。

3. 第三支柱市场约束机制

第三支柱市场约束机制包括两项内容：一是通过对外信息披露手段，充分利用除监管部门之外的市场力量，对保险公司进行约束；二是监管部门通过多种手段，完善市场约束机制，优化市场环境，促进市场力量更好地发挥对保险公司风险管理和价值评估的约束作用。

风险综合评级，既包括对保险公司总公司的评级，也包括对保险公司分支机构的评级。包括三部分内容，分别是：对能够量化风险的评价（在第一支柱反映）、对难以量化风险的评价（在第二支柱反映）和对所有风险的综合评价（在第二支柱反映）。

偿付能力监管应反映保险公司所有与偿付能力相关的风险,包括能够量化的风险和难以量化的风险。能够量化的风险,如市场风险、承保风险、信用风险,在三支柱体系中的第一支柱反映;难以量化的风险,如操作风险、战略风险、声誉风险、流动性风险等,在第二支柱反映。同时,在第二支柱中对保险公司所有与偿付能力相关的风险进行综合评价。

综合分析对比国内外保险评级框架体系与方法,可以发现以下几点:

1. 通过对标准普尔和 A. M. Best 等公司的保险公司信用等级方法比较,可知评级的主要依据是保险公司的财务实力,核心是其偿付能力。

2. 国际评级机构都对公司整体的经营状况和整个行业状况进行指标提取。结合第二章国外评级机构的评级要素可以看出,标准普尔和惠誉的评级要素选取差别不明显,考虑的子因素也较为接近。相比之下,穆迪的评级要素选择就有些差异,其按照行业建立评级方法,侧重于确立影响该行业评级的几大要素和子因素。穆迪的评级方法中并没有将国家风险和行业风险明确作为评级要素,而是包含于各独立行业研究,这与其他两大机构有明显的区别。信用评级指标体系是依据,也是衡量信用评级结果是否客观公正的标尺。

3. 定量分析也非常重要,而且定量指标会提高整个指标体系的客观性。我们从表 3-1 和表 3-2 可以看出,财务因素是影响寿险信用的重大因素,并根据 CAMPARI 法,将财务因素拆分为盈利能力、偿债能力、营运能力、现金流量及发展能力五个方面。

4. 通过 5C 要素分析法可知,一个公司的品质对于信用的影响也很大,所以本书提取了分支机构的开设数量(覆盖率)等微观指标;针对我国的国情和整体的社会文化,对于企业是否遵守保监会的规定履行信息披露,本书引入了风险信息披露指标;同样一个公司的制度是否完善对于寿险公司来说也非常重要,本书引入股东背景与主要股东变动指标。由于寿险产品属于风险产品,所以结合全面风险管理的思想,一个公司的内部控制机制,核保核赔机制是否完善对信用的影响就非常大,所以本书引入了风险管理机构设立指标;而正是因为寿险公司与消费者之间的信息不对称,才导致寿险市场失衡,信用下降,也正是有了消费者的信任,寿险公司的产品才会有市场,所以本书提出将服务水平(包括品牌、险种研发)加入到指标体系中,以提高指标体系的多面性和合理性。

第二节　中国寿险公司信用评级方法的设计

对中国寿险公司进行信用评级，首先必须建立信用评级的框架体系，包括指标体系和方法体系。本研究提出了不同于其他评级体系的框架体系，下面分别介绍中国寿险公司信用评级指标体系和方法体系的设计。

一、信用评级属性和指标设计原则

（一）评级属性

朱荣恩指出，信用评级的基本属性包括前瞻性（预测未来）、批判性（风险揭示）、艺术性（主观判定）、差异性（非同质化）和时间性（历史检验）五个方面的特性。

1. 前瞻性

前瞻性指信用评级是对被评对象未来信用风险（违约发生可能性及可能的违约损失率）的预测，是对债务人或者特定债务未来偿付可能性的判断，因此，其预测或前瞻性判定的信息基础、假设和逻辑推论过程本身就很难十全十美，其预测的结果可能与实际风险发生偏差，称之为"揭示风险的风险"。前瞻性属性要求预测的准确性。

2. 批判性

批判性指信用评级的风险揭示属性，通过信用风险的揭示，为投资者的投资决策提供参考。在本质上有着批判的特征，在技术上是一种趋向于下界的分析法。信用评级聚焦于评级对象可能存在的风险揭示，而不是一个既能揭示风险又能减少市场波动的完美机制。认识到这一点，才更有利于中国信用市场的健康发展。

3. 艺术性

艺术性指信用评级是在定量和定性分析基础上综合判断的结果，在定性判断方面更多地体现为评级机构依据评级方法和经验的主观判定。信用评级的艺术性使得不同的评级机构可能有不同的艺术风格，但在一定时期内应该统一，并保持一致性。评级机构的评级标准的调整应注意透明度。

4. 差异性

差异性指的是信用评级机构之间在评级定义、评级符号、评级方法、评级的逻辑构架等方面的非同质化。不同的评级机构对同一个被评对象可能因为各自评级思想、方法的不同，而得出不同的评级结论。

不同风险观察角度会形成各自的内在逻辑体系，并经过实践为不同的投资者所认可。从揭示风险规律来讲，评级具有共性的特点，但揭示风险的路径差异又给了投资者不同的参考意见，因而这种差异性又能共存。

5. 时间性

时间性指信用评级的结果需要通过长期历史数据的积累并进行事后的统计检验，其公信力建立在评级机构评级结果准确性的基础上，需要通过时间来累积。

（二）指标设计原则

信用评级指标体系是进行信用评级工作的主要依据，也是衡量信用评级结果是否客观公正的重要标尺。这是保证信用评级结果客观公正的必要条件。根据寿险公司的特点及其信用评级的特殊性，信用评级指标体系设计应遵循以下原则。

1. 全面性原则

信用评级指标体系应该全面地反映所有影响评级对象信用状况的各项要素，包括过去的业绩，预测未来的发展趋势，以及周边环境及其产生的影响。

具体说来，要微观与宏观相结合，静态与动态相结合。微观角度分析是指考察企业的人员素质、管理水平、信用能力、生产经营状况、偿债能力、财务状况、经济效益、资金营运能力等；宏观角度分析是指研究企业的发展前景，所处行业的发展状况、产品市场状况，以及在国民经济中的地位、作用、社会效益等。

随着社会经济环境的不断变化，企业自身也在不断地运作以求应变。评级的准确性依赖于评级资料的真实性和全面性、评级体系的完整性和科学性，并需考察众多的政治经济因素，需要在全面考察历史数据的同时，还结合企业乃至行业环境的变化，动态地分析企业的信用状况，使评级结果更加真实、准确。

2. 科学性原则

信用评级是对目标公司进行信用评级的一项系统工程。评级需要考虑的因素有很多，每个指标在构建的时候是否合理，指标之间是否具有重叠性，会不会相互矛盾，都是设计者要考虑的因素，并且在很多定性指标的构建上，如何科学地量化也是设计者的难题。信用评级指标体系必须有机配合，形成体系；指标的计算和评价方法必须科学，经得起实践的考验。

3. 公正性原则

信用评级指标体系要符合客观事实，不能偏向评级对象或投资主体的任何一方，评级机构和评级人员必须态度公正，评价客观，以事实为依据，不能任意改变指标项目、计算方法和评价标准。要有公信力，不能掺杂主观因素和个人情感。

4. 定量与定性相结合原则

定性是定量的基础，定量是定性的深化，需要相互结合，两者相辅相成，不能偏废。结合使用、交错运用，才能达到科学评级的目的。

信用评级体系应以定量分析方法为基础，但不仅局限于定量方法，而应与定性分析相结合，使定量分析和定性分析相互交叉，相辅相成。定量分析主要采用数据模型的方法，依靠企业的财务数据，选取切合行业特点的指标进行计算、分析，考察企业的内部因素。如企业的偿债能力、财务效益、发展能力等因素，而对于那些无法量化的分析要素则采用定性分析方法，定性分析采用专家意见打分法，重点考察企业的外部因素，如组织形式、发展战略、竞争地位等因素。

5. 配套原则

配套原则，首先指标体系自身的指标值要相互配套，每个指标之间要相互适应，相互补充，从而形成一个统一的指标系统；其次寿险公司信用评级指标体系也要与其他相关制度配套，比如要与一些相关的财政法规制度相适应，信用评级必须遵守国家有关政策、法律和法规，体现国家宏观政策的导向，国家政府机关规定有标准值的，必须体现规定要求，达到彼此间的协调统一。

6. 可操作性

我国信用评级的发展还处于初级阶段，所以在借鉴国外先进评级方法的同时要立足我国国情，针对我国特有的经营环境和寿险公司的特点来研究信用评级指标体系，从而进一步加强信用评级指标体系的实用性。信用评级指标体系要便于实施，符合我国国情，同时参照国际惯例，能同国际惯例接轨（陈元燮，2000）。

7. 针对性

信用评级主要说明公司偿还债务的风险，寿险公司是经营风险的高风险企业，风险的存在影响着寿险公司的持续稳定经营，因此，指标的设计过程就是风险识别的过程，指标的设计应该是以风险为导向的，而且指标体系必须具有针对性，不同的评级对象和评级目的，所构建的指标体系应该不同。

二、保险公司信用评级的框架体系

对中国寿险公司进行评级，其框架体系可以由两部分构成，一部分是指标体系，另一部分是方法体系。寿险公司信用评级的框架体系见图3-2。在整个评级中，本研究综合考虑了动态指标和静态指标的结合，定性分析和定量分析的结合，以及各层次指标体系的结合问题。一方面要满足具体评级的要求，另一方面要兼顾评级方法的一致性和有效性。

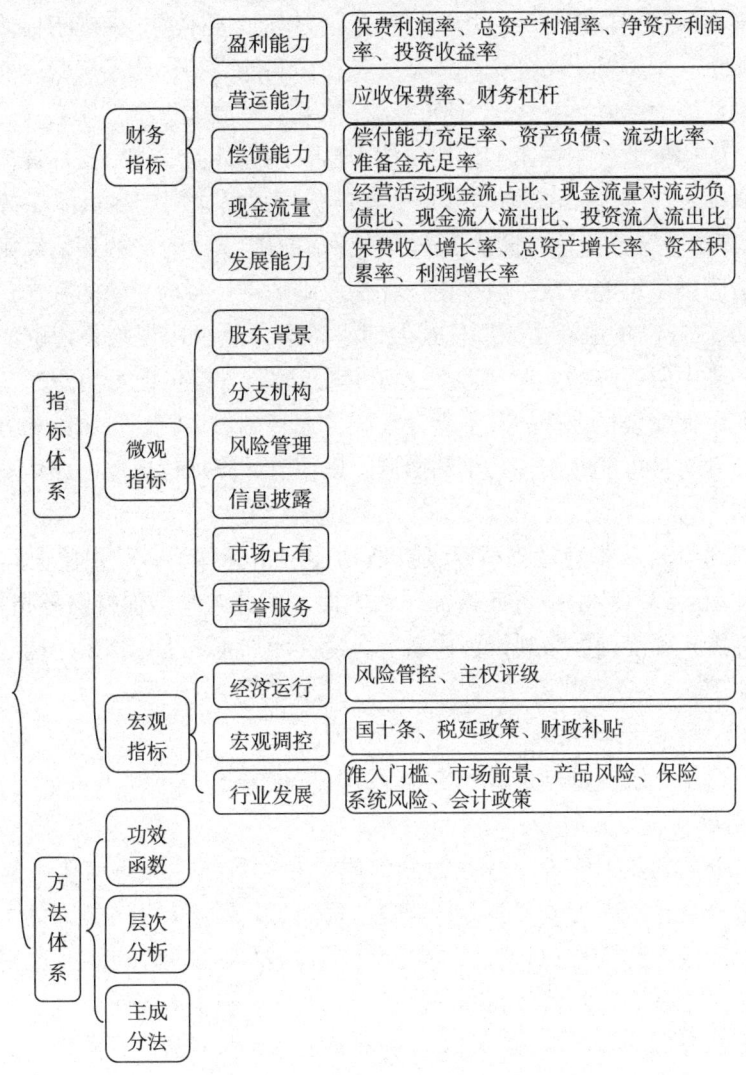

图3-2 寿险公司信用评级的框架体系

微观层面上的信用评级机构与金融保险市场连接在一起，共同形成了信用评级产业。同时，由于NRSRO制度和巴塞尔协议相关规定的存在，也使得信用评级机构与监管当局组织在一起，共同建构起一整套信用评级制度。对信用评级的整体研究不能回避产业研究，更不能严格地将机构和产业割裂开来，因此本研究又考虑了宏观评级。

三、保险公司信用评级的指标体系

中国寿险公司信用评级总指标体系包括财务指标体系、微观指标体系、宏观指标体系三个，其中财务指标体系又包括盈利能力指标体系、营运能力指标体系、偿债能力指标体系、现金流量指标体系、发展能力指标体系等。

根据中国保监会中国第二代偿付能力监管制度体系，第一支柱资产和负债的评估原则，"产险公司和寿险公司的资产负债评估原则应尽可能保持一致"；"相同的保险业务应适用相同的资产负债评估原则"；"资产的评估原则应与负债的评估原则尽可能一致，减少由于评估原则的不一致而导致的资产负债不匹配问题"；"资产负债评估原则应能及时、恰当地反映出保险公司资产和负债在市场环境中所面临的实际风险状态及其变动"；"偿付能力的资产负债评估应充分利用保险公司现存的财务会计系统，在基础数据、计量原则和方法、报告系统等方面尽可能地实现共享和协调，以便有效降低偿付能力评估和管理的实施成本"。

考虑到前面《非寿险公司评级》所构建的指标体系，与保险公司信用评级要求基本一致，特别是财务指标体系方面，因此，我们保持财务指标体系、宏观指标体系不变，在微观指标体系上，适度增加主观指标体系。构建后的指标体系如下。

（一）财务指标体系

进行信用评级的重点是财务实力评级（Financial Strength Ratings，FSR）。

1. 从盈利能力方面分析

寿险公司的盈利能力（包括盈利的质量和可持续性）是信用可靠度的重要组成部分，这是因为盈利能力是寿险公司满足其保单和债务能力的主要决定因素，是产生内部资本以确保资本充足性的主要来源。盈利能力选用的指标有：净资产收益率、收入净利率、总资产净利率、投资收益率。

与盈利对应的是成本，寿险公司的运营成本是指在履行保险责任时发生的赔偿支出以及与日常经营活动相关的各项业务费用及支出。运营成本选用的指标有：赔付率、给付率、综合费用率、业务管理费用。本研究选用的变量如下。

（1）保费利润率＝净利润／（保险业务收入－分出保费）×100%

保费利润率指标是企业净利润与保险业务收入净额的比率，反映了企业每一单位保险业务收入可带来的纯收益。一般来说，该指标越大越好。

（2）总资产利润率 = 净利润/资产总额 × 100%

总资产利润率衡量的是一家公司的税前及保单持有人运营利润与总资产的比例。因此该比率比盈余回报率/股本回报率对运营杠杆的敏感程度要低。出售长尾产品的保险公司的资产回报率会比出售短尾产品的保险公司的资产回报率低，反映出两类保险公司在损失准备金积累方面的不同。

总资产利润率指标反映企业资产综合利用效果，是净利润与资产总额的比率。该比率越高，表明企业对资产的利用效益越好，企业资产的获利能力也越强。一般来说，该指标越大越好。

分母既可以为资产总额，也可以为平均资产总额。

各公司间的差别可能是由于运营利润的不同，以及净运营杠杆和/或财务杠杆的不同。对于一家有利润的公司，较高的杠杆水平可以产生较好的结果。

（3）净资产利润率 = 净利润/所有者权益 × 100%

净资产利润率指标反映企业净资产的收益情况，一般来说，该指标越大越好。

（4）投资收益率 = 投资收益/总资产

除了承保活动，保险公司的投资活动也是公司利润的重要来源。这里选用投资收益率指标来衡量公司的投资效益。一般来说，投资收益率指标越大越好，它是衡量投资业绩的手段。投资收益率会根据市场状况而变化。各公司投资收益率有所不同，是由于其投资工具的纳税和免税组合不同，债券组合的信用质量和相应的收益率特点不同，高回报/低收益普通股的集中度不同，以及投资费用和投资组合管理质量的不同。

除了利润相关指标外，还考虑一些反向指标，即影响利润的成本指标，比如综合成本率指标。

总资产利润率和投资收益加在一起反映营运比率，该比率使得长尾业务和短尾业务之间具备了可比性。但是有一些因素使得这种比较显得困难，包括运营杠杆和投资资产收益的不同；投资策略的不同，尤其是有关征税和免税投资工具的组合，以及普通股等低收益/高资本利得的投资工具的投资策略；长尾业务强劲增长，使得准备金和投资资产没有达到成熟的水平。

（5）综合成本率 = 综合费用率 + 综合赔付率

综合成本比率低于100%意味着有承保利润。通常情况下，对于承保短尾保险产品、投资收益水平一般的公司，或者对于暴露在定期巨灾或其他大型损失风险之下，长期内需要将这些损失考虑在影响收入因素之内的公司，需要其综合成本率保持在较低的水平。综合成本率指标又可进一步详细分解为综合赔付率和综合费用率两个指标。

（6）综合赔付率 =（赔付支出 – 摊回赔付支出 + 提取保险责任准备金 – 摊回保险责任准备金）/（已赚保费）

对于大多数寿险类保险公司而言，损失和损失调整费用是最大的一类费用。因此综合赔付率反映了财险公司赔付成本的高低水平。综合赔付率是个反向指标，取值越小越好。

这里，保险责任准备金是指未决赔款准备金，摊回保险责任准备金是指摊回未决赔款准备金。

（7）综合费用率 =（业务及管理费 + 手续费及佣金 + 保险业务税金及附加 – 摊回分保费用/（已赚保费）

重点是按照我国会计准则，确认费用发生以便更好地与成本匹配的原则。综合费用率分母可以是已赚得保费，或者是已受售出保单的保费。在某些会计准则下，费用在支付时即得到确认，而在其他会计准则下，费用必须要在保费赚得后才能确认。不同保险公司之间费用比率的差别主要是由于各公司在以下方面存在差别：分销系统成本（代理、直接销售和承保经理）、保险产品性质、承保风险类型需要、有关费用/损失比率组合的定价策略、固定成本与可变成本之比、成本效率、利润共享和或有佣金安排，以及分保佣金水平等。

综合费用率反映了财险公司各项费用，主要包括业务及管理费、手续费及佣金（扣除摊回分保费用）的高低水平。综合费用率也是个反向指标，取值越小越好。

各保险公司间的差异可能是由于费率水平、保险产品期限、有关费用/损失比率组合的定价策略、不利损失（即巨灾）和前几年业务发展等方面的区别，以及损失准备金相对实力变化导致的。

2. 从营运能力方面分析

对于财产保险公司营运能力的考察，主要从其承保潜力、应收保费率等方面考察。

（1）承保潜力 = 4 – 自留保费/（股本 + 资本公积 + 盈余公积）

《中华人民共和国保险法》第一百零二条规定，经营财产保险业务的保险公司当年自留保险费，不得超过其实有资本金加公积金总和的四倍。据此，本研究构建承保潜力指标。

一般情况，承保潜力指标不能小于0，而且越大越好，如果为负则说明承保能力存在违规的风险。

（2）应收保费率＝应收保费/保费收入

应收保费率反映了一家公司应收保费管理的情况，是一个反向指标，一般来说，取值越小越好。

（3）自留比率＝自留保费/保险业务收入

《中华人民共和国保险法》第一百零三条规定，保险公司对每一危险单位，即对一次保险事故可能造成的最大损失范围所承担的责任，不得超过其实有资本金加公积金总和的百分之十；超过的部分，应当办理再保险。

自留比率用于保障盈余不受巨大损失影响所需的再保险数额，根据不同险种和损失敞口性质而有所不同，同时也受到保险公司资本金绝对数额相对于其单一风险和总的保单限额水平的影响。自留比率特别高或特别低都可能意味着公司进行了不适当的再保险，或公司进行再保险是出于风险分散以外的财务原因或其他原因。

考虑到这个指标的参考值很难选取，实际上不容易实施，另外可以考虑以下指标：

①净售出保费/盈余或股本，是净运营杠杆，衡量的是盈余/权益对定价措施的风险敞口。净运营杠杆的可接受级别根据不同业务种类有所差异，长尾和巨灾类产品由于对定价错误的暴露程度较高，要求的净承保杠杆因此较低。此外，如果是通过出售回溯定价类或利润/损失共同承担类保单等允许保险公司分流一部分定价错误负担的话，较高水平的杠杆也是可以接受的。由于净售出保费受到保单数量和定价准确程度的影响，理解该比率时要格外小心，因为定价准确程度的下降可能导致该比率显著上升。

②净杠杆，显示一家公司以目前已售出保单，以及因出售保单未到期而产生的负债计算的净运营杠杆。该比率等于净保费加上总负债，减去分保准备金，除以盈余或股本，它衡量的是盈余/股本对定价和提取保证金错误的风险暴露。长尾保险公司该比率的正常水平应当高于短尾保险公司，反映两类公司在分保损失准备金积累方面的不同。

③总杠杆，显示一家公司的总体运营杠杆，同时考虑了无关联分保净保费和负债敞口。该比率等于售出保单保费总额（直接加间接）加上总负债（总负债包括分保损失和未赚取保费准备金），再除以盈余/股本。该比率衡量的是盈余对定价错误、准备金计提错误和由无法回收的再保险摊回导致的信用损失的暴露程度。长尾保险公司该比率的正常水平应当高于短尾保险公司，反映两类公司在分保损失准备金积累方面的不同。

3. 从偿债能力方面分析

寿险公司的资产质量分析是指资产在保险业务活动中发挥作用的质量，一般可以分为变现质量、被利用质量、与其他资产组合增值质量、为公司发展目标做出贡献的质量等。资产质量越好，越有利于提高资产的使用效率。资产质量选用的指标有：现金比率、固定资产比率、资产负债率等。

充足的资本是寿险公司面临赔偿时强有力的支撑后盾，是寿险公司承担保险责任、履行保险义务的可靠保证。因此，资本充足性对于一家寿险公司至关重要，而且保险监管机构一般也订立了最低的资本水平或者比率。偿付能力选用的指标有：资产负债率、长期资产负债率、偿付能力系数、各项责任准备金与资产的比率、各项责任准备金变动率与保费收入的比率。

寿险公司的偿债能力是相关利益各方最为关注的财务状况，尤其是保险公司的偿付能力。本研究主要从偿付能力充足率、资产负债率和流动比率等几个方面来考察财险公司的偿债能力。

(1) 偿付能力充足率 = 实际资本/最低资本 × 100%

其中，实际资本 = 认可资产 – 认可负债，是依据中国保监会的规定保险公司所确认的资产。认可资产适用列举法。认可负债是依据中国保监会的规定保险公司所确认的负债。

偿付能力充足率指保险公司的实际资本与最低资本的比率。按照《保险公司偿付能力管理规定》，保险公司应当具有与其风险和业务规模相适应的资本，确保偿付能力充足率不低于100%。

中国保监会实施分类监管：（一）不足类公司，指偿付能力充足率低于100%的保险公司；（二）充足Ⅰ类公司，指偿付能力充足率在100%到150%之间的保险公司；（三）充足Ⅱ类公司，指偿付能力充足率高于150%的保险公司。偿付能力充足率是正向指标，取值越大越好。

(2) 资产负债率 = 负债总额/资产总额 × 100%

资产负债率是一个参考水平指标。对于财险公司，由于各种准备金是负债的重要组成部分，因此，该指标总体水平比其他行业要高，具体参考水平的确定取决于实际数据分析的结果和专家的比较选择。

(3) 流动比率 = 流动资产/流动负债 × 100%

根据流动性将资产分为流动性资产和非流动性资产，将负债分为流动性负债和非流动性负债。此比率衡量企业流动资产在短期债务到期前可以变现用以偿还流动负债的能力。这是一个参考水平指标。对于国内的财险公司，一般企业流动比率为1左右比较好，具体参考水平的确定取决于实际数据分析的结果和专家的比较选择。

（4）未决赔款占比 = 未决赔款/直接保费收入（保费收入 – 分出保费）

这里采用参考值水平。可以参考的指标是 IBNR 保费/赚得保费、IBNR 准备金/准备金总额，IBNR 损失/发生损失，准备金总额/赚得保费，准备金总额/已支付损失，发生损失/已支付损失，这些是对准备金充足率评估的补充。这些比率越高，说明准备金提取更保守，而比率下降则说明准备金充足率有所下降。评估这些比率时既要看其变化趋势，也要与行业水平进行比较。如果公司的准备金比率高于/低于行业水平，则认为是有利的/不利的。但是，这些比率对业务组合、定价和支付形态等方面变化的敏感程度很高。

另外一个可以考虑的指标是再保险摊回/盈余或股本，它衡量的是一家公司对再保险摊回的信用风险敞口。计算比率时应考虑来自于所有再保险公司的摊回。通常，来自于附属公司、组合（pools）和关联公司的摊回被认为是低风险的。理解该比率时还应当考虑再保险公司的信用质量，保险公司和再保险公司之间关系的稳定程度，历史上的回收情况、已经以信用证、信托账户或保留资金（funds withheld）等形式的安全手段。长尾保险公司该比率的正常水平应当高于短尾保险公司，反映两类公司在分保损失准备金积累方面的不同。

4. 从现金流量方面分析

寿险公司的现金流量主要分为经营活动现金流量、投资活动现金流量和筹资活动现金流量。主要利用这三个方向的现金流量对财险公司现金流动情况进行分析，本研究选取了如下指标。

（1）经营活动现金流占保费收入百分比 = 经营活动现金流/保费收入 × 100%

现金流量充足率指标主要说明当年经营活动现金净流量是否足以偿付当年到期债务、必要投资和支付股利。如果大于 1，说明现金流量比较充裕；如果小于 1，说明必须依靠其他来源如借款等来解决。现金流量充足率指标是正向指标，取值越大越好。

（2）现金流量对流动负债比率 = 经营活动现金净流量/流动负债 × 100%

现金流量对流动负债比率指标说明企业用当年经营活动现金净流量来偿还短期负债的能力，比流动比率、速动比率更具有直接意义。此指标分母也可改为负债总额，则表示企业用经营活动现金净流量偿还全部债务的能力。此指标数值大，说明企业偿债能力强，偿债风险低。现金流量对流动负债比率指标是正向指标，取值越大越好。

（3）现金流入流出比率 =（经营活动产生现金流入/经营活动产生现金流出）× 100%

现金流入流出比率指标说明企业在当年度内经营的现金流入和流出的对比关系。在通常情况下此比率应大于1，表明企业经营活动的现金流入大于现金流出。高于100%的比率表示运营现金流为正数，而低于100%的比率则表示运营现金流为负数。该比率既可以就绝对数值进行评估，也可以从趋势上进行分析。比率高于100%，则越高越好。还可以结合保费增长来分析现金流比率，原因是快速增长的公司，或进行现金流承保的公司，其现金流可能强劲，但却不具备可持续性。现金流入流出比率指标是正向指标，取值越大越好。

上述（1）、（2）、（3）指标都是经营性现金流，对于寿险公司而言，同时也更应重视投资性现金流，因此本研究添加第4个指标，也即投资活动的流入流出比率。

（4）投资流入流出比率 =（投资活动产生现金流入/投资活动产生现金流出）×100%

投资流入流出比率指标主要是对投资活动的流入流出进行度量。但是，作为投资活动，很难说流入流出多了就好或者坏，因此，最优参考值需要考虑。

5. 从发展能力方面分析

通常，可以运用趋势分析法衡量寿险公司的发展能力。本研究利用连续几年的指标数值计算出各项指标的成长速度即可反映出寿险公司的发展情况。这些趋势指标可以用定基指数计算，也可用环比指数计算，其中，定基指数以某一固定时期为基期进行计算，环比指数以各个时期的前一期为基期计算。根据计算结果，就可判断寿险公司各项指标变动的发展趋势及其合理性。

本研究选择了保费收入增长率、总资产增长率、资本积累率和利润增长率四个指标。

（1）保费收入增长率 = 本年保费收入增长额/上年保费收入总额 ×100%

保费（收入）增长率反映了保费增长情况。保费增长率高于行业平均水平的公司可能产品定价过低。保费增长率还是衡量业务价值的有效手段，原因是保费负增长可能是业务受侵蚀的信号。该比率还受到费率和保单数量变化的影响，因此在理解该比率时要特别小心。该指标为正向指标，取值越大越好。

（2）总资产增长率 = 本年总资产增长额/年初资产总额 ×100%

它反映了总资产的增长情况。该指标为正向指标，取值越大越好。

（3）资本积累率 = 本年股东权益增长额/年初股东权益 ×100%

资本积累率反映了寿险公司资本金的积累情况。该指标为正向指标，取值越大越好。

（4）利润增长率 =（年末利润总额/上一年年末利润总额 -1）×100%

利润增长率指标反映了寿险公司利润积累情况。该指标为正向指标，取值越大越好。这里，因为初步考虑只使用两年的数据，因此使用了两年利润平均增长率指标。

(二) 微观指标体系

目前大部分评级不考虑微观指标体系，但是，本研究认为中国寿险公司评级过程中，微观指标也能反映资信。

首先，规模本身也是一种资信——因为无论是中国市场还是国际金融保险市场，都存在系统性风险，正因为此，即使是有相关信用问题和违约风险，政府也会出面干预，因此，公司的信用实际上部分受到政府信用的担保。美联储主席 Bernanke（2011）指出，金融机构面临的问题是"太关联了而不能倒"（too interconnected to fail），Rajan（2009）则认为是"太系统了而不能倒"（too systemic to fail）。即使是金融危机的始作俑者，美国国际集团（AIG）最终是被政府接管而不是倒闭。

其次，覆盖率本身是业务开展的保证，同时也是信誉的信号传递。比方说，在中国市场上，中国人寿是唯一覆盖边远乡村的寿险公司，因此，可以在这些区域开展业务，因此信用和口碑不错，本身满足信用评级的要素。

最后，微观指标中，股东背景和管理层变动，对于一些国外公司评级可能意义不大，但是在中国却有非常重要的意义。以下是本研究构建的微观指标体系。

1. 股东背景与主要股东变动

需要考虑的因素为是否国有大型公司（央企）以及实际控股人信息。变好和变坏，需要专家组主观上进行评价。

2. 分支机构的开设数量（覆盖率）

需要结合年鉴来查，主要考虑省级及直辖市以上分支机构数据，用以度量覆盖率。一个可以补充的指标为是否保险集团（是否集团公司）。

3. 风险管理机构设立

保险行业在我国受到严格的监管，监管的目标是通过对保险市场主体和市场行为的监管实现对投保人的保护和保险业的健康稳定发展。国家监管机构、金融环境、财政税务体制的改革和变化会对寿险业务产生较大的影响。监管的法律体系、方法以及监管水平对寿险公司的经营影响很大。尤其是在加入了世界贸易组织之后，由于受到经济全球化的影响，我国保险业的政策法规、会计制度也会发生一定的变化。

根据偿二代，第二支柱保险公司风险管理要求与评估，是对保险公司与偿付能力相关的全部风险的管理要求和对保险公司风险管理能力的评价，不仅包括可量化的风险，还包括不可量化的风险。风险管理机构的设立，直接体现了企业对风险管理的认识程度和重视程度，这是企业信用的一种保证。

4. 风险信息披露程度

根据偿二代，第三支柱公开信息披露有以下要求：

（1）偿付能力公开信息披露应遵循充分性原则。保险公司应当充分披露有助于信息使用者了解保险公司偿付能力风险状况的所有重大相关信息。

（2）偿付能力公开信息披露应遵循及时性原则。保险公司应当定期、及时披露偿付能力相关信息。

（3）偿付能力公开信息披露应遵循真实性原则。保险公司应确保信息披露的内容真实、准确、完整，且没有虚假、严重误导性陈述或重大遗漏。

（4）偿付能力公开信息披露应遵循公平性原则。保险公司应确保具有相关利益的社会公众平等获悉偿付能力的相关信息，确保信息披露的集中性、可访问性和信息使用者的获取便利性。

（5）偿付能力公开信息披露应遵循成本效益原则。

5. 市场占有率（保费收入占比）

市场占有率直接反映了公司对市场的控制力量和影响力量，反映了市场认可和客户评价，从某种程度上看，也是一种信用，应该纳入信用评级并计算相关指标值。

6. 社会声誉和服务

对寿险公司品牌价值的分析主要依赖于公司在整个行业中的竞争地位。需要评价寿险公司提供的产品以及服务的质量。这些对寿险公司评级有重要的影响。主要因素包括：市场地位、品牌实力、销售渠道、产品的独特性以及多样化、管理层。

市场地位以及品牌实力反映了寿险公司的综合优势。如果保险公司拥有巨大的市场份额，稳固的市场地位，那么也将有能力在长期艰难的情况下生存，并且能够更好地利用未来可能出现的具有获利潜力的机会。寿险公司推出产品的方法和途径是与其业务和信用状况相关的另一个方面。寿险公司的销售渠道以及控制这些渠道的能力与公司提高收入、保留业务、控制成本等直接相关。产品的独特性和多样化无疑增强了寿险公司的竞争实力。产品与地域的多样化通常是获得高评级的公司特点。

一个公司，其中一个重要职能是服务社会。因此，本研究选择社会声誉和服务指标。社会声誉和服务是一个纯粹主观的指标，本研究拟采用专家给分法

(delphi 法），分别选择业界、学界相关专家，每个专家根据个人的经验知识对各个公司进行评分，在分析过程中，应平等地对待专家意见，所有专家的权重系数相等。

7. 主要管理层的变动和管理层的政治资源

管理层的素质往往决定了一家企业的成败。寿险公司的管理层是决定其信用等级的因素之一。管理层建立战略愿景的能力以及执行该愿景的能力，是该公司在瞬息万变的行业中脱颖而出的关键。管理层所建立的整体风险文化将会对公司风险和杠杆的承受程度和管理产生重大影响。因此，需要将以上因素作为寿险公司信用等级评估的考察内容。但是这些因素很难量化，往往采用主观评价法。

一个常用的变量是管理层的变动和管理层的政治资源（如人大代表），这些数据主要来自信息披露。具体给分需要专家组主观上对客观数据进行评价。该指标非常敏感，但是实际上公司层面的数据不易获取，而且变化的方向很难度量，特别是分值，本研究暂不使用，只是作为备用指标。此外，经讨论，暂不使用资本金、营业费用、准备金及支出（未到期责任准备金是保费的调整项）、投资收益和保费收入等数据，而仅仅使用市场占有率（保费收入占比）数据。

（三）宏观指标体系

1. 经济运行现状

经济运行往往表现出一定的惯性或者时序相关性，经济运行现状会影响行业发展，给基本面带来巨大作用。应从宏观经济调控的四个目标来确定经济运行现状的评价：

（1）经济增长；（2）物价稳定；（3）充分就业；（4）国际收支平衡。

2. 宏观调控政策

本研究从财政政策和货币政策几个角度来分析宏观调控政策的得分。

3. 行业发展现状

寿险公司的财力状况是决定其在该行业中竞争地位的重要因素，该行业的整体财力也决定了其在整个经济市场中的位置。在考察寿险行业的状况时，需要考虑以下因素：总体经济环境、行业的集中度、行业内和行业外的竞争、行业进入门槛的高低、产品的相对吸引力、国家对寿险行业的保护政策，包括公开的法律和隐含的支持。

保险行业发展态势，也是国内保险公司信用的重要评级依据。行业环境分析是重要的变量，往往采用主观评价法。

（四）指标体系对比

本研究的指标体系考虑到竞争力评价和评级本身的差异，包括盈利能力指标、偿债能力指标、营运能力指标、现金流量指标、发展能力指标、微观指标和宏观指标。值得一提的是，中央财经大学课题组在进行竞争力评价时，选择的指标体系包括盈利能力指标、资本管理能力指标、经营能力指标、风险管理能力指标和业务发展能力指标。

总体上看，本研究增加了现金流量指标体系、微观指标体系和宏观指标体系，从财务指标细节来看，中央财经大学课题组多选取了承保利润率（与保费利润率有一定的相关性）、资金运用效率（与投资收益率有一定的相关性）、险种集中度系数（没有相关数据）、手续费及佣金比率（综合费用率有一定的相关性）、融资比例和报告期营业收入。

四、保险公司信用评级的方法

从评价方法本身的属性划分，评价工具分为以下几类：

（1）主观综合评判方法。一般通过建立指标体系，对指标进行量化，然后采用归一法、加减乘除、加权的方法对指标值进行综合处理。具体包括主观评分法，层次分析法（AHP），模糊综合评判。其优点是较为简便，适合于指标结构不复杂的场合。缺点是假设各种指标之间的关系是线性可加，不考虑指标体系的内在联系，对复杂系统的评价缺乏可靠性；评分的效果受指标体系的完整程度、权重设置、计算方法的限制。

（2）概率分析的方法。这种分析方法将分析变量的均值与标准差结合到表示总指标的均值与标准差中去。使用这种方法处理变量间存在的相关问题时需要做出一定的假设。例如，在与总指标有关的分指标间只包含加法或乘法运算，相加或相乘的元素是相互独立或线性无关等。决策树法、概率树法是这一方法的代表。在估计各指标的综合影响时，主要依靠经验或者概率论。

（3）模拟方法。这种方法需要分析人员列举评价指标变量及其相互关系。Monte Carlo 模拟法是这一方法的代表，它借助于对未来事件的概率估计及随机模拟，在解决难以用数学分析方法求解的动态系统问题上具有优越性。模拟方法并未涉及如何构造所研究问题的整体框架。大量的因素被含糊地、抽象地包含在概率估计中。

从定性与定量的角度划分，常用评价方法包括以下三类：

（1）定性评价

根据人的经验和判断能力进行评价。往往根据专家的主观见解进行评价，会有很大的主观误差。

(2) 半定量评价

用一种或几种可直接或间接评价信用的指数评价。最常用的是德尔菲法（Delphi）或者专家评价法，以专家的主观判断为基础作为评价标准，对评价对象做出总的评价方法。常用的方法有评分法、分等法、加权评分法以及优序法等。方法实施简单，应用广泛。

(3) 定量评价

定量评价比较科学，根据量化方法的不同，可以划分为两大类，其一是主观指标法，其二是客观指标法。

①主观指标法，指采用德尔菲法（Delphi）等相关思路，构建一些主观指标量表。其中指标体系的构建是首要的工作，专家法在确定指标体系方面有重要作用。指标体系一般是由一系列能独立测算又互相关联的指标构成。指标体系的构建和指标的选取应注重完整性、综合性、科学性、有效性及数据的可获取性。

②客观指标法，主观指标实施性强，但是很大程度上依赖于专家的主管评价或者实施方的主观经验。如果采用数据记录等真实客观的方法进行分析，效果要稳定客观一些。

具体说来，保险公司信用评价方法主要包括：

A. 专家打分评价法。

B. 层次分析法（AHP）。

C. 因子分析法与主成分分析法。

D. 模糊综合评价法。

E. 灰色关联分析法。

本研究中，在分析上选用定性分析与定量分析相结合的方法，指标选择上采用主观指标和客观指标相结合的方法。

(一) 层次分析法

层次分析法（AHP）是20世纪70年代由著名运筹学家T. L. Satty提出的，韦伯（Weber）等提出利用层次分析法用于合作伙伴的选择。它的基本原理是：将一个复杂得多目标决策问题作为一个系统，按总目标、子目标、评价标准，直到具体方案的顺序把决策问题分解为不同层次的结构，然后通过定性指标模糊量化的方法求得每一层次的元素对上一层次某元素的权重，最后利用加权求和的方法归并以求出个方案对总目标的综合评分值。

层次分析法作为一种分析过程，提供了一种因素测度的基本方法。这种方法采用相对标度的形式,并充分利用了人的经验和判断能力。在递阶层次结构下,它根据所规定的相对标度——比例标度,依靠决策者的判断,对同一层次有关因素的相对重要性进行两两比较。这种测度统一了有形与无形、可定量与不可定量的众多因素,它不仅可以作为决策的依据,而且也是解决许多社会经济系统问题的重要手段。层次分析法从本质上讲是一种思维方式,它把复杂问题分解成各个组成因素,又将这些因素按支配关系分组形成递阶层次结构。通过两两比较的方式确定层次中诸因素的相对重要性。然后综合分析者的判断,确定决策方案相对重要性的总的顺序。整个过程体现了人的思维的基本特征,即分解、判断、综合。因此,层次分析法是一种定量与定性相结合,将人的主观判断用数量形式表达和处理的方法。根据对危险指标的分析,形成了相应的递阶层次结构。因而可以用层次分析法来确定它们的权重。

层次分析法的基本步骤如下:

第一步,分析系统中各因素之间的关系,建立系统的递阶层次结构。

第二步,对同一层次的各元素关于上一层次中某一准则的重要性进行两两比较,构造两两比较判断矩阵。

即每次取两个因子 x_i 和 x_j,以 a_{ij} 表示 x_i 和 x_j 对 z 的影响大小之比,全部比较结果用矩阵 $A = (a_{ij})_{m \times n}$ 表示,称 A 为之间的成对比较判断矩阵(简称判断矩阵)。容易看出,若 x_i 与 x_j 对 z 的影响之比为 a_{ij},则 x_j 与 x_i 对 z 的影响之比应为 $a_{ji} = \frac{1}{a_{ij}}$。

$$A = \begin{pmatrix} a_{11} & \cdots & a_{1n} \\ \vdots & \ddots & \vdots \\ a_{n1} & \cdots & a_{nn} \end{pmatrix}$$

表 3-5　　　　　　　　　判断矩阵标度及其含义

标度	定义
1	表示两个元素相比,同等重要
3	表示两个元素相比,前者比后者略微重要
5	表示两个元素相比,前者比后者相当重要
7	表示两个元素相比,前者比后者明显重要
9	表示两个元素相比,前者比后者绝对重要
2, 4, 6, 8	表示介于两相邻重要程度间

第三步,层次单排序及一致性检验(权向量和一致性指标)。

判断矩阵的一致性,是指矩阵 $B = (b_{ij})_{n \times n}$ 满足
$$(i, j, k = 1, 2, \cdots, n)$$

检验判断矩阵的一致性,要用两种制表进行检验 $C.I$ 与 $C.R$。

其中 $C.I$ 是判断矩阵偏离一致性指标

$$C.I = \frac{\lambda_{\max} - n}{n - 1}$$

其中 $\lambda_{\max}$ 为矩阵 B 的最大特征根。当 $C.I = 0$ 时,表示判断矩阵有完全的一致性;当 $C.I > 0$ 时,则需要用 $C.R$ 指标检验后才有结论,$C.R$ 是用来判断矩阵随机一致性的指标。

$$C.R = \frac{C \cdot I}{R \cdot I}$$

其中 $R \cdot I$ 为平均随机一致性指标,其取值见表 3-6。

表 3-6 平均随机一致性指标 $R \cdot I$

矩阵阶数	1	2	3	4	5	6	7
R·I	0	0	0.58	0.90	1.12	1.24	1.32
矩阵阶数	8	9	10	11	12	13	14
R·I	1.41	1.45	1.49	1.51	1.54	1.56	1.58
矩阵阶数	15						
R·I	1.59						

表 3-6 给出了 1~15 阶正反矩阵计算得到的平均随机一致性指标。当 $C.R = 0$ 时,判断矩阵有完全一致性;当 $C.R > 0.1$ 时,判断矩阵应该进行调整,使其满足 $C.R < 0.1$,从而使调整后的矩阵具有满意的一致性。判断矩阵的单排序,是指本层次某元素对上一层次重要性次序的权重。

第四步,计算各层元素对系统目标的合成权重,并进行排序。

可以使用规范列几何法来确定权重。给定判断矩阵:

$$B = (b_{ij})_{m \times n}$$

1. 对判断矩阵的每一列规范化:

$$\bar{b}_{ij} = \frac{b_{ij}}{\sum_{k=1}^{n} b_{kj}} \quad (k = 1, 2, \cdots, n)$$

2. 求规范列的平均值:

$$W_i = \frac{1}{n} \sum_{j=1}^{n} \bar{b}_{ij} \quad (j = 1, 2, \cdots, n)$$

则 $W = [W_1, W_2, \cdots, W_n]^T$ 即为所求的特征向量。

3. 计算判断矩阵的最大特征根 λ_{max}

$$\lambda_{max} = \frac{1}{n}\sum_{i=1}^{n}\frac{(BW)_j}{W_j}$$

由此，可以得到一组元素对其上一层中某元素的权重向量。最终要得到各元素，特别是最底层各方案对于目标的排序权重，即所谓总排序权重，从而进行方案选择。总排序权重要自上而下地将单准则下的权重进行合成。

假定已经算出第 $k-1$ 层上 n_{k-1} 个元素相对于总目标的排序权重

$$w^{(k-1)} = (w_1^{(k-1)}, w_2^{(k-1)}, \cdots, w_{nk-1}^{(k-1)})^T$$

以及第 k 层 n_k 个元素对于第 j 个元素为准则的单排序向量

$$P_1^k = (p_1^{(k)}, p_2^{(k)}, \cdots, p_{nj}^{(k)})^T$$

那么第 k 层上元素对目标的总排序 $w^{(k)}$ 为：

$$w^{(k)} = p^{(k)}w^{(k-1)} = p^{(k)}p^{(k-1)}\cdots p^{(3)}p^{(2)}$$

$w^{(2)}$ 是指第二层上元素的总排序向量，也是单准则排序向量。

那么，利用层次单排序的结果进一步综合，得到的就是各个公司的排序。

层次分析法是将决策问题按总目标、各层子目标、评价准则直至具体的备选方案的顺序分解为不同的层次结构，然后用求解判断矩阵特征向量的办法，求得每一层次的各元素对上一层次某元素的优先权重，最后再用加权求和的方法递阶归并各备选方案对总目标的最终权重，选择最终权重最大的方案，即最优方案。

层次分析法主要的优点是简单明了，该方法不仅适用于存在不确定性和主观信息的情况，还允许以合乎逻辑的方式运用经验、洞察力和直觉来解决相关问题。

（二）主成分分析法

多元统计分析中的主成分分析、因子分析等方法可以进行分类和评价，因此可以用于综合评价中。例如，杨星、布慧敏、郭璐（2005）以主成分相关理论为基础针对我国国有大型企业进行信用评级的研究，同时应用该方法分析了企业的相关财务数据。

主成分分析法是利用坐标旋转将原来的数据抽象成能够最大限度反映样本总体信息的主成分，并根据因子对主成分的贡献程度给因子赋权，进而通过线性加和得到反映总体的评价指标。由于主成分分析对因子的赋权是根据数据得出的，从而排除了主观性的干扰。该方法的主要缺点是每年的权重都会有变化，这将导致跨年度的可比性受到一定影响。

在各个领域的科学研究中，往往需要对反映事物的多个变量进行大量的观测，收集大量数据以便进行分析寻找规律。多变量大样本无疑会为科学研究提供丰富的信息，但也在一定程度上增加了数据采集的工作量，更重要的是在大多数情况下，许多变量之间可能存在相关性而增加了问题分析的复杂性，同时给分析带来不便。如果分别分析每个指标，分析又可能是孤立的，而不是综合的。盲目减少指标会损失很多信息，容易产生错误的结论。因此需要找到一个合理的方法，减少分析指标的同时，尽量减少原指标包含信息的损失，对所收集的资料做全面的分析。当要描述经济现象的指标较多时（P 个），由于各变量间存在一定的相关关系，因此有可能用较少的综合指标分别综合存在于各变量中的各类信息。主成分分析与因子分析就是这样一种降维的方法。

主成分分析与因子分析是将多个实测变量转换为少数几个不相关的综合指标的多元统计分析方法。

直线综合指标往往是不能直接观测到的，但它更能反映事物的本质。因此在医学、心理学、经济学等科学领域以及社会化生产中得到广泛的应用。

主成分分析是利用降维的思想，把多指标转化为少数几个综合指标的多元统计方法。优点是信息量较大，缺点体现在以下几个方面：（1）信息有重叠（x 之间可能相关）；（2）指标的权重（重要性排序）未能很好解决；主成分分析即能减少指标的个数，又能保留原指标的大部分信息，且新指标间不相关、权重较客观的多元统计方法。

如有 n 个样品在 p 个变量上的测量值，经过主成分分析，将 p 个原始变量 $X = (x_1, x_2, \cdots, x_p)'$ 综合成 p 个新变量 $y = (y_1, y_2, \cdots, y_p)'$。新变量由原变量 $x_1, x_2, \cdots, x_p$ 线性表示，即

$$\begin{cases} y_1 = u_{11}x_1 + u_{12}x_2 + \cdots + u_{1p}x_p \\ y_2 = u_{21}x_1 + u_{22}x_2 + \cdots + u_{2p}x_p \\ \quad \cdots \\ y_p = u_{p1}x_1 + u_{p2}x_2 + \cdots + u_{pp}x_p \end{cases}$$

并且满足：$u_{k1}^2 + u_{k2}^2 + \cdots + u_{kp}^2 = 1$，$k = 1, 2, \cdots, p$。

每个主成分可以用一个向量来表示：

$$\begin{cases} y_1 = u_1'x \\ y_2 = u_2'x \\ \quad \vdots \\ y_p = u_p'x \end{cases}$$

其中

$$u'_k u_k = 1$$

$$u'_k u_k = (\mu_{k1}, \mu_{k2}, \cdots, \mu_{kp}) \begin{pmatrix} \mu_{k1} \\ \mu_{k2} \\ \vdots \\ \mu_{kp} \end{pmatrix} = u_{k1}^2 + u_{k2}^2 + \cdots + u_{kp}^2 = 1$$

写成矩阵形式为：

$$Y = U'X$$

其中，

$$Y = (y_1, y_2, \cdots, y_p)'$$

X 是原始数据矩阵：

$$X = \begin{matrix} n/p \\ 1 \\ 2 \\ \vdots \\ n \end{matrix} \begin{pmatrix} x_1 & x_2 & \cdots & x_p \\ x_{11} & x_{12} & \cdots & x_{1p} \\ x_{21} & x_{22} & \cdots & x_{2p} \\ \vdots & \vdots & \ddots & \vdots \\ x_{n1} & x_{n2} & \cdots & x_{np} \end{pmatrix}$$

U' 是系数矩阵，为正交矩阵，即有

$$U' = U^{-1}$$

$$U' \cdot U = I(u'_i u_i = 1; u'_i u_j^1 = 0; i \neq j;)$$

$$U' \cdot U = \begin{pmatrix} u'_1 \\ u'_2 \end{pmatrix} (u_1, u_2) = \begin{pmatrix} u'_1 u_1 & u'_1 u_2 \\ u'_2 u_1 & u'_2 u_2 \end{pmatrix} = \begin{pmatrix} 1 & 0 \\ 0 & 1 \end{pmatrix}$$

主成分分析的原理是 $(x_1, x_2, \cdots, x_p) \Rightarrow (y_1, y_2, \cdots, y_m, \cdots, y_p)$ 取前 m 个指标可达到目的；

主成分分析的主要任务是求得一个正交矩阵 U'，对 X 实施正交变换 $Y = U'X$，变换后满足：

(1) 得到的 p 个新变量是原变量的线性组合（保留了 X 变量的信息）；

(2) 正交变换后的新变量之间不相关；

(3) p 个新变量中的前 m 个新变量包含信息量的绝大部分。

系数 u_{ij} 由下列原则来确定（求正交矩阵的条件）：

(1) y_i 与 y_j ($i \neq j$; $i, j = 1, 2, \cdots, p$) 相互无关；

(2) y_1 方差最大，y_2 方差次大，依次类推。

y_1 是 $x_1, x_2, \cdots, x_p$ 是一切的线性组合中方差最大的；

y_2 是与 y_1 不相关的 x_1, x_2, $\cdots$, x_p 的一切线性组合中方差最大的；

……

y_p 是与 y_1, y_2, $\cdots$, y_{p-1} 都不相关的 x_1, x_2, $\cdots$, x_p 的一切线性组合中方差最大的；

如此确定的综合变量 y_1, y_2, $\cdots$, y_p 分别成为原变量的第一、第二、第 p 个主成分，其中 y_1 在总方差中所占的比重最大，其余 y_2, y_3, $\cdots$, y_p 的方差依次递减。在应用主成分分析方法时，一般只选取前几个方差最大的主成分，从而达到简化数据结构，抓问题实质的目的。

样本主成分的导出步骤为：

(1) 样本数据标准化；

(2) 计算相关矩阵时（据计算的主成分不同，数据量纲不统一，应先将数据标准化）；

(3) 求得特征值与特征向量；

(4) 据累计方差贡献率选定主成分。

基于这些，可以应用主成分技术对公司评级进行分析。

（三）对数功效函数

陈湛匀（1991）提出指数功效函数，对于正向指标，使用指数 I 型公式，对于反向指标，使用指数 II 型公式。王学全（1993）提出指数计分模型。彭非、袁卫（2007）提出改进的指数功效函数，可以很好地解决数据过度密集在中心位置的现象，最典型的例子就是财务数据，因为财务数据的特殊性，大量比率指标都在均值附近波动，使用改进的指数功效函数可以凸显差异，同时具有良好的性质。

但是，值得注意的是微观指标，比如市场占有率，会发现以下规律：

第一，少数几家公司占有绝对的市场份额，以至于大部分保险公司的总量极其小。例如，市场占有率指标，国寿一支独大，按照传统的功效函数来分析，国寿可以获得满分，其他公司很难取得 80 分以上成绩；同样地，偿付能力数据，国寿作为寿险市场的老大，偿付能力充足率为 296%，泰康养老达到 9149%，复星保德信 1494%，单纯使用功效函数，可能造成国寿得分极低。

第二，市场份额数据具有负相关性，一家公司的份额高了，另外几家的市场份额应该下降。

考虑到上面的具体情况，如果使用改进的功效函数方法，可能强化这种分化，效果更差，而且，从分布的结构来看，得分不合理。因此，对于微观指标，本研究考虑引入对数功效函数分析。针对本研究的具体情况，提出适用于参考水平指标的功效函数。

(1) 正向指标和反向指标

本研究采用改进型对数功效函数形式，公式如下：

$$Index_{ij} = f(x_{ij}) = \left\{a + \frac{\log(x_{ij}) - \log(x_{ij}^s)}{\log(x_{ij}^h) - \log(x_{ij}^s)}b\right\} \times 100\%$$

其中，$Index_{ij}$表示单项指标的评价值，x_{ij}^s为不容许值，x_{ij}^h为满意值，a和b是参数。对数功效函数在计算的时候不需要使用均值，当分析变异较大的数据时，指标的评价值更加稳定，也便于历史数据之间的比较。

这个测度满足如下性质：

①单调性

$$f'(x_{ij}) = \frac{1}{x_{ij}} \times \frac{b}{\log(x_{ij}^h) - \log(x_{ij}^s)} \times 100\%$$

对于正向指标$x_{ij}^h > x_{ij}^s$，因此$Index_{ij} = f(x_{ij})$是一个关于x_{ij}的单调递增函数。

对于反向指标$x_{ij}^h < x_{ij}^s$，因此$Index_{ij} = f(x_{ij})$是一个关于x_{ij}的单调递减函数。

②凸性

$$f''(x_{ij}) = \frac{1}{(x_{ij})^2} \times \frac{b}{\log(x_{ij}^h) - \log(x_{ij}^s)} \times 100\%$$

对于正向指标$x_{ij}^h > x_{ij}^s$，$Index_{ij} = f(x_{ij})$是一个关于x_{ij}的凹函数。

对于反向指标$x_{ij}^h < x_{ij}^s$，$Index_{ij} = f(x_{ij})$是一个关于x_{ij}的凸函数。

因此，使用此函数可以很好地解决正向指标和反向指标越接近两侧值，分数过度分化的问题。但对于公司信用指数的度量有可能存在不一致性度量。建议使用此功效函数时，统一指标的方向，比方说，同时调整为正向指标或者负向指标。

对于本研究而言，本研究只有一项指标需要使用功效函数进行正规化处理，也就是市场份额变量。因此上述问题对本研究没有影响。

(2) 参考水平指标

对于参考某个水平的指标，本研究采用下面改进的功效函数形式：

$$Index_{ij} = f(x_{ij})$$
$$= \left\{a + \frac{|\log(x_{ij}) - \log(ref_{ij})|}{\max[\max(\log(x_{ij})) - \log(ref_{ij}), \log(ref_{ij}) - \min(\log(x_{ij}))]}b\right\}$$
$$\times 100\%$$

其中，

max（log（x_{ij}））表示 x_{ij} 取对数后的值中的最大值，也即 log（x_{ij}）的最大值；

min（log（x_{ij}））表示 x_{ij} 取对数后的最小值；

ref_{ij} 表示参考值。

评级方法上，建议根据具体指标的变异选择合适的方法。

对于变异不大的微观指标体系和宏观指标体系（数据粒度不是很细），使用 AHP 方法是一个不错的选择；而对于变异很大，数据非常精细的财务指标，使用主成分分析更合适。

考虑到目前公司评级基本上都是使用传统的正规化处理程序，本研究提出针对不同的数据类型采用不同的方法。

对于集中度很高的财务数据，本研究提出改进的功效函数方法。认为传统处理方法不能把高分区域和低分区域区分开来，使得评级的灵敏度低，区分度不高。本研究引入改良的指数功效函数来进行评级，这一点上本研究不同于任何传统的评级方法。而且，对于正向指标、负向指标以及参考水平指标，本研究提出了完整的解决方案。

对于差异性很大的微观指标数据，特别是市场占有率数据，本研究使用对数功效函数进行分析，适当削弱过度分化的效应，使评级更光滑和连续。

第三节　中国寿险公司评级对象的选择

本节介绍待评级保险公司的基本情况，包括：成立时间、注册资本金、公司业务规模、股东结构、分支机构数量、业务特色等。在正文中，给出待评级的 61 家寿险公司名单，并就一些数据的调整做出说明，各家公司的简要介绍放在本章附录中，熟悉情况的读者可以略过。

一、待评级公司的名单

我们根据保监会的信息公报，整理相关寿险公司名单及其保费收入，见表 3-7。

表3-7　　目标公司的保费收入数据　　单位：万元

资本结构	序号	公司名称	2012年原保险保费收入	2013年原保险保费收入	2014年原保险保费收入
中资	1	国寿股份	32274080.63	32671989.03	33124220.12
	2	太保人寿	9346080.14	9510121.59	9869172.92
	3	平安人寿	12877117.27	14609092.52	17399483.13
	4	新华保险	9771851.97	10363979.12	10986826.05
	5	泰康	6157763.88	6112387.55	6790439.35
	6	太平人寿	3645549.83	5185274.83	6512849.47
	7	建信人寿	586757.13	701156.98	1588916.04
	8	天安人寿	144983.01	203057.74	279958.26
	9	光大永明	399047.18	301925.42	238948.97
	10	民生人寿	890204.64	767489.95	797618.06
	11	生命人寿	2449026.23	2224283.97	3671070.28
	12	国寿存续	1317466.85	1259717.22	1198961.06
	13	平安养老	586921.64	697710.28	886111.78
	14	中融人寿	73659.01	382164.84	475764.73
	15	合众人寿	808466.99	691841.03	1177607.88
	16	太平养老	92460.61	132750.66	290962.32
	17	人保健康	759972.86	763996.38	1579546.89
	18	华夏人寿	587292.06	376404.15	316509.71
	19	正德人寿	18481.76	11663.8	323655.87
	20	信泰	204248.65	286213.37	179057.17
	21	农银人寿	414578.17	723082.46	1050609.79
	22	长城	279610.64	268176.22	242923.35
	23	昆仑健康	32947.59	41629.33	8958.78
	24	和谐健康	10929.68	13191.98	15914.47
	25	人保寿险	6403030.2	7527343.74	7871756.28
	26	国华	317495.96	232425.64	413226.44
	27	国寿养老	0	0	0
	28	长江养老	0	0	0
	29	英大人寿	121251.76	112336.43	167895.97
	30	泰康养老	0	5940.62	27980.56
	31	幸福人寿	570705.89	411525.34	758706.84

续表

资本结构	序号	公司名称	2012年原保险保费收入	2013年原保险保费收入	2014年原保险保费收入
中资	32	阳光人寿	1571962.95	1575583.66	1749357.93
	33	百年人寿	353227.66	468101.38	853147.76
	34	中邮人寿	1454639.72	2303716.76	2195281.98
	35	安邦人寿	124551.41	136817.47	5288755.52
	36	利安人寿	129619.16	161222.72	514674.29
	37	前海人寿	27232.17	39346.12	337408.65
	38	华汇人寿	14684.68	25534.22	41261.64
	39	东吴人寿	4284.41	29017.16	38523.33
	40	珠江人寿	508.11	2399.13	7323.83
	41	弘康人寿	15.52	95817.7	234208.09
	42	吉祥人寿	2617.85	14312.56	59064.82
		小计	94825325.87	101440741.07	119564660.38
外资	43	中宏人寿	273195.63	298744.39	334422.37
	44	中德安联	137784.76	179386.81	213804.55
	45	工银安盛	475070.87	1028719.47	1540043.03
	46	信诚	362360.38	413329.16	508410.39
	47	交银康联	72103.07	134403.32	264005.95
	48	中意	431388.23	478893.8	560766.14
	49	友邦	869115.23	940776.61	1056955.31
	50	北大方正人寿	50056.32	61739.02	77179.94
	51	中荷人寿	175573.36	212159.52	251658.04
	52	中英人寿	360104.56	353060.47	379912.81
	53	海康人寿	137715.3	144866.44	131547.72
	54	招商信诺	242153.71	424027.3	530454.39
	55	长生人寿	33148.12	27117.52	24502.69
	56	恒安标准	146856.76	117989.74	121196.64
	57	瑞泰人寿	9656.72	14253.87	19826.05
	58	中法人寿	3426.2	1056.1	234.8
	59	华泰人寿	285686.34	289186.71	252393.78
	60	国泰人寿	44568.86	47602.76	47287.18
	61	中美联泰	466161.91	567006.01	675284.75

续表

资本结构	序号	公司名称	2012 年原保险保费收入	2013 年原保险保费收入	2014 年原保险保费收入
外资	62	平安健康	21074.57	30848.36	41687.17
	63	中航三星	27527.3	33648.49	64595.7
	64	中新大东方	29627.24	25966.35	83445.39
	65	新光海航	31290.29	34790.92	23669.31
	66	汇丰人寿	52876.78	75937.75	77509.31
	67	君龙人寿	14874.52	22214.01	32041.09
	68	复星保德信	140.23	1648.36	4173.04
		小计	4753537.26	5959373.26	7317007.54
合计			99578863.13	107400114.33	126881667.92

二、相关待评级公司的数据调整

我们分别去各个公司网站收集相关财务报表数据，整理过程中发现一些差异，并进行了一些调整。

(1) 国寿股份、太保人寿、新华保险、中融人寿、国寿养老、农银人寿、和谐健康、中意人寿采用的量纲与其他公司不同，我们统一调整为元。

(2) 和谐健康公司年报上的保险业务收入为 24296786 元，保监会的公布材料为 10930 万元，有比较大的差异，实际计算以年报为准。

(3) 国寿养老、长江养老年报中有数据记录，但是保监会没有公布（也可能是数据过小的原因）。

(4) 国寿养老公司在年报中明确指出，"由于目前公司仅经营企业年金基金管理业务和养老保障委托管理业务，暂不涉及保险产品的经营，不适用偿付能力的监管要求"。

(5) 长江养老也指出，"公司经营企业年金管理业务、养老保障委托管理业务以及养老保险资产管理产品业务等信托型业务，暂不涉及其他保险产品的经营，因此不适用偿付能力的信息披露要求"。考虑到养老公司都有类似情形，本次暂不纳入评级。

(6) 国寿存续、华汇人寿没有查到相关记录。

综上，不纳入评级的公司有七家：国寿存续、平安养老、太平养老、国寿养老、长江养老、泰康养老、华汇人寿。

本章附录: 66家寿险公司简介

1. 国寿股份

中国人寿保险股份有限公司(以下简称国寿股份)是中国最大的寿险公司,总部位于北京,注册资本282.65亿元人民币。2003年12月17日和18日,国寿股份分别在纽约和香港上市,并创造当年全球最大规模的IPO。2007年1月9日,国寿股份回归国内A股上市,自此国寿股份成为国内首家"三地上市"的金融保险企业。截至2014年,中国人寿保险(集团)公司已连续十二年入选《财富》"世界500强"。截至2014年12月31日,国寿股份总资产达人民币22465.67亿元,位居国内寿险行业榜首。2014年国寿股份市场份额约为26.1%,继续占据寿险市场主导地位;2014年底国寿股份总市值达1438.65亿美元,位居全球上市保险公司第二位。截至2014年12月31日,国寿股份拥有约1.97亿份有效的长期个人和团体人寿保险单、年金合同及长期健康险保单。国寿股份拥有74.3万名保险营销人员,1.9万名团险销售人员,6.1万个银行保险渠道销售代理网点及7.1万名银行保险渠道销售人员。

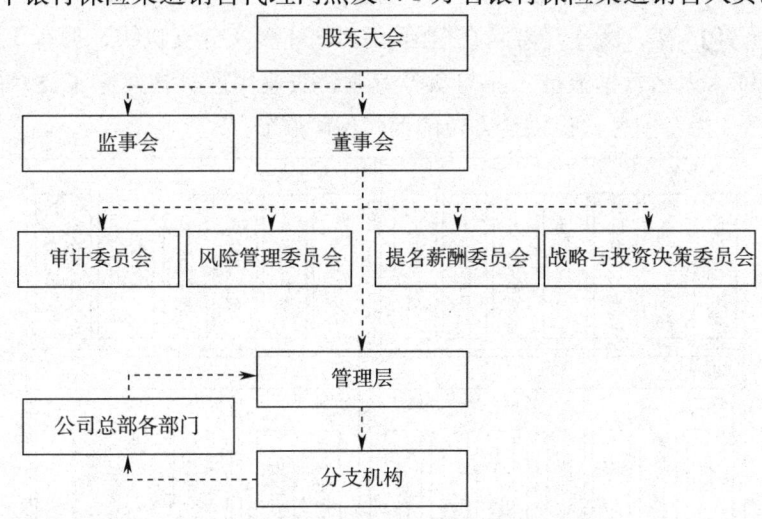

图3-3 国寿股份治理结构图

2014年,公司业务发展稳定增长,业务结构显著优化,经营效益明显改善,市场领先地位保持稳固。2014财务年,归属于母公司股东的净利润为人民币322.11亿元,同比增长30.1%;一年新业务价值为人民币232.53亿元,同比增长9.2%。截至2014财务年末,公司内含价值为人民币4549.06亿元,同比增长32.9%。2014财务年,公司已赚保费为人民币3301.05亿元,较2013年同期增长1.6%,其中寿险业务已赚保费为人民币2855.74亿元,较2013年同期下降1.8%,健康险业务已赚保费为人民币326.24亿元,较2013年同期增长34.9%,意外险业务已赚保费为人民币119.07亿元,较2013年同期增长20.3%;长险首年保费较2013年同期增长1.4%,首年期交保费较2013年同期增长15.5%,首年期交保费占长险首年保费比重由2013年同期的35.05%提升至39.94%;十年期及以上首年期交保费较2013年同期增长22.0%,十年期及以上首年期交保费占首年期交保费比重由2013年同期的52.40%提升至55.33%;续期保费较2013年同期下降1.4%,续期保费占总保费的比重由2013年同期的58.45%下降至56.82%。

2. 太平洋寿险

中国太平洋人寿保险股份有限公司(以下简称太平洋寿险)成立于2001年11月,是中国太平洋保险(集团)股份有限公司(以下简称中国太平洋保险)旗下的专业寿险子公司,总部设在上海,2010年9月注册资本为76亿元。太平洋寿险目前在售险种200余个,覆盖人寿保险、年金保险、健康保险、意外伤害保险等多个领域。

截至2014年,太平洋寿险在全国设有2900多家分支机构,拥有3.8万名员工和34.4万名营销人员,并与众多专业、兼业代理机构建立了良好的业务合作关系,为全国客户提供全方位的保险保障服务。

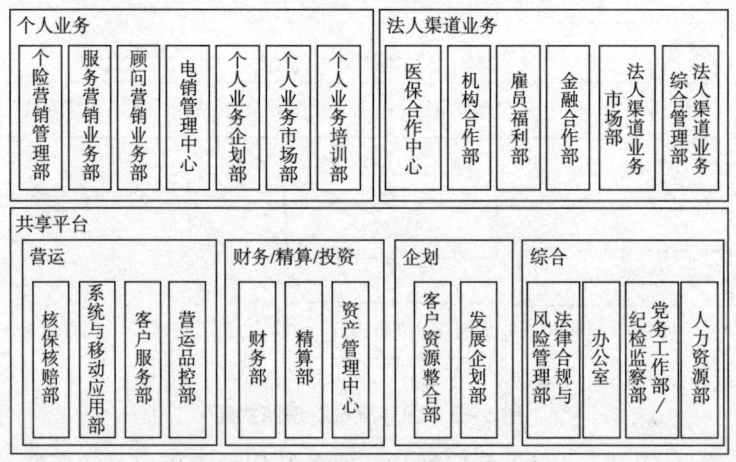

图3-4　太平洋寿险治理结构图

2014年，公司业务发展稳定增长，业务结构显著优化，经营效益明显改善，市场领先地位保持稳固。2014年公司实现新业务价值87.25亿元，同比增长16.3%；实现保费收入986.92亿元，同比增长3.8%；实现净利润90.84亿元，同比增长46.1%；总资产达到6738.94亿元；偿付能力充足率218%，高于充足Ⅱ类公司监管要求。主要经营指标在国内寿险市场上继续保持领先地位。

3. 平安人寿

中国平安人寿保险股份有限公司（以下简称平安人寿）成立于2002年，是中国平安保险（集团）股份有限公司旗下的重要成员。从规模保费来衡量，是目前国内第二大寿险公司。

目前，平安人寿在国内共设有41家分公司，超过2800个营业网点，拥有60余万名寿险销售人员，服务网络遍布全国。

2014财务年，归属于母公司股东的净利润为人民币170.35亿元。2014财务年，公司已赚保费为人民币1704.48亿元，实际资产为1072万元人民币；最低资产为487.7万元人民币。偿付能力充足率为219.9%，比2013年增加48个百分点。

4. 新华保险

新华人寿保险股份有限公司（以下简称新华保险）成立于1996年9月，总部位于北京，拥有新华资产管理股份有限公司、新华家园养老企业管理（北京）有限公司和新华卓越健康投资管理有限公司等子公司。2011年，新华保险在香港联合交易所和上海证券交易所同步上市。

截至2014年底，新华保险在全国拥有35家省级分公司、250家地市级中心支公司、609家支公司、737家营销服务部及29家营业部。

新华保险拥有强大的寿险销售人员队伍及约5.65万名正式员工，全国各级分支机构约1600家，约2614.7万名个人寿险客户和约6.4万名机构客户。

2014年公司实现保险业务收入人民币1098.68亿元，总资产规模达到6437.09亿元，并在2014年首次入围福布斯世界500强企业。

2014年，新华保险录入总保费1099亿元。其中新契约保费441亿元；利润64亿元，增长44.9%；投资收益率5.8%，增加0.6个百分点。公司产品结构明显优化，从营销员渠道和服务经营渠道合计来看，健康险保费销售同比增长89%，传统险保费销售同比增长376%。拉动两渠道健康险和传统险占比达到一半以上，同时，在费率市场化产品的拉动下，银行渠道期交保费中缴费期限在5年及以上的占比也比上年增长了7个百分点；截至2014年底公司的偿付能力充足率达到226.53%，为历年年末数之最高；新业务价值稳健增长，公司实现新业务价值49.12亿元。2014年全年，A股上证指数上涨52.87%，而新华A股上涨116.61%；同期H股恒生指数上涨1.28%，而新华H股上涨50.58%。这两个涨幅与同业上市公司相比也颇为领先。

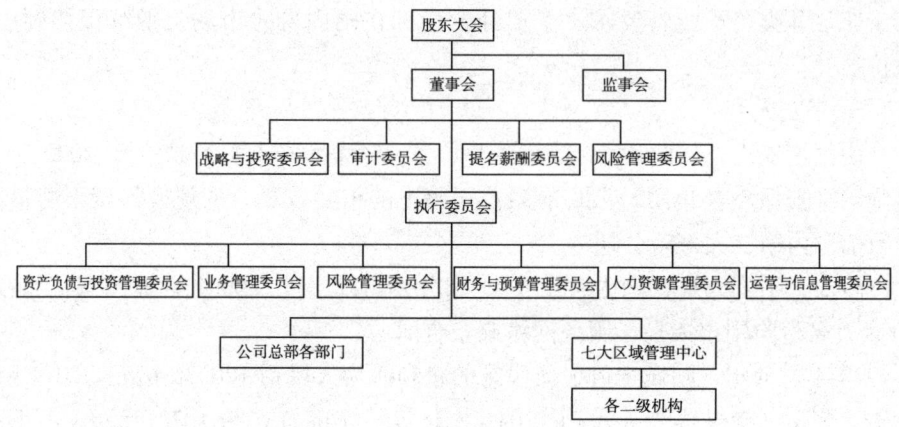

图3-5　新华治理结构图

5. 泰康人寿

泰康人寿保险股份有限公司（以下简称泰康人寿）成立于1996年8月22日，总部位于北京。经过19年稳健、创新发展，已成长为一家以人寿保险为核心，拥有企业年金、资产管理、养老社区和健康保险等全产业链的全国性大型保险公司，连续11年荣登"中国企业500强"。经中国保险监督管理委员会核准，公司在国家工商行政管理总局完成工商变更手续，经营范围变更为：各类人民币、外币的人身保险业务，其中包括各类人寿保险、健康保险（不包括团体长期健康保险）、意外伤害保险等保险业务；上述业务的再保险及共保业务；为境内外的保险机构代理保险、检验、理赔等业务；开展保险咨询业务；依照有关法规从事资金运用业务；证券投资基金销售业务；经中国保险监督管理委员会批准的其他业务。

泰康人寿2014年末实际资本为237亿元，偿付能力溢额为90亿元，偿付能力充足率为161%，相对于起初偿付能力充足率而言下降5%。

6. 太平人寿

太平人寿保险有限公司（以下简称太平人寿）是中国太平保险集团有限责任公司（以下简称中国太平）旗下的专业寿险公司，公司拥有86年品牌历史，1929年始创于上海，1956年移师海外专营寿险业务。2001年11月，中国

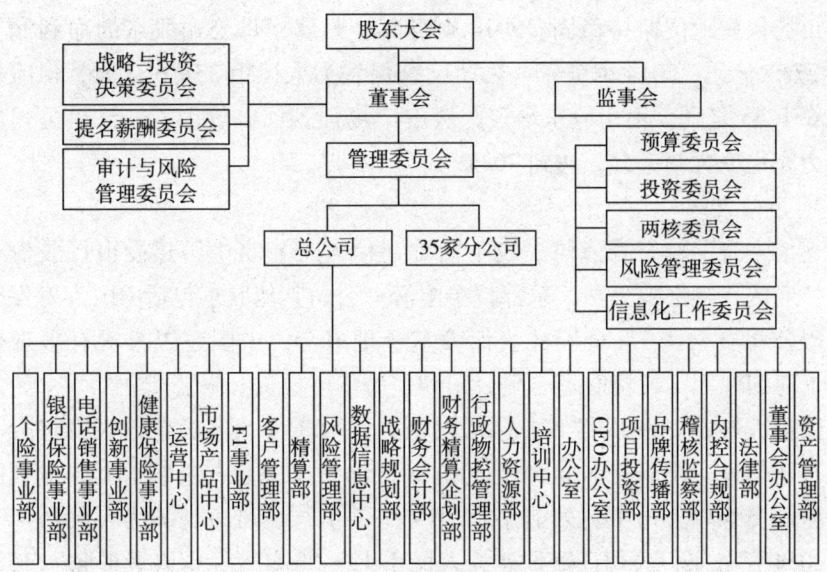

图 3-6　泰康治理结构

太平（时为中国保险股份有限公司）以太平人寿为经营主体，全面恢复经营境内人身保险业务。2001年12月5日，太平人寿宣布在境内复业经营。

太平人寿是我国大型寿险公司之一。总部设于上海，注册资本金100.3亿元人民币，太平人寿服务网络基本覆盖全国，已在境内29个省、自治区和直辖市开设37家分公司和1000余家三、四级机构。截至2015年6月，公司总资产超过3100亿元人民币，期末有效保险金额超过1.62万亿元人民币。

2010年至2014年，太平人寿连续五年获国际权威评级机构惠誉国际（FITCH）"A-"评级。惠誉认为，太平人寿有较好的商誉、管理水平、经营环境和发展前景，具有较强的偿付能力和抗风险能力。

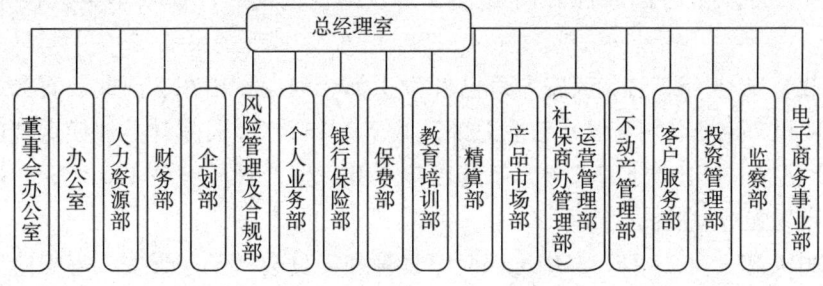

图 3-7　太平人寿治理结构

2014年，公司业务发展稳定增长，业务结构显著优化，经营效益明显改善，市场领先地位保持稳固。2014 财务年，归属于母公司股东的净利润为人民币 27.3 亿元。2014 财务年，公司已赚保费为人民币 331.6 亿元，保险业务收入 651.45 亿元。由于股东增资，资本市场强劲回升等因素，使得公司的偿付能力充足率大幅上升，达到 268%。

7. 建信人寿

建信人寿保险有限公司（以下简称建信人寿）是中国建设银行股份有限公司控股的人寿保险公司，总部位于上海。公司其他股东包括中国人寿保险股份有限公司（台湾）、全国社会保障基金理事会、中国建银投资有限责任公司、上海锦江国际投资管理有限公司和上海华旭投资有限公司。

建信人寿成立于 1998 年，因股权变更，2011 年更名为建信人寿保险有限公司。建信人寿注册资本金 45 亿元。自 2006 年以来保持连续盈利，盈利能力在国内同类寿险公司中名列前茅。2014 财务年，公司净利润为人民币 172 亿元。2014 财务年，公司已赚保费为人民币 157.93 亿元，保险业务收入 158.89 亿元。其中个人寿险为 129.4 亿元；健康险为 2.66 亿元人民币。

2014 年末，公司的偿付能力充足率为 354%，相比 2013 年末下降 278%；偿付能力溢额约为 35.4 亿元，相比 2013 年末下降约 9.8 亿元。2014 年度最低资本增加约 5.4 亿元，主要是由于业务增长。2014 年度资产的公允价值上升约 7.5 亿元，从而实际资本相应增加。2014 年度资产非认可价值增加约 13 亿元，同时偿付能力口径下的综合收益约 0.9 亿元，两者综合使实际资本下降约 12 亿元。

8. 天安人寿

天安人寿保险股份有限公司（以下简称天安人寿）成立于 2000 年 11 月，经营各类人寿保险、健康保险、人身意外伤害保险及养老保险服务等。2011 年天安人寿从上海区域性公司发展成为全国性公司，注册资本金人民币 45 亿元。

截至 2014 年 5 月，天安人寿已开设上海、河南、山东、河北、青岛、吉林、四川 7 家分公司和北京营业总部。截至 2013 年 12 月累计总规模保费收入 88.61 亿元，同比增长 212%，超越历年总和，资产规模突破 120 亿元，成为当前市场强势发展的生力军。

2014 年 3 月 27 日，经中国保险监督管理委员会《关于天安人寿保险股份有限公司变更注册资本的批复》（保监许可〔2014〕257 号）批准，公司增加注册资本金 15 亿元人民币。注册资本由 30 亿元人民币变更为 45 亿元人民币。

公司的实际资本为 251577.41 万元，最低资本 57933.76 万元。偿付能力

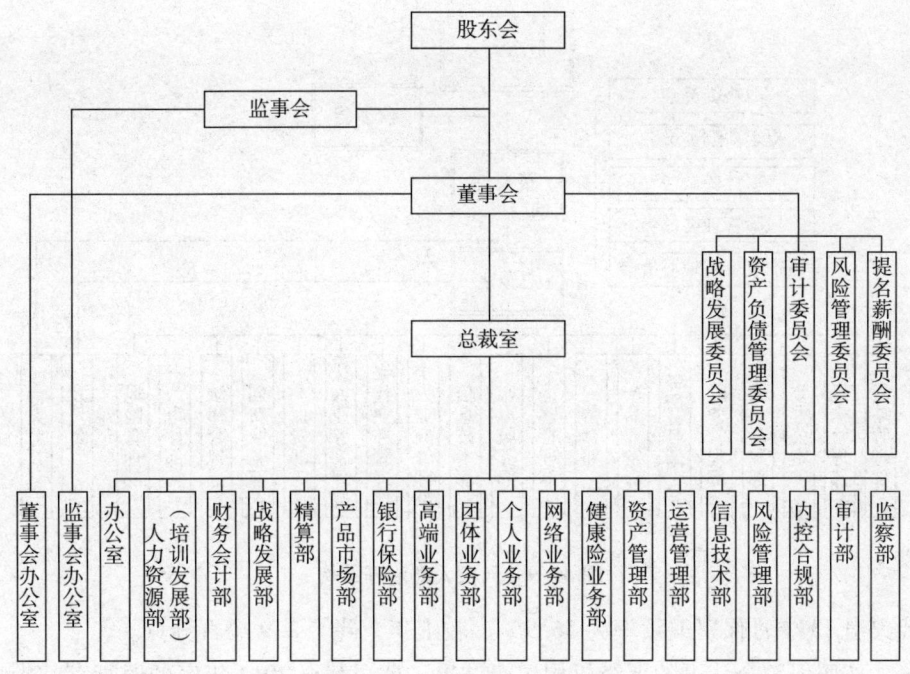

图 3-8　建信人寿治理结构

溢额 193643.65 万元，偿付能力充足率 434.25%。2014 年末，公司的偿付能力充足率为 434.25%，相比 2013 年末上升了 254 个百分点，能够满足监管充足 II 类的要求。2014 年公司的期交比例为 17.07%，较 2013 年度期交比例状况向好。2014 年公司的 10 年期及以上新单期缴占比为 8.45%，较 2013 年年度水平有所提升。2014 年末实际资本达到 25.15 亿元，较上年末增加 17.22 亿元，增长幅度 217%。股东注资，非资本交易和事项导致的本年实际资本增加 2.22 亿元；最低资本为 5.79 亿元，较上年末增加 1.4 亿元，增长幅度 32%；而本年末实际资本的增长幅度为 217%，高于最低资本的增长幅度。

9. 光大永明

光大永明人寿保险有限公司（以下简称光大永明）是由中国光大（集团）总公司和加拿大永明人寿保险公司共同投资，于 2002 年 4 月 22 日在天津注册成立的中外合资经营企业，总部位于天津。

光大永明在 2014 年电销渠道的 13 个月保费继续率约为 60.6%，较上年上升了 4.5 个百分点。代理人渠道的 13 个月保费继续率约为 71.5%，较上年上升了 1.8 个百分点。

银保渠道 13 个月保费继续率为 66.4%，较上年下降了 5.3 个百分点；经

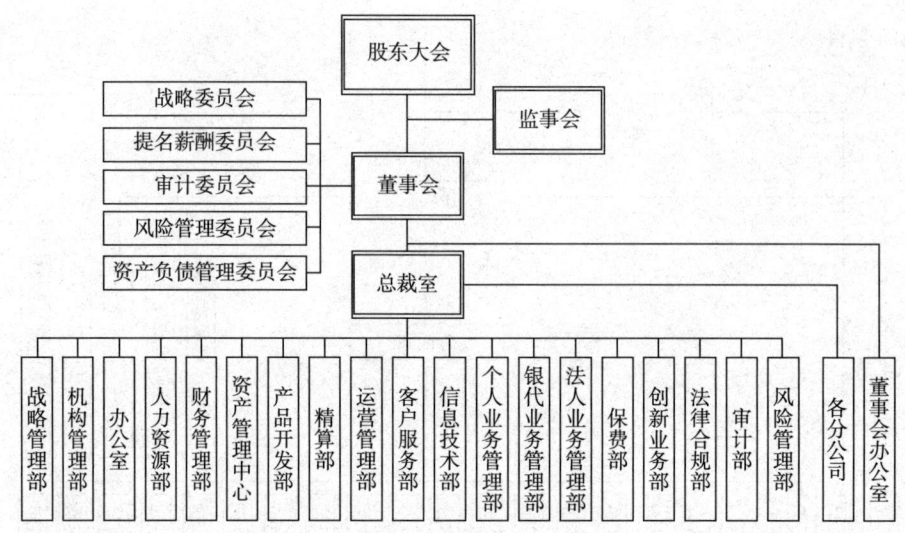

图3-9 天安人寿治理结构

代渠道13个月保费继续率为56.9%,较上年下降了2.9个百分点。

按照保监会认可的评级机构评级结果,公司截至2014年底的银行存款中,信用评级"AAA"的银行占比为55.09%,信用评级"AA"的银行占比为44.91%,同上年相比基本一致。截至2014年底,存款最多的前五家银行占比合计54.4%,集中度较高。其中包商银行信用评级为"AA+",其余信用评级均为"AAA",信用评级状况良好。

2014年,公司累计实现总保费收入317.32亿元,同比增长314%,其中新契约规模保费收入303.07亿元,同比增长369%,续期保费收入14.25亿元,同比增长17%。公司全年累计实现新契约标准保费38.98亿元,同比增长146%。

2014年末,公司的偿付能力充足率为277.39%,相比2013年末(204.44%)升高了约72.95%,增长比例为35.68%,其主要原因是公司2014年度非资本交易和事项导致的实际资本上升46110.33万元,长期人身险业务等因素导致2014年度最低资本增加38440.51万元,因此偿付能力充足率较上年末有所上升。

10. 民生人寿

民生人寿保险股份有限公司(以下简称民生人寿)2003年正式开业,注册资本60亿元。民生人寿经营范围包括人寿保险、健康保险、意外伤害保险和年金保险、上述保险业务的再保险业务服务。

2014年末，民生人寿总资产突破500亿元，目前公司已拥有25家分公司、近700个分支机构、4万余名专业化的员工队伍，为400多万客户提供贴心、高品质的服务和保障。

2014年末，民生人寿偿付能力充足率为460%，较上年度上升了247个百分点，认可资产增加28.1%，认可负债增加18.43%，认可资产的增幅大于认可负债，从而使得实际资本较上年上升141.78%，增幅大于最低资本。截至2014年底，可供出售金融资产账面浮盈25.98亿元，可交易金融资产账面浮盈2.02亿元。2014年度募集次级定期债务12.5亿元，提高了公司的偿付能力。2014年公司个人代理人渠道个人业务13个月保费继续率为82.56%，25个月保费继续率为92.80%；银行保险渠道个人业务13个月保费继续率为69.69%，25个月保费继续率为94.65%。公司保费继续率较上年有所提升。2014年公司退保率为7.44%，较上年上升57%。

11. 生命人寿

富德生命人寿保险股份有限公司（以下简称生命人寿）是一家全国性的专业寿险公司，成立于2002年3月4日，总部位于深圳。股东由富德控股（集团）有限公司、深圳市华信投资控股有限公司等资金雄厚的企业构成。公司注册资本金117.52亿元，总资产已超2600亿元，是国内资本实力较强的寿险公司之一。

生命人寿建立了覆盖全国重点省市区域的营销网络和多元化服务平台，目前共拥有35家分公司，1000多个分支机构和服务网点，超过13万人的管理和销售人员。

自2010年以来，投资收益率均高于行业平均水平。2014年，生命人寿实现总投资收益136.9亿元，实现投资收益率7.7%，综合收益率11%。2014年，公司实现总投资收益136.9亿元，实现投资收益率7.7%，综合收益率11%，分别比行业平均投资收益率高出1.4%和1.8%。

2014财务年，归属于母公司股东的净利润为人民币34.53亿元；2014财务年，公司已赚保费为人民币532.72亿元，其中保险业务已赚保费为人民币372亿元，健康险业务已赚保费为人民币9.6亿元；个人寿险为171.85亿元人民币；分红保险为181亿元人民币。偿付能力充足率为181%，比2013年增加13个百分点。

12. 平安养老

平安养老于2004年成立，2006年与平安人寿团体保险重组，目前，注册资本金达到43.6亿元，在六家养老险公司中保持第一。在全国拥有200家分支机构。

截至 2014 年 11 月底,公司的长险、短险份额在六家主要团险公司中分别占 33%和 23%,均位居市场第二。截至 2014 年 10 月,平安养老管理的企业年金基金受托、投资及养老保障资产业务合计规模突破 2000 亿元,在养老险公司中占有 30%的市场份额。受托资产占全市场 25%的份额;投资资产占全市场 15%的份额,成为中国最大的企业年金基金管理机构。

2014 年公司投资业绩稳健,主动投资组合收益率 8.77%,整体投资收益率 8.2%,42%以上组合业绩超过 9%。养老险已成为单一计划连续三年收益率超业绩基准的产品。平安养老服务客户数量持续增长。截至 2014 年 12 月底,公司团体客户累计 110 万,个人有效客户 9000 多万,央企年金客户 64 家,占已建立年金业务央企的 70%,医保业务覆盖厦门、甘肃等全国 21 个省、省辖市,服务 1 亿多人口。

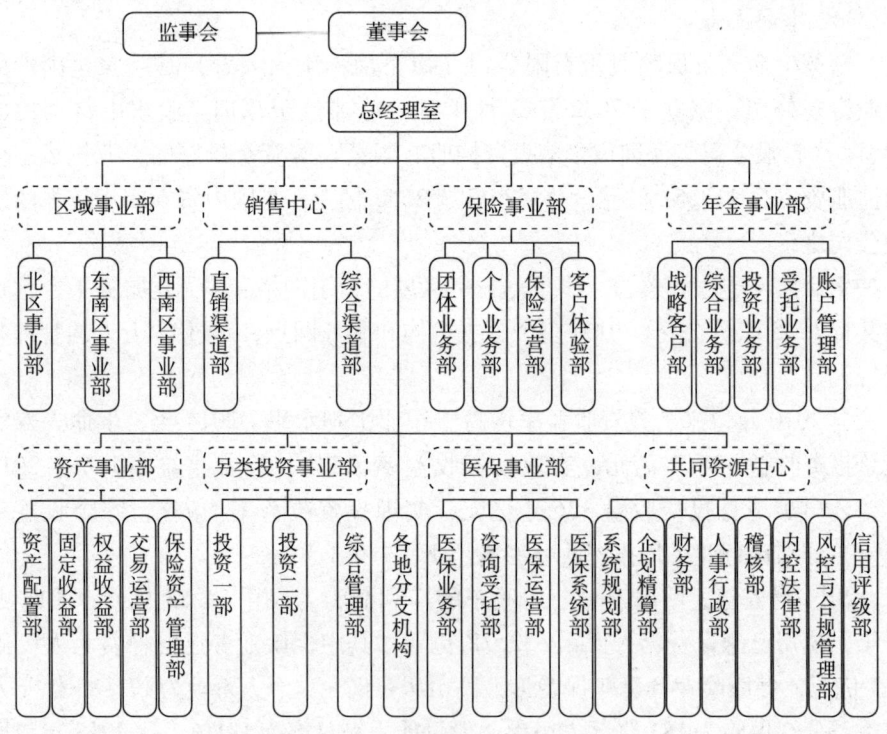

图 3-10 平安养老治理结构

2014 年末公司的偿付能力充足率为 199.4%,较 2013 年的偿付充足率 178.9%上升了 20.5%。2014 年度股东增资 10 亿元,导致实际资本上升,同时由于保费上升,最低资本增加 4.4 亿元。2014 年,公司业务发展稳定增长,业务结构显著优化，经营效益明显改善，市场领先地位保持稳固。2014 财务年，归属于母公司股东的净利润为人民币 4.9 亿元；2014 财务年，公司已赚保费为人民币 84 亿元。

13. 中融人寿

中融人寿保险股份有限公司（以下简称中融人寿）是 2010 年 3 月 18 日经中国保险监督管理委员会批准成立的一家全国性人寿保险公司，总部位于北京。股东包括：清华控股有限公司；联合铜箔（惠州）有限公司；吉林省信托有限责任公司；中润合创投资有限公司；启迪控股股份有限公司；宁波杉辰实业有限公司；霍氏文化产业集团有限公司；深圳市力元资产管理有限公司；报喜鸟集团有限公司；神力集团有限公司；丹棱申宇木业有限责任公司；芜湖隆威工贸有限公司。各家股东均资金实力雄厚，经营稳健，可为中融人寿的快速持续发展提供有力的保障。

公司经营范围包括：人寿保险、健康保险、意外伤害保险，以及经中国保监会批准的其他人身保险业务和国家法律、法规允许的保险资金运用业务。

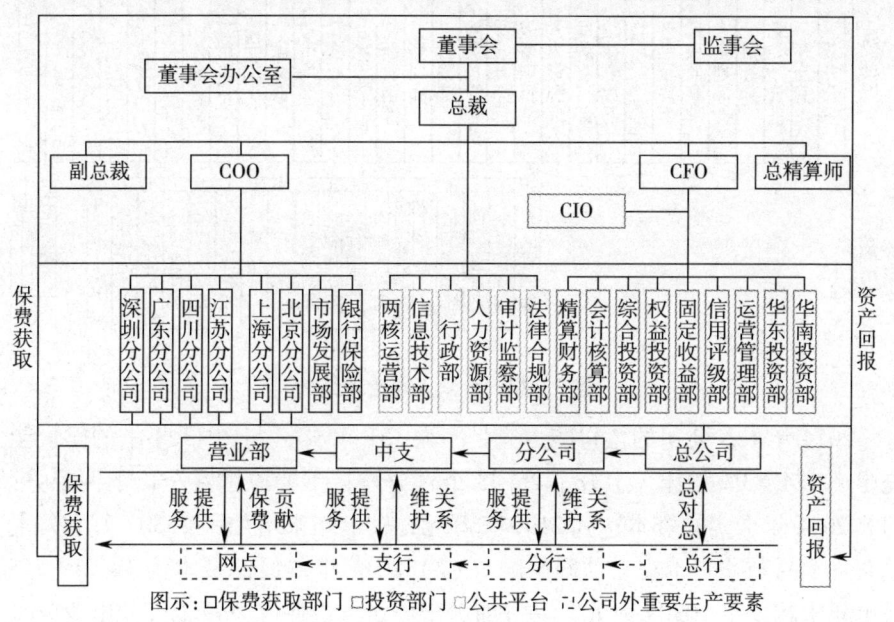

图 3-11 中融人寿治理结构

14. 合众人寿

合众人寿保险股份有限公司（以下简称合众人寿）是经中国保险监督管理委员会批准的一家综合性人寿保险公司。企业性质为全国性、股份制寿险公司。作为综合性人寿保险公司，公司可经营一切人身险险种（含各种法定保险）。合众人寿率行业之先提出了"合众保险·理赔不难"的服务举措，为其在行业内外赢得了广泛赞誉。

经营范围和经营区域：人寿保险、健康保险、意外伤害保险等各类人身保险业务；上述业务的再保险业务；国家法律、法规允许的保险资金运用业务；经中国保监会批准的其他业务。

合众人寿股东由中发实业集团等国内外知名企业组成。中发集团是一家成立于1997年，总部设在北京的大型民营企业集团。

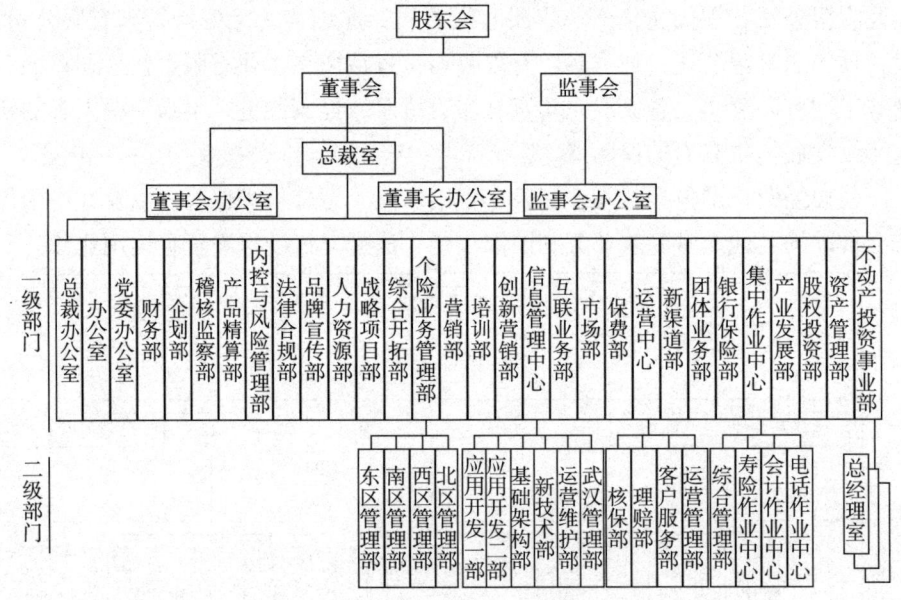

图3-12　合众人寿治理结构

2014年末，公司的偿付能力充足率为151.25%，与2013年末的偿付能力充足率124.83%相比，上升了26.43个百分点，主要原因在于以下两个方面：（1）2014年末实际资本达到219647万元，较上年末增加了25507万元，主要受资本交易与非资本交易共同影响。（2）2014年末最低资本为145219万元，较上年末减少了10309万元，一方面由于公司与再保险公司签订分出业务，留存的准备金有所释放。另一方面，公司2014年长期险业务增幅较大，增量业务也增加了当期准备金提取额。

15. 太平养老

太平养老保险股份有限公司（以下简称太平养老）成立于2004年，是中国太平旗下专业经营养老保险和员工福利保障的重要子公司，现注册资本20

亿元人民币。公司总部设在上海陆家嘴，服务网络覆盖全国。公司养老保险业务涵盖针对各类企事业单位的企业年金、职业年金、养老保障、资产管理等服务，员工福利保障业务涵盖寿险、意外险、补充医疗、健康管理等服务。太平养老是中国太平保险集团有限责任公司重要的成员子公司。

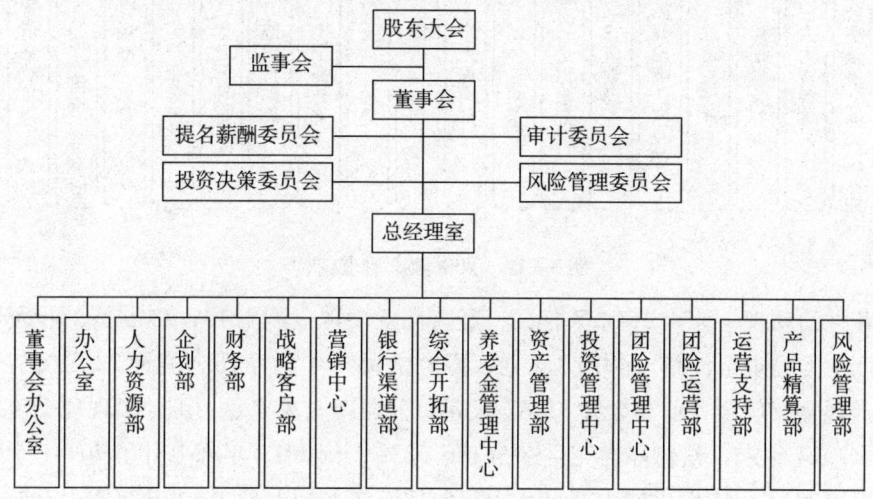

图 3-13　太平养老治理结构

2014年，公司业务经营情况良好，在中国新会计准则下实现盈利0.44亿元人民币；截至2014年底，公司总资产56.29亿元人民币，偿付能力充足率为288%，与上年相比下降了31个百分点，影响本年偿付能力指标的主要因素包括：公司2014年度追加注册资本30000万元，实际资本与上年度相比增加29530万元，增幅53%。因业务量的增长，最低资本比上年度增加12115万元，增幅69%。由于实际资本增幅小于最低资本，导致偿付能力充足率下降。

16. 中国人保健康

中国人民健康保险股份有限公司（以下简称中国人保健康）成立于2005年4月8日，系国务院同意、中国保监会批准设立的国内第一家专业健康保险公司，由"世界500强"企业中国人民保险集团公司（PICC）联合欧洲最大的健康保险公司——德国健康保险股份公司（DKV）发起设立，目前公司注册资本金64.4977亿元，是中国内地资本实力最为雄厚的专业健康保险公司。

截至2015年底，中国人保健康已设立25家省级分公司、109家地市级机构、99家县区级机构和97家互动部，承保的各类社保业务项目覆盖23个省（自治区、直辖市、计划单列市）的122个地市，服务人群超过1亿人次。

截至2014年底，中国人保健康经营性活动现金净流量17.49亿元，其中

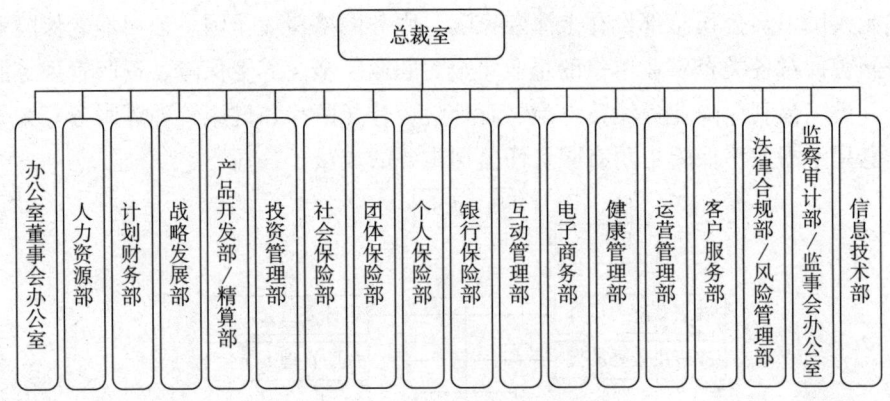

图 3-14 人保健康治理结构

经营性活动现金流入 164.27 亿元，经营性活动现金流出 146.78 亿元。投资活动产生的净现金流量 -49.97 亿元，筹资活动产生的净现金流量 22.88 亿元。期末现金及现金等价物合计 11.87 亿元，公司现金流充足，不会出现现金流风险。2014 年末，偿付能力充足率为 186.58%，较 2013 年末上升了 70.41 个百分点（2013 年末偿付能力充足率为 116.17%）。公司偿付能力充足率上升的主要原因是公司年内接受股东注资以及其他综合收益增加导致净资产大幅提升。

17. 华夏人寿

华夏人寿保险股份有限公司（以下简称华夏人寿），于 2006 年 12 月经中国保险监督管理委员会批准设立，总部设在北京，是一家全国性、股份制人寿保险公司。公司注册资本金 153 亿元人民币，总资产近 2000 亿元人民币，在全国设有分支机构 450 余家，人员队伍近 4 万。

2014 年度保费 715 亿元，位居市场第七。截至 2015 年 7 月 31 日，总保费 944.1 亿元，位居市场第三。

截至 2014 年底，华夏人寿持有债券、信托、银行存款、股票、股权投资和不动产投资等投资产品。在投资产品中，固定收益类投资资产占投资资产的比例为 40.47%，权益资产占投资资产的比例为 13.44%。总体来看，华夏人寿现有投资组合的利率和权益类资产敏感度均控制在较低水平，安全性好，市场风险处于可控范围内。2014 年末华夏人寿偿付能力充足率为 174%，较 2013 年的 180% 有所下降。

18. 正德人寿

正德人寿保险股份有限公司（以下简称正德人寿）成立于 2006 年 11 月 6 日，是由中国保险监督管理委员会批准设立、在国家工商行政管理总局注册的全国性、股份制人寿保险公司，注册资本为 20 亿元人民币，注册地设在北京。

2014 年末，正德人寿偿付能力充足率为 315.88%，相比 2013 年末上升了 310.25%。偿付能力充足率变动的主要原因有：(1) 2014 财务年公司 150000 万元增资获得保监会批复，影响偿付能力较上年末上升约 181 个百分点。(2) 受资本市场公允价值持续走高的影响，2014 财务年投资业务综合收益较好，影响偿付能力较上年末上升约 113 个百分点。(3) 受 2014 财务年长期人身保险退保业务的影响，期末长期险业务保额减少，导致报告期末偿付能力额度较上年末减少，影响偿付能力充足率约 16 个百分点。公司 2014 年末偿付能力充足率达到充足 II 类要求，偿付能力保持健康水平。

19. 信泰人寿

信泰人寿保险股份有限公司（以下简称信泰人寿）是经中国保险监督管理委员会批准，于 2007 年 5 月 18 日注册登记的全国性保险公司。公司总部设于浙江杭州，注册资本 29.29 亿元，可经营各类人身保险业务，目前已开设浙江、江苏、北京、河北、福建、河南、山东、黑龙江、辽宁、上海、湖北、江西、宁波、广东、厦门、青岛、深圳、大连 18 家分公司。

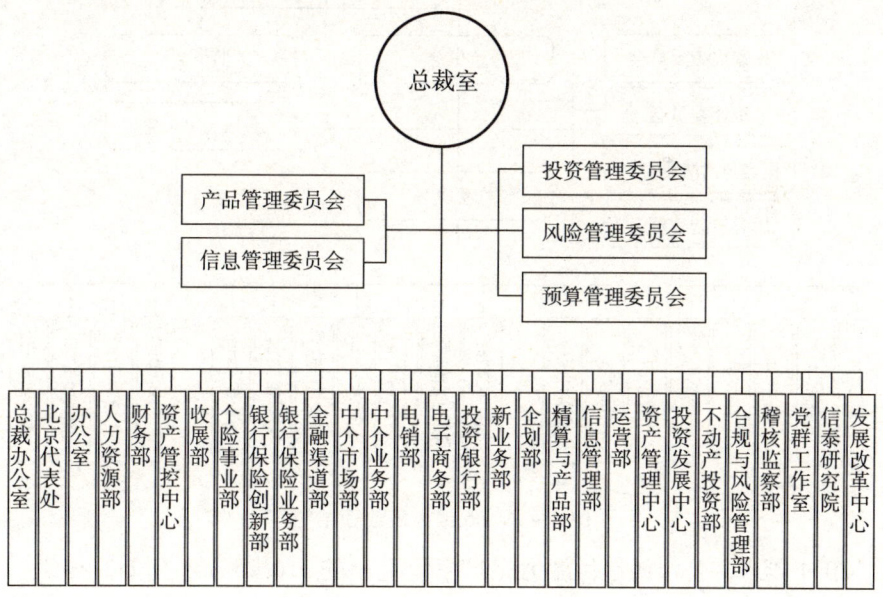

图 3-15 信泰人寿治理结构

信泰人寿投资资产中很大比例投资于固定收益类资产，综合考虑公司经营情况、财务状况和面临的市场环境，利率风险为近阶段公司面临的主要市场风险。信泰人寿根据投资资产结构、交易情况、交易对手及市场分布等情况，对各类投资资产的风险进行评估,采取VAR值估计以及压力测试等方法,评估各种风险损失可能性。2014年末,主要为现金及等价物、固定收益类资产、权益类资产、另类和其他投资,结构占比分别为2.15%、79.55%、6.85%和11.45%,投资资产整体流动性良好,权益类资产占比符合监管要求。

20. 农银人寿

农银人寿保险股份有限公司(以下简称农银人寿)是由中国农业银行股份有限公司、北京中关村科学城建设股份有限公司、中国希格玛有限公司等公司强强合作打造,并在国家工商行政管理总局注册的全国性人寿保险公司。公司总部位于北京,并在北京、浙江、辽宁、山东、福建、湖南、四川、江苏、陕西、河北、湖北、山西、河南、安徽和宁波设立了15家省级分公司。

农银人寿的经营范围为人寿保险、健康保险、意外伤害保险等各类人身保险业务;上述业务的再保险业务;国家法律、法规允许的保险资金运用业务;经中国保监会批准的其他业务。

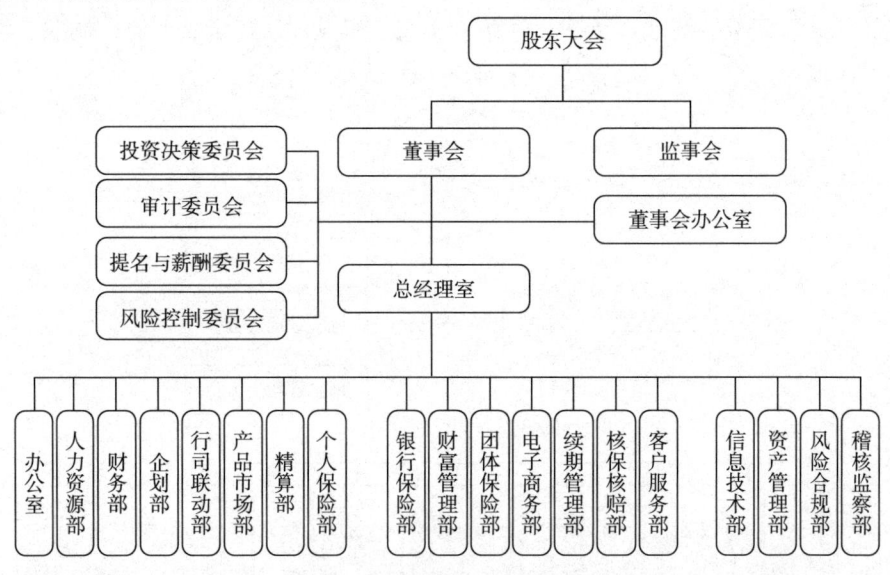

图3-16 农银人寿治理结构

2014年末,公司的偿付能力充足率由上年的316.25%降至213.14%,其主要原因如下:(1)公司新增业务产生了首年业务亏损,以及信托资产认可比例降低,导致实际资本有所降低;(2)公司存量业务不断增加,导致法定最低偿付能力额度不断升高。因此,公司实际偿付能力状况较上年末有所下降。

21. 长城人寿

长城人寿保险股份有限公司（以下简称长城人寿）是一家经中国保险监督管理委员会批准设立的全国性人寿保险公司。长城人寿志存高远、经营稳健，以"打造服务最好的保险品牌"为目标，倡导"让服务成为我们的生活方式"，致力于为客户提供适合的保险产品和便捷的服务，为员工提供良好的工作环境和成长空间。公司总部设在北京。截至目前，长城人寿已设立北京、四川、山东、湖北、青岛、河南、河北、江苏、天津、广东、湖南、安徽12家分公司。公司经营范围主要包括人寿保险、健康保险、意外伤害保险及上述保险业务的再保险业务。

长城人寿由北京金融街投资（集团）有限公司、香港大新人寿保险有限公司，以及中建集团、中冶集团旗下骨干企业等涉及投资、金融、房地产、基础设施建设等国民经济重要行业的18家股东投资，注册资本逾23.52亿元。显赫的国资股东背景，为长城人寿的稳健、健康发展提供了坚实保障。

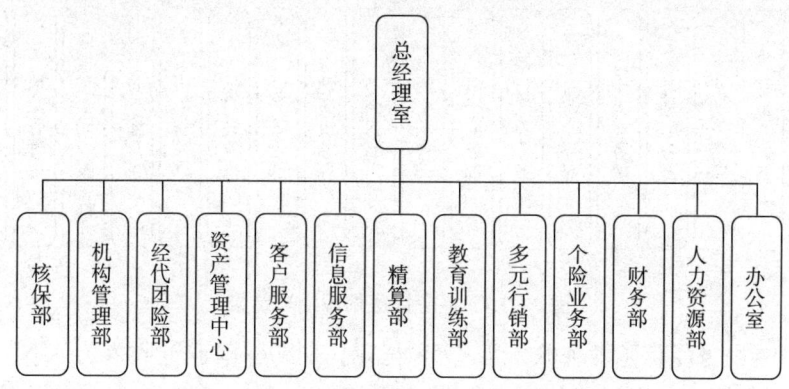

图3-17 长城人寿治理结构

2014年报告期内，公司原保险合同业务收入共计人民币24亿元，其中，寿险收入为22亿元，健康险业务收入为1.8亿元，意外险收入为人民币1398万元。

2014年末，公司的偿付能力充足率为161.55%，相比2013年末上升12.74个百分点，其主要原因在于：(1) 本年末实际资本为73842万元，较上年末增长14330万元，增幅24.08%。(2) 本年末最低资本为45708万元，较上年末增加5716万元，增幅14.3%。主要原因是公司在2014年度业务发展导致最低资本增加。实际资本增幅大于最低资本增幅，导致2014年底偿付能力充足率上升。

22. 昆仑健康保险

昆仑健康保险股份有限公司（以下简称昆仑健康保险）是经中国保险监督管理委员会正式批准，于 2006 年 1 月 12 日成立的专业健康保险公司，总部设在北京。

昆仑健康保险股东由福信集团有限公司、西藏恒实投资有限公司、福建清科投资有限公司、上海欣成投资（集团）有限公司、深圳市嘉豪盛实业有限公司、杭州永原网络科技有限公司、北京金源时代购物中心有限公司等 12 家知名企业组成。主要经营范围包括：各种人民币和外币健康保险、意外伤害保险业务；与国家医疗保障政策配套、受政府委托的健康保险业务；与健康保险有关的咨询服务、代理、再保险业务以及资金运用等其他业务。

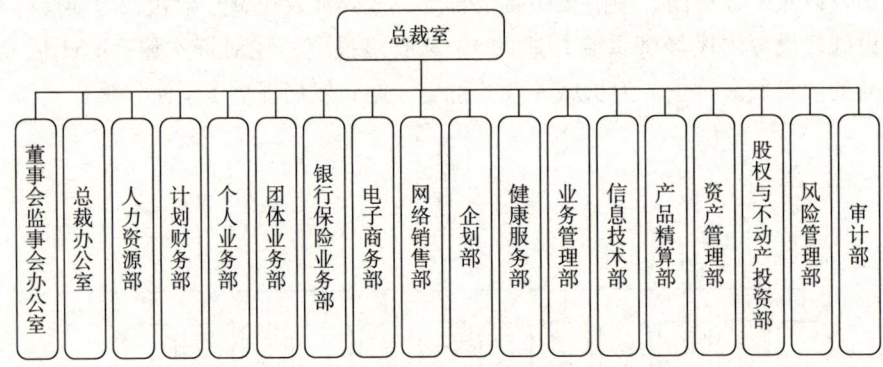

图 3-18　昆仑健康保险治理结构

2014 财务年保险业务收入为 8959 亿元，期初保险业务收入为 4163 亿元，同比增长 115%；根据财务报表统计口径，2014 年末，公司的偿付能力充足率为 151.02%，与 2013 年末相比下降了 65.79%，同比下降 30.34%。变动的主要原因为 2014 年业务增长，引起最低资本的增加；同时偿付能力口径综合收益为负，公司的实际资本减少。

23. 和谐健康保险

和谐健康保险股份有限公司（以下简称和谐健康保险）是经中国保险监督管理委员会最早批准开业的全国性、专业性健康保险公司之一，公司注册资本金 21 亿元。目前，公司总部设在上海，拥有上海、江苏两家省级分公司及六家地市级机构，初步形成了覆盖华东地区的服务网络。

2014 财务年，公司已赚保费为人民币 1.59 亿元，较 2013 年同期增长 20.6%，其中健康险业务已赚保费为人民币 1.38 亿元，意外险业务已赚保费为人民币 0.21 亿元。2014 年末，公司偿付能力溢额为 492641 元，偿付能力充足率为 702%，年初为 246%，可见公司偿付能力充足率有了很大的提高。

24. 人保寿险

中国人民人寿保险股份有限公司（以下简称人保寿险），是经国务院同意，中国保险监督管理委员会批准，于 2005 年 11 月成立的全国性寿险公司，注册资本金 257.61 亿元，总部设在北京。

人保寿险是中国人民保险集团旗下的重要成员，主要经营人寿保险、健康保险、意外伤害保险等保险业务及上述业务的再保险业务。2014 年实现规模保费 813 亿元，位居国内寿险公司前 5 名，亚洲保险竞争力排名前 8 名。

人保寿险在国内各省、自治区、直辖市及计划单列市设有分公司 36 家，在 291 个地市、1816 个县（市、区）设有销售机构和服务网点，与银行建立合作网点超过 11 万家，拥有 14 万余名寿险销售人员。

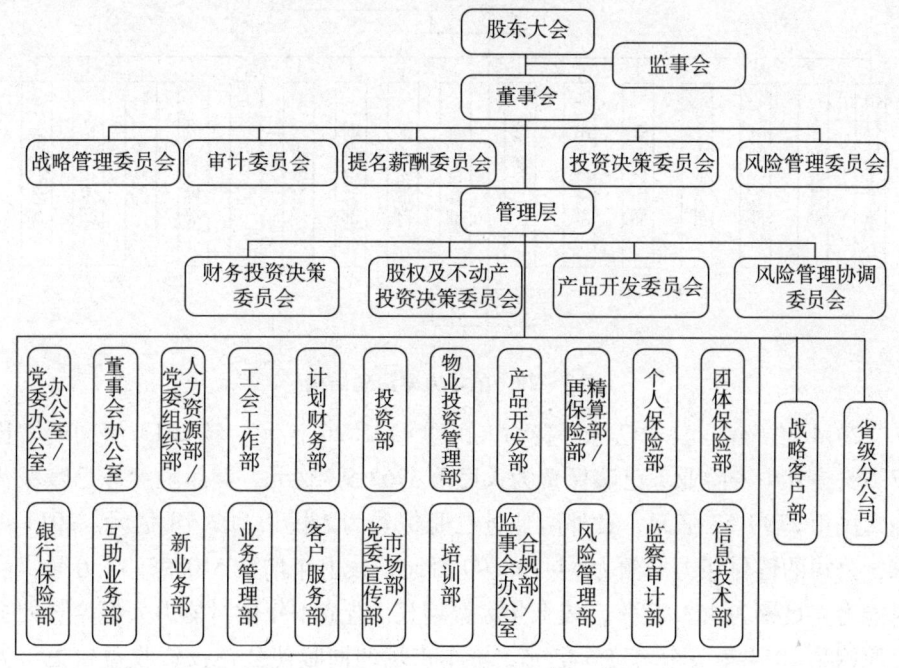

图 3-19　人保寿险治理结构

2014 年末，公司的偿付能力溢额为人民币 231.25 亿元，偿付能力充足率为 301%，相对于 2013 年的 202% 提高了 99%，一方面，公司全年实际投资收益增加有助于实际资本的增加；另一方面，新业务会增加最低资本，满期、退保及再保险安排会降低最低资本，受两者综合影响，总的最低资本有所下降。

综合以上影响，2014年底公司偿付能力充足率较2013年底上升99个百分点。

25. 国华人寿

国华人寿保险股份有限公司（以下简称国华人寿）成立于2007年11月，总部位于上海，是由中国保险监督管理委员会批准设立的全国性、股份制专业寿险公司。国华人寿在机构数量较少的情况下取得了行业规模保费中上水平。目前，公司已开设北京、山东、浙江、河南、广东、上海、河北、江苏、天津、湖北、辽宁、重庆、四川、山西、湖南、青岛、安徽、深圳18家省级分公司，在上海、广州成立了全国性的电话销售中心和客户联络中心。

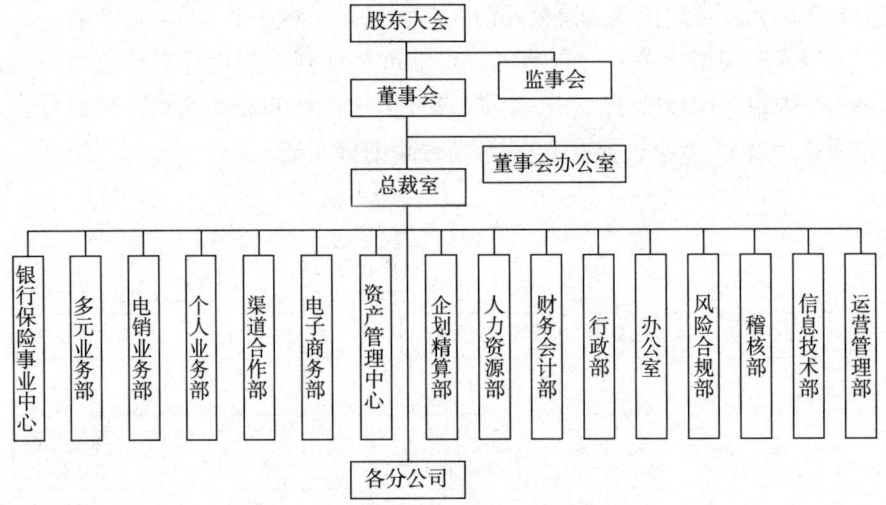

图3-20　国华人寿治理结构

2014财务年，公司已赚保费为人民币4132.26亿元，较2013年同期增长77.8%，其中寿险业务已赚保费为人民币3762.93亿元，健康险业务已赚保费为人民币2790.53亿元，意外险业务已赚保费为人民币902.78亿元。2014年末，公司的偿付能力溢额为544795.00万元，较上年增长510398.37万元，偿付能力充足率为468.37%，较上年大幅增长。造成本年偿付能力大幅增长的主要原因是2014年股东增资6亿元，资本市场的回暖使公司投资收益较去年大幅上升，以及公司资产配置策略、产品结构的进一步调整和优化共同提升了本年实际偿付能力，使其较上年明显增加。

26. 国寿养老

中国人寿养老保险股份有限公司（以下简称国寿养老）是由中国人寿保险（集团）公司、中国人寿保险股份有限公司、中国人寿资产管理有限公司共同发起设立的专业养老保险公司,注册资本为人民币 6 亿元,总部设在北京,主要从事企业年金基金管理业务,公司具备人力资源和社会保障部授予的企业年金基金受托人、账户管理人和投资管理人资格。

2007 年 11 月,国寿养老引进新股东中诚信托有限责任公司。2014 年 12 月,国寿养老引进澳大利亚安保人寿有限公司作为战略投资者。

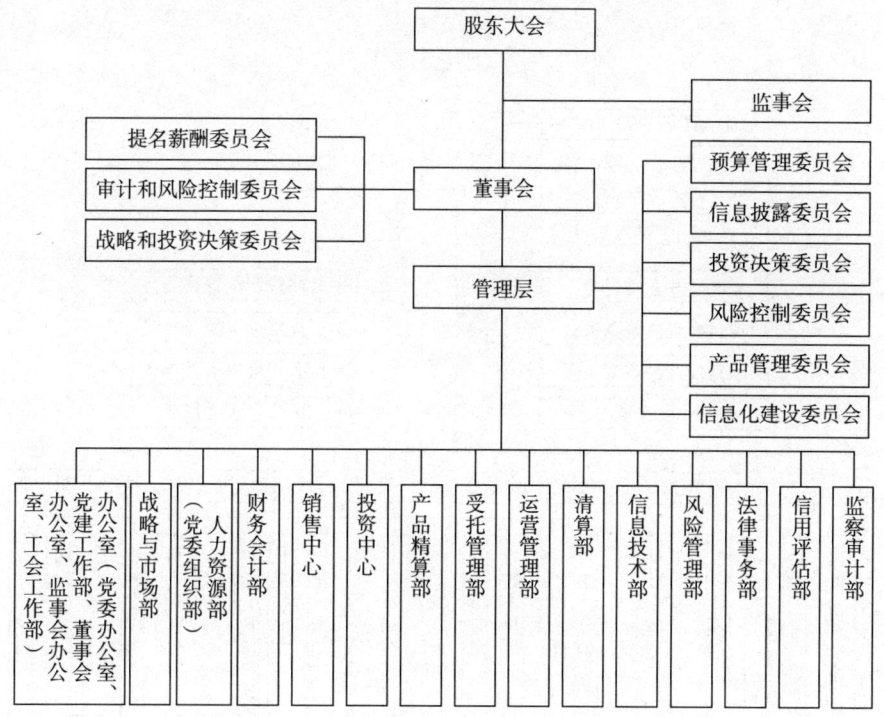

图 3-21　国寿养老治理结构

截至 2014 年底,国寿养老管理资产规模折算达到 2337.2 亿元,居行业第一,其中:国寿养老受托管理资产规模 1319.82 亿元,位列全行业第一;账户管理规模 131.82 万户,位列保险业第一;投资管理规模 885.56 亿元,位列全行业第二。国寿养老积极发展团体和个人养老保障管理产品,满足客户多层次的养老需求。

27. 长江养老

长江养老保险股份有限公司(以下简称长江养老)于 2007 年 5 月由 11 家国有大中型企业共同发起设立,目前注册资本为 7.876 亿元。公司于 2007 年一次性获得人力资源和社会保障部颁发的企业年金基金受托人、投资管理人和账户管理人资格,并在 2013 年经监管批准成功延续资格。

2014年，长江养老传统业务和创新业务快速增长，公司经营效益持续大幅改善，实现了公司成立以来的首次盈利。2014年，公司股权投资能力备案获得保监会批复，成为国内首家获准开展股权投资业务的养老保险公司。在监管部门的大力支持下，公司积极参与中石化油品销售业务重组引资工作，成为首家以企业年金参与央企混合所有制改革的资产管理机构。

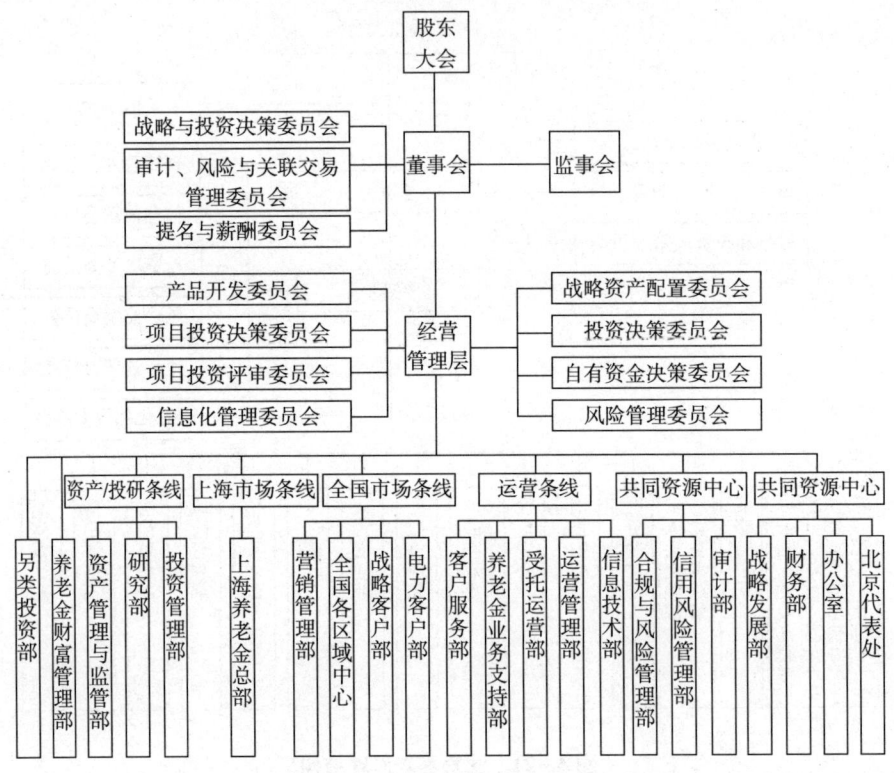

图3-22 长江养老治理结构

截至2014年末，长江养老受托管理企业年金基金资产余额437.51亿元，较2014年初增长69.64亿元；长江养老投资管理企业年金基金资产总计471.23亿元，较2014年初增长113.22亿元；长江养老管理的企业年金个人账户总计83.54万户。

截至2014年末，长江养老管理养老保障委托管理产品5个，资产规模为62.88亿元，较2014年初增长49.74亿元。公司发行债权投资计划3个，资产规模为50.21亿元。公司管理保险资产管理产品1个，资产规模为11.28亿元。

28. 英大人寿

英大泰和人寿保险股份有限公司（以下简称英大人寿）是由国家电网公司发起设立的一家全国性寿险公司，经中国保监会批准，于 2007 年 6 月在北京成立，注册资本金 40 亿元；2009 年引进境外战略投资者美国万通人寿保险公司。2010 年国家电网公司成立国网英大集团，业务范围涵盖银行、保险、证券、资产管理四大板块，英大人寿作为国网英大集团旗下 7 家金融企业之一，是国家电网公司金融平台的重要组成部分。

2014 年末，公司的偿付能力充足率为 519.99%，相比 2013 年末提高了 324 个百分点，其主要原因在于本年末实际资本达到 28.28 亿元，较上年末提高了 17.83 亿元，增幅为 170.61%。具体包括：股东增资 16 亿元，承保业务收益 −5.27 亿元，投资业务收益 11.65 亿元，其他收益 −3.27 亿元，以及资产认可价值变动额 −1.28 亿元。

随着业务规模的扩大，2014 年末最低资本为 5.44 亿元，较上年末增加 0.1 亿元，增长幅度 1.88%。2014 年偿付能力充足率保持在保监会 II 类监管水平（150%）以上，股东增资引致的实际资本的大幅增长，使得偿付能力充足率大幅提高。

29. 泰康养老

泰康养老保险股份有限公司（以下简称泰康养老）于 2007 年 7 月 18 日经中国保险监督管理委员会批准，在北京成立，于 2007 年 8 月 10 日，由北京市工商行政管理局颁发企业法人营业执照。截至 2013 年 12 月 31 日，公司注册资本及实收资本为人民币 2600000000 元。

泰康养老的经营范围为团体人寿保险业务；团体养老保险及年金业务；个人养老保险及年金业务；短期健康保险业务；团体长期健康保险业务；意外伤害保险业务；上述业务的再保险业务；国家法律、法规允许的保险资金运用业务；经中国保监会批准的其他业务；保险兼业代理（仅限泰康人寿保险股份有限公司和中国大地财产保险股份有限公司的险种）（保险兼业代理业务许可证有效期至 2015 年 2 月 27 日）。截至 2014 年 12 月 31 日，经保监会批准，公司共成立 26 家分公司。

泰康养老通过定期监控实际资本与最低资本间是否存在缺口，并通过对业务结构、资产质量及资产分配进行持续的监测，在满足偿付能力要求的前提下提升盈利能力。2014 年报告期内，公司偿付能力充足率为 9149%，远高于保监会规定的 II 类充足标准。

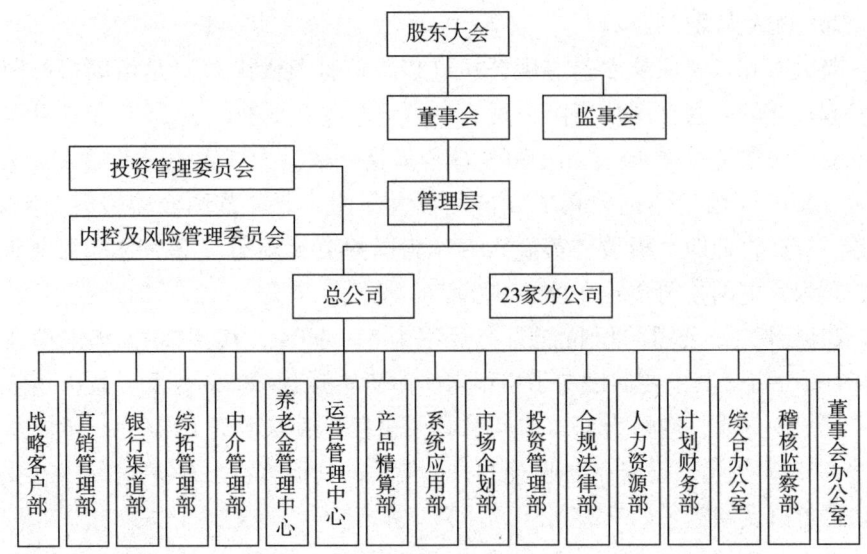

图3-23 泰康养老治理结构

30. 幸福人寿

幸福人寿保险股份有限公司（以下简称幸福人寿）于2007年11月经中国保险监督管理委员会批准设立，是一家全国性、国有企业控股的寿险公司，控股股东为中国信达资产管理股份有限公司。幸福人寿总部设在北京，现有注册资本56.3亿元。主要经营各类人寿保险、健康保险、人身意外伤害保险以及与人身保险相关的再保险业务。

截至2014年底，幸福人寿已累计实现保费402.59亿元，总资产384.28亿元。目前，幸福人寿已在北京、上海、陕西等22个省市开设分支机构，基本形成了覆盖全国的销售服务网络，确保及时、准确地向客户兑现各项承诺。公司通过积极调整业务组合、优化资产分配、提高资产质量、提升经营效益，以及打造适当的融资平台等手段以增加偿付能力。在经济条件及公司经营活动的风险特征发生变化时，公司会适当地调整当前的资本水平，并维持或调整资本结构。2014年末公司偿付能力充足率221.7%，符合监管要求。

31. 阳光人寿

阳光人寿保险（以下简称阳光人寿）成立于2007年12月，是主要经营人寿保险、健康保险和意外伤害保险等一切人身险业务的全国性专业寿险公司，注册资本金91.71亿元人民币。阳光人寿成立以来发展势头良好，公司价值不断提升，目前已有31家二级机构开业运营，三四级分支机构700余家，以专业服务为广大客户提供人身、养老、医疗、健康、意外等保险保障。

阳光人寿采用国际通行的 VaR 方法，为对权益类资产可能遭受的市场价格风险进行度量的主要方法。在置信度为 99%、持有期为 10 个交易日的情况下，方差和协方差方法度量的公司权益类资产（股票和股票型基金）的 VaR 值占公司投资权益类资产（股票和股票型基金）的比例在可控范围内。

目前，阳光人寿持仓债券资产都具有较高的信用等级。从信用级别来看，公司持仓信用债券和债权计划中，AAA 级债券占比为 91.58%；AA 级债券占比为 7.78%；A 级债券占比为 0.65%。其中，政策性金融债按 AAA 级统计。因此，整体上看公司持有的债券资产信用风险可控。从存款银行的信用级别看，存款银行的主体信用评级全部为 AAA 级，没有在 AA 级及以下级别的银行存款。因此，整体上看公司持有的银行存款信用风险可控。

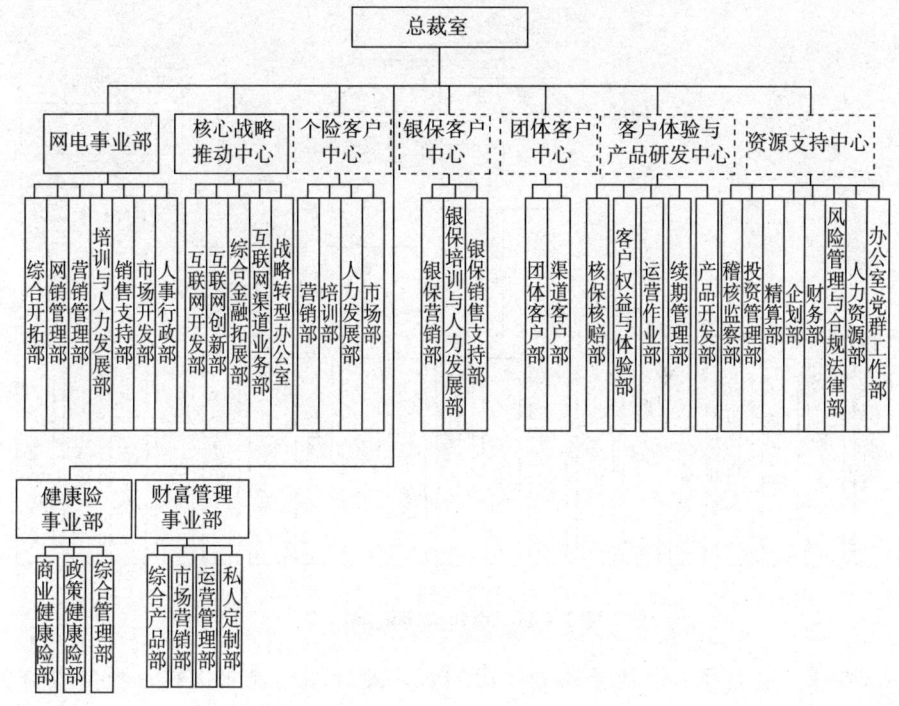

图 3-24　阳光人寿治理结构

阳光人寿 2014 年投资业务受益于资本市场的增长，收益好于预期，实际资本增加较快，使年终偿付能力充足率达到 267%，相比年初 187% 的偿付能力充足率而言有所增加，并高于保监会 Ⅱ 类充足标准。

32. 百年人寿

百年人寿保险股份有限公司（以下简称百年人寿）是经中国保险监督管

理委员会批准成立的全国性人寿保险公司。公司于2009年6月3日正式开业,总部设在大连。公司注册资本35.3亿元人民币,由东方资产、国电电力、融达投资、大连港集团、大商集团、时代万恒、新光集团、一方地产等17家股东组成。强大的股东背景、良好的法人治理结构以及优秀的管理团队为百年人寿的发展奠定了坚实基础。

百年人寿建立了由董事会负最终责任、管理层直接领导,以风险管理职能部门为依托,相关职能部门密切配合,覆盖所有业务单位的风险管理组织体系。公司坚持培育全员参与的风险管理文化,完善风险管理制度和流程,根据自身业务性质、规模和复杂程度逐步优化风险量化技术,以便尽快建立起适合自身条件的全面风险管理体系。

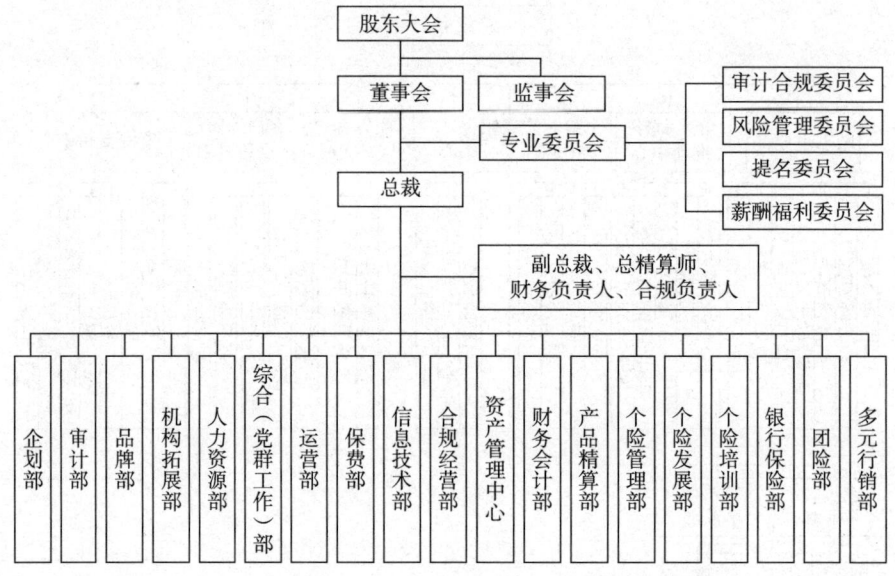

图3-25 百年人寿治理结构

2014年,百年人寿业务发展稳定增长,业务结构显著优化,经营效益明显改善。截至2014年12月31日,公司总投资资产中绝大部分为固定收益类生息资产,权益资产占总资产比仅为9.24%,市场风险总体处在公司可控范围内。公司2014年末偿付能力充足率256.82%,高于保监会要求的最低偿付能力充足率水平。为了保证充足的偿付能力,公司于2014年4月获得中国保险监督管理委员会的批准,进行了增资,增资后的注册资本金从23.6亿元变更为35.3亿元,有效提升了公司的偿付能力。公司将持续加强偿付能力管理,在必要时及时补充资本金,以确保偿付能力充足。

33. 中邮人寿

中邮人寿保险股份有限公司（以下简称中邮人寿）是由中国邮政集团公司与各省（区、市）邮政公司共同出资设立的国有全资寿险公司。公司总部位于北京，注册资本金65亿元人民币。2009年8月4日由中国保险监督管理委员会批准成立，2009年8月18日在国家工商总局注册登记，2009年9月9日正式挂牌开业。

中邮人寿的业务范围是：人身保险、健康保险、意外伤害保险等各类人身保险业务；上述业务的再保险业务；国家法律、法规允许的保险资金运用业务；经中国保监会批准的其他业务。

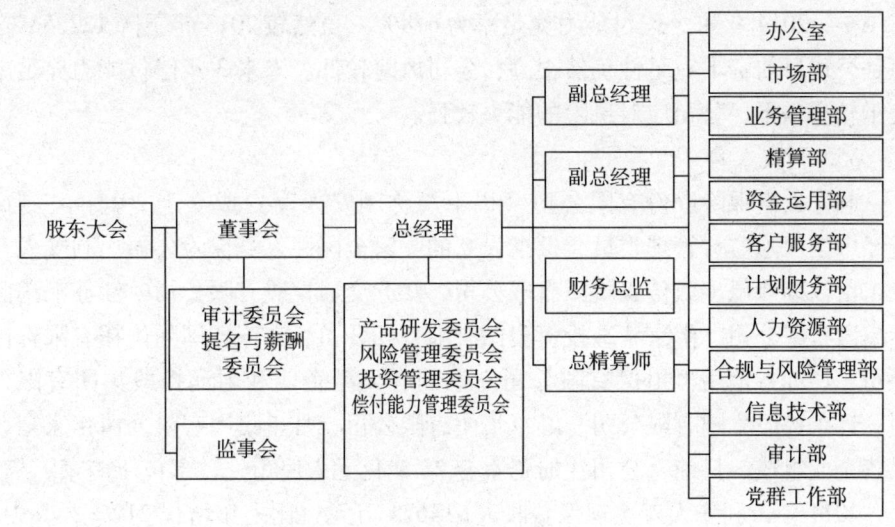

图3-26 中邮人寿治理结构

2014年，中邮人寿业务发展稳定增长，业务结构显著优化，经营效益明显改善。2014报告期内，公司偿付能力溢额为55.02亿元，偿付能力充足率为338.38%，达到充足Ⅱ类以上水平。公司当年实现保费收入为219.53亿元，安排增资25亿元，募集次级债15亿元，实际资本较上年增加了49.86亿元，最低资本较上年增加了5.24亿元。市场风险方面，公司VaR占比0.21%，权益类资产敏感度为0.01%，市场风险量化指标较好。公司配置资产以持有至到期类为主，市场风险总体可控。公司流动性比率为156.43%，流动性比例超过100%；融资回购比例为0%，资金运用较为谨慎，未通过融资回购提高杠杆。

34. 安邦人寿

安邦人寿保险股份有限公司（以下简称安邦人寿）是2010年经中国保险

监督管理委员会批准设立的全国性寿险公司，是安邦保险集团股份有限公司旗下专业寿险子公司，总部设在北京。安邦人寿注册资本金为 307.9 亿元人民币，在全国寿险公司中注册资本金实力名列前茅。

安邦人寿为个人及团体提供人寿、意外和健康保险产品，涵盖生存、养老、疾病、医疗、身故、残疾等多种保障范围，全面满足客户在人身保险领域的保险保障和投资理财需求。

2014 年，安邦人寿业务发展稳定增长，业务结构显著优化，经营效益明显改善。2014 年报告期内，归属于母公司股东的净利润为人民币 84.77 亿元，同比增长 33.1%；安邦人寿已赚保费 528.83 亿元人民币，较 2013 年同期增长 37.6%，2014 年末，偿付能力充足率为 678%，虽然较 2013 年下降 122.53%，但是公司目前资本充足性仍然很高，公司风险较低。未来 3 年偿付能力充足率处于较高水平，公司应对风险的能力较强。

35. 利安人寿

利安人寿保险股份有限公司（以下简称利安人寿）成立于 2011 年 7 月，是经中国保险监督管理委员会批准设立的一家全国性人身保险公司。利安人寿股东由江苏凤凰出版传媒集团有限公司、江苏交通控股有限公司、江苏汇鸿国际集团有限公司、南京紫金投资集团有限责任公司、江苏省国际信托有限责任公司、江苏省信用再担保有限公司 6 家国有大型企业和雨润控股集团有限公司、远东控股集团有限公司、红豆集团有限公司、月星集团有限公司 4 家知名民营企业组成。目前，公司注册资本金 28.9 亿元人民币，总部位于南京。

2014 年，利安人寿实现保费收入 514674 万元，比上年增长 219%，其中，寿险保费收入 501820 万元，意外险保费收入 6350 万元，健康险保费收入 6504 万元。在寿险保费收入中传统寿险保费收入 448345 万元，占寿险保费收入的 89.3%，金额和占比都较上年大幅上升，分红型保费收入则由上年的 152272 万元降低为 53475 万元，占寿险保费收入的比例由上年的 94.4% 降低为 10.7%。公司保费收入中居前三位的产品是利安惠两全保险、利安福（C 款）年金保险、利安福（B 款）年金保险，保费收入分别是 267296 万元、146042 万元、20438 万元，2014 年占比前三位的产品全部为传统险，而上年则全部为分红险。

36. 前海人寿

前海人寿保险股份有限公司（以下简称前海人寿）于 2012 年 2 月获中国保险监督管理委员会批准开业，是首家总部位于深圳前海深港现代服务业合作区的全国性金融保险机构，经营范围为：人寿保险、健康保险、意外伤害保险等各类人身保险业务；上述业务的再保险业务；国家法律、法规允许的保险资金运用业务；经中国保监会批准的其他业务。

2014年12月底，前海人寿认可资产总额5198750.48万元，认可负债4909716.01万元，公司实际资本为289034.47万元，最低资本为144805.35万元，偿付能力溢额144229.12万元，偿付能力充足率为199.60%。公司偿付能力充足，符合法定监管的要求。截至2014年末，公司已赚保费87亿余元，其中保险业务收入34亿元，其中人寿保险32亿元，较上年有所下降，健康险0.29亿元，较2013年0.09亿元的保额来说增速较大，意外伤害险0.14亿元，比上年增加了约50%。

37. 东吴人寿

东吴人寿保险股份有限公司（以下简称东吴人寿）成立于2012年5月，总部位于江苏省苏州市，是经中国保险监督管理委员会批准的国内第一家在地级城市设立的全国性寿险公司。公司注册资本金20亿元，发起人为苏州国际发展集团有限公司、苏州工业园区经济发展有限公司、苏州高新区经济发展集团总公司、江苏沙钢集团有限公司、苏州创元投资发展（集团）有限公司、苏州城市建设投资发展有限公司、江苏新苏化纤有限公司、恒力集团有限公司等苏州主要的国有独资公司和在国内具有影响力的民营企业。

东吴人寿完成了4个二级机构和江苏省全部13个地市级分公司的开设，发展速度创行业先河。公司聚集了一支高水平的保险专业人才队伍，包括54名硕士、2名博士和北美精算师、中国精算师等高端人才，构建了较为完善的业务运作和风险控制制度体系，形成了核保核赔、财务管理、投资运用、信息技术和风险管理的集中管控平台。

2014年度，东吴人寿偿付能力充足率为661.69%，高于公司设置的150%的限额，偿付能力较充足；个险期交比例99.84%、银保期交比例5.45%、团险和网销期交比例为0；个险10年期及以上新单期缴占比95.34%；银保10年期及以上新单期缴占比0.13%；团险和网销10年期及以上新单期缴占比为0。从期交情况、10年期及以上新单期缴占比情况来看，公司的总体保单质量良好。截至2014年末，保险业务收入为38.6亿元。

38. 珠江人寿

珠江人寿保险股份有限公司（以下简称珠江人寿）是由广东珠江投资控股集团有限公司、广州金融控股集团有限公司、广东韩建投资有限公司、广东新南方集团有限公司、广东珠光集团有限公司和广东粤财信托有限公司6家股东共同投资设立的综合性寿险公司，注册资本金34.5亿元人民币。珠江人寿总部位于广州，是目前唯一一家总部设在广州的寿险公司，于2012年12月28日正式开业。

2014年度，珠江人寿在经营范围仅限于在广东地区的大背景下，规模保费创新高，实现保费100.70亿元，注册资本金从13.5亿元提高到28.5亿元，公司四季度偿付能力充足率达到了150%以上。2014年客户人数虽然有较大的增长，目前已有客户超过20万人，截至2014年12月31日，珠江人寿已设立了广东、深圳2家省级分公司，东莞、佛山、惠州、珠海、江门、中山、韶关7家地市级分公司以及9家营销服务部。

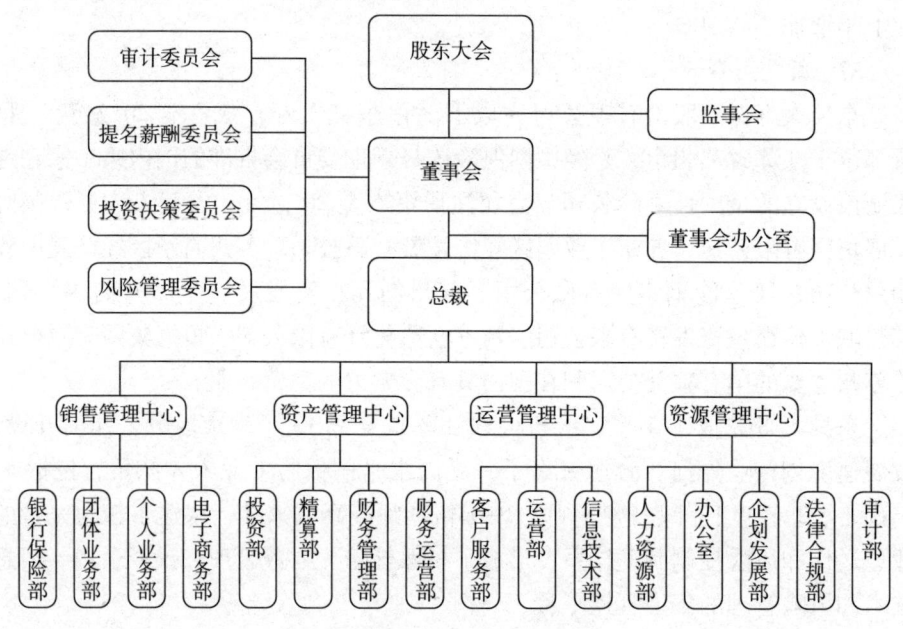

图 3-27　珠江人寿治理结构

截至2014年12月31日，公司的偿付能力充足率为197.82%，公司寿险收入为73.24亿元，其中传统寿险和分红寿险共计42.5亿元，意外伤害险和健康险约为20.5万元，各项收入较2013年都有很大的增长。

39. 弘康人寿

弘康人寿由8家股东出资，业务范围包括：人寿保险、健康保险、意外伤害保险等各类人身保险业务，上述业务的再保险业务，国家法律法规允许的保险资金运用业务，经保监会批准的其他业务。

2014年，弘康人寿共实现规模保费32.5亿元，在2012年开业的8家公司中，排名第3位。

2014年，保费收入8.9亿元，位居全国寿险公司第十一位。第三方合作伙伴覆盖天猫、京东、搜狐等综合电商平台。目前客户超10万人，高峰期日均出单量超过4000单。

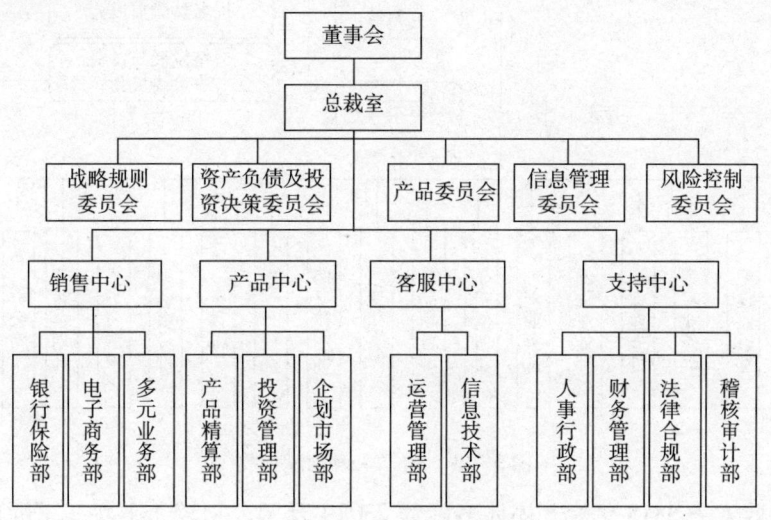

图3-28 弘康人寿治理结构

公司于2012年7月19日正式成立，截至2014年底，公司的实际资本为78430.25万元，最低资本为21359.42万元，偿付能力溢额（或缺口）为57070.82万元，偿付能力充足率为367.19%，属于中国保险监督管理委员会规定的Ⅱ类，偿付能力状况良好。2013年度公司偿付能力充足率为905.48%，2014年度偿付能力充足率变化的主要原因为2014年度公司新业务发展较快，资本金消耗增加，从而降低了偿付能力充足率。

40. 吉祥人寿

吉祥人寿保险股份有限公司（以下简称吉祥人寿）于2012年9月21日在湖南省长沙市正式开业，是经中国保险监督管理委员会批准成立，总部设于湖南省的唯一一家保险法人机构。公司由湖南财信投资控股有限责任公司、长沙先导投资控股有限公司、上海潞安投资有限公司、湖南省铁路投资集团有限公司、湖南省高速公路投资集团有限公司、中联重科股份有限公司、湖南发展投资集团有限公司、湖南嘉宇实业有限公司和湖南省股权登记托管有限责任公司9家企业发起设立，注册资本11.5亿元。

2014年度实现保费收入59064.82万元，其中个人寿险20857.5万元，较2013年度增长了47%，个人健康险保费收入约为4145万元，个人意外伤害险收入2042亿元，较2013年度增长了约4倍，而且在此基础上推出了个人年

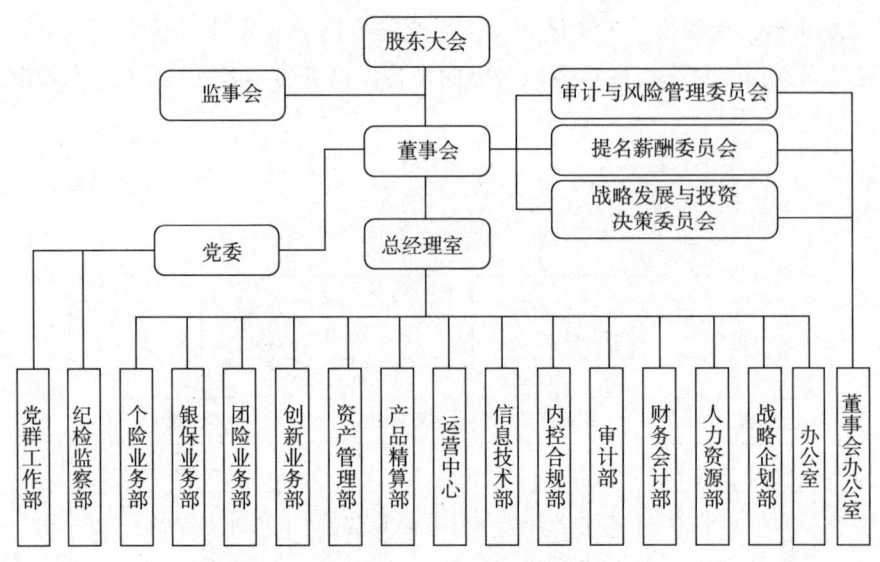

图 3-29　吉祥人寿治理结构

金,总收入为 3818 亿元。团体寿险为 23089 万元,相较于上年 8 万元的团体寿险来说 2014 年度实现了团体寿险的一个飞跃,团体健康险也从上年的 722 万元增长为 3303 万元,同时意外伤害险也是成倍增长。

41. 中宏人寿

中宏人寿保险有限公司(以下简称中宏保险)是国内首家中外合资人寿保险公司,由加拿大宏利旗下的宏利人寿保险(国际)有限公司和中国中化集团公司核心成员——中化集团财务有限责任公司合资组建。中宏保险成立于 1996 年 11 月,现已拥有 12300 多名员工和营销员,为超过 87 万客户提供专业的金融保险服务。目前,中宏保险在上海、北京、广东、浙江、江苏、四川、山东、福建、重庆、辽宁、天津、湖北、河北和湖南等地的国内 50 多个城市稳步发展,不断迈向全国。

2014 财务年度,中宏保险偿付能力充足率为 262%,较上年度上升 11%,其主要影响因素为:与上年度相比,本年由于市场利率下降,可供出售金融资产的公允价值上升,导致实际资本增加,偿付能力溢额及偿付能力充足率均相应提高。2014 年度内各项业务业绩相对稳定,无其他变动幅度较大的项目。2014 年度中宏保险的寿险收入为 33.44 亿元,相较于上年保费收入 29.87 亿元增速可观,其中个人险种为 32.75 亿元,较 2013 年度 29.4 亿元的保费收入增长约为 12%,公司团体险相对于个险来说规模稍小一些,2014 年度个险收入为 0.68 亿元,在 2013 年 0.46 亿元的基础上也有增长。

42. 中德安联

中德安联人寿保险有限公司（以下简称中德安联）是德国安联保险集团（Allianz SE）与中国中信信托有限责任公司（CITIC Trust）共同合资组建的人寿保险公司，于1999年1月25日在上海正式开业，是中国第一家获准成立的中欧合资保险公司。注册资本金为20亿元人民币。

2014年，中德安联新业务保费收入稳定增长，与2013年相比，新单年化保费收入同比增长15%。2014年，中德安联新单保费占总保费收入的39%，其中新单期交和趸交分别占63%和37%，期交保费收入较2013年实现27%的增长。2014年，中德安联保单13个月继续率达到90%，在2013年87%的较高基础上得到进一步提高。2014年，中德安联成功实现公司历史上首次在国际以及中国会计准则下的双重盈利，偿付能力继续保持在监管要求的充足水平之上，实现规模与利润量增质优的双丰收。

安联集团在全球范围提供保险和资产管理解决方案，14.7万名员工在世界70多个国家和地区为8500多万客户提供服务，拥有全球信用等级评审机构，如标准普尔（Standard & Poor）和美国保险评审机构A. M. Best所评定的高等信用评级。安联集团在2014年美国财富杂志 *Fortune* 全球500强中列第31位。中德安联在道琼斯可持续发展指数评定中居保险行业之首。

2014年末公司实际资本3.97亿元，同比增长24%。偿付能力充足率为200%，与2013年末相比提高39个百分点，主要原因是公司于2014年度内与汉诺威再保险股份公司上海分公司新签订一笔修正共同再保险合同，改善了偿付能力充足率。此外，2014年度债券升值幅度较大，公司也采取了更为有效的费用控制措施，也对改善公司偿付能力充足率有一定贡献。2014年度中德安联保费收入为21.38亿元，2013年度保费收入为17.94亿元，比较而言2014年度较上年保费收入整体增长了19%，其中个人寿险由16.4亿元上涨到19.15亿元，健康险从1.35亿元上涨为1.99亿元，相对而言意外伤害险规模较小涨幅也较小。

43. 工银安盛人寿

经中国保险监督管理委员会批准，2012年7月，工银安盛人寿保险有限公司（以下简称工银安盛人寿）由中国工商银行、AXA安盛集团和中国五矿集团公司三家股东合资成立。公司的股权结构为：中国工商银行持股60%，AXA安盛集团持股27.5%，中国五矿集团公司持股12.5%。公司专营人寿保险、健康保险和意外伤害保险等保险业务。

截至2014年底，工银安盛人寿注册资本87.05亿元，实收资本87.05亿元，总资产为 405.18 亿元。2014 年公司实现保费收入 154 亿元。根据保监会公布的 2014 年行业数据，工银安盛人寿在中国寿险行业排名第十四，位列外资寿险公司第一名。

公司总部设于上海。截至 2014 年底，公司共有 12 家省级分公司，分布在北京市、天津市、河北省、河南省、辽宁省、山东省、江苏省、浙江省、广东省、四川省、湖北省和陕西省，在全国 50 多个城市设有分支机构，共有员工约 4000 名。

2014 年，公司经营的所有保险产品中，规模保费居前五位的保险产品是工银安盛人寿财富宝三号两全保险（分红型）、工银安盛人寿如意宝二号两全保险（分红型）、工银安盛人寿财富宝五号两全保险（分红型）、工银安盛人寿盛世丰年年金保险（分红型）和工银安盛人寿财富宝四号两全保险（分红型），前五大产品规模保费合计占公司 2014 年规模保费的 71.24%。

2014 年末，公司偿付能力充足率为 469%，高于保监会充足 II 类公司，即偿付能力充足率超过 150% 的要求。2014 年末偿付能力充足率相比 2013 年末上升了 56 个百分点。影响偿付能力上升的原因主要有：股东强大的资本支持，及时向公司注入资本金 30 亿元以应对潜在的经营风险；公司经营盈利能力显著增强，费用管控措施的逐步奏效，使公司净利润较 2013 年增长 248%，可供出售金融资产公允价值变动损益较 2013 年底增长 7.8 亿元。影响偿付能力下降的因素有业务的持续扩张导致最低资本的增长、销售渠道的建设、科技力量的投入加大和分支机构的开设导致相关的成本费用进一步上升，综合上述两方面因素的影响，使公司偿付能力维持在充足水平以上。2014 年度公司保费收入为 154 亿元，2013 年度保费收入为 102.87 亿元，增长了 49.7%，这说明 2014 年度在保险业务收入来源扩大同时保费收入进一步提高。其中人寿险占比最大，由 97.58 亿元增长为 147.65 亿元，占据了保费收入的大部分。相对而言，健康险和意外险分别在这一基础上有小幅度的上升。

44. 信诚人寿

信诚人寿保险有限公司（以下简称信诚人寿）成立于 2000 年，由中国中信有限公司和英国保诚集团股份有限公司合资组建，双方各占 50% 的股份。目前总部设在北京，公司的注册资本为 23.6 亿元人民币。

公司已设立了广东、北京、江苏、上海、湖北、山东、浙江、天津、广西、深圳、福建、河北、辽宁、山西 14 家分公司，共在 60 个城市设立了分支机构，拥有内勤人员 2100 人，外勤人员 12000 人。截至 2014 年 12 月底，公司总资产达 381 亿元人民币。

2014年底,信诚人寿对偿付能力充足率的变动进行了分析,并根据财务预测对2015年的偿付能力状况进行了预测。公司偿付能力充足率在2014年底达到194.38%,满足监管要求;根据中国保监会偿付能力分类标准,公司偿付能力充足水平属Ⅱ类。与2013年底相比,偿付能力充足率上升了13%左右。偿付能力充足率上升的原因主要来自以下几个方面:有效业务利润的释放、费用超支、新业务增长和产品结构的综合影响为下降33.13%;次级债的发行增加37.88%的偿付能力;非认可资产增加使得偿付能力减少了15.91%;自有资金投资收益和可供出售资产市值波动贡献了27.69%的增长。同时,公司定义了资本现值回报率作为评估各产品线在监管资本下价值回报的主要指标。整体而言,2014年公司资本现值回报率维持在31%。意外健康险、投连险的资本现值回报率和有效业务价值均相对较高;分红险虽然有效业务价值贡献较多,但资本现值回报率偏低,资本占用多但效率低;传统险资本现值回报率相对较高,但业务规模较小;万能险资本使用效率、业务规模均偏低。与2013年相比,投连险、团险的有效业务价值和资本现值回报率均有提升;万能险资本现值回报率基本保持不变,有效业务价值增长较多;传统险、意外健康险在有效业务价值提升的同时,资本现值回报率却有一定下降;分红险的有效业务价值和资本现值回报率均出现了下降。

45. 交银康联

交银康联人寿保险有限公司(以下简称交银康联)是国务院批准的国内首家银行控股的寿险公司,是交通银行控股的中外合资保险机构,成立于2010年1月28日,注册资本金为21亿元人民币,其中交通银行持股62.5%,澳大利亚康联集团持股37.5%。公司总部位于上海,相继在江苏、河南、湖北、北京、安徽、广东等省市开设了多家分支机构,形成了全国性的寿险公司架构。

截至2014年12月31日,公司与交通银行及其子公司发生的重大关联交易包括公司资金的投资运用、代理销售保险产品及物业租赁等方面。通过交通银行(包括信用卡中心)代理销售公司保险产品获得保费收入共计人民币257298.00万元;手续费支出共计人民币10022.75万元,年末应付手续费人民币872.55万元。支付合作机构交通银行服务费人民币3931.31万元。公司向交通银行支付租赁及物业费等共计人民币1527.73万元。2014年1—12月,公司在交通银行利息收入共计人民币1560.41万元。2014年末,公司的偿付能力充足率为469.48%,相比2013年末下降269.64个百分点。

46. 中意人寿

中意人寿保险有限公司(以下简称中意人寿)成立于2002年,由意大利忠利保险有限公司（ASSICURAZIONI GENERALI）和中国石油天然气集团公司（CNPC）合资组建，是中国加入世界贸易组织后首家获准成立的中外合资保险公司。目前，中意人寿注册资本人民币37亿元，总资产500多亿元，是中国最大的合资寿险公司之一。

中意人寿总部位于北京，目前在北京、上海、广东、江苏、深圳、辽宁、四川、陕西、山东、黑龙江、湖北等省、市开设有11家省级分公司，设有70多个机构。

2014年末，公司的偿付能力充足率为243%，相比2013年末上升了90个百分点。其中，可供出售金融资产公允价值有一定幅度的上升，扣除综合注资和净利润的影响后，最终2014年末的实际资本上升15亿元。此外，由于新业务的发展使得最低资本要求上升0.8亿元。综合上述影响，2014年末的偿付能力充足率较上年末有所上升。截至2014年末公司保费收入从479万元增长到561万元，增长率约为15%，其中寿险保费收入由219万元增长到405万元，增长率为45%，健康险和意外伤害险分别实现了小幅度增长。

47. 友邦保险

友邦保险控股有限公司及其附属公司（统称友邦保险）是最大的泛亚地区独立上市的人寿保险集团，覆盖亚太区内18个市场，包括在中国香港、泰国、新加坡、马来西亚、中国、韩国、菲律宾、澳洲、印度尼西亚、中国台湾、越南、新西兰、澳门和文莱拥有全资的分公司及附属公司、斯里兰卡附属公司的97%权益、印度合资公司的26%权益，以及在缅甸和柬埔寨的代表处。

友邦保险的业务成就可追溯逾90年前于上海的发源地。按寿险保费计算，集团在亚太地区（日本除外）领先同业，并于大部分市场稳占领导地位。截至2015年5月31日，集团总资产值为1720亿美元。为超过2900万份个人保单的持有人及逾1600万名团体保险计划的参与成员提供服务。

2014年度，中国区分支公司的偿付能力充足率为337%。相比2013年末上升95个百分点。2014年末公司实际资本达到102.91亿元，较上年末增加36.72亿元，增长幅度为55.47%，最低资本为30.53亿元较上年末增加3.17亿元，增长幅度为11.58%。2014年度公司实现保费收入105.8亿元，2013年度保费收入为91.02亿元，增长了14.8亿元，增长率为14%。其中个人寿险由42.74亿元增长为41.46亿元，个人健康险由2013年度的27.88亿元增长为35.93亿元。

48. 北大方正人寿

北大方正人寿保险有限公司（以下简称北大方正人寿）是由北大方正集

团有限公司（以下简称方正集团）、明治安田生命保险相互会社（以下简称明治安田生命）和海尔集团旗下的青岛海尔投资发展有限公司联合组建的一家中外合资保险机构（原名：海尔人寿保险有限公司），经中国保险监督管理委员会批准，于2002年11月28日正式成立，总部设立在上海，专为社会大众提供各类人寿、健康和人身意外伤害保险等产品。方正集团、明治安田生命与海尔集团分别持有北大方正人寿51%、29.24%和19.76%的股份。

公司总部设在上海，业务经营范围已覆盖四川、山东、江苏、湖北、北京等诸多省市。

2014年度，公司保费收入前五大产品情况为：吉祥两全保险B款（分红两全），保费收入人民币7169.90万元，占总保费收入比例9.29%。聚富首选两全保险（分红两全），保费收入人民币7128.45万元，占总保费收入比例9.24%。健康卫士重大疾病保险（长期健康险），保费收入6733.65万元，占总保费收入的8.72%。丰顺年年两全保险（分红两全），保费收入人民币2609.33万元，占总保费收入的3.38%。丰溢两全保险（分红两全），保费收入人民币2511.71万元，占总保费收入的3.25%。2014年末公司实际资本4.47亿元，最低资本1.77亿元，偿付能力溢额2.71亿元，偿付能力充足率253%。2014年6月，公司增加注册资本3亿元，因此与上年相比，偿付能力充足率上升9%。

49. 中荷人寿

中荷人寿保险有限公司（以下简称中荷人寿）注册资本金19.5亿元，资产规模突破100亿元，连续三年盈利，实现了"规模与效益""品质与价值"的平衡发展。

中荷人寿由北京银行与法国巴黎保险集团合资经营，业务覆盖环渤海经济圈、中原经济区、长三角经济圈，在大连、北京、辽宁、山东、河南、安徽、天津、上海8个省市设立了8家分公司、4家中心支公司共计46家分支机构，为25万客户提供保险保障。

2014年公司偿付能力充足，2014年底偿付能力充足率183%，与2013年持平，并高于监管要求。2014年公司采取多项措施保证偿付能力保持充足水平，包括：把握市场机遇，提高投资收益；动态调整风险暴露头寸，适时降低资产波动幅度；清理非认可资产，提高资产认可比例；严格费用管控等，这些举措保证了公司的偿付能力一直符合监管要求，并满足了公司的发展需要。其中个人寿险由21亿元增长为25亿元。其中传统寿险2014年度实现保费收入3.68亿元，较上年1.68亿元增长幅度为53%。健康险实现1.53亿元的保费收入，而 2013 年健康险保费收入为 1.27 亿元，实现了小幅增长。另外还有一些新型投资产品也实现了一定的保费收入，促进了公司保险业务的多样化。

50. 中英人寿

中英人寿保险有限公司（以下简称中英人寿）由英国英杰华集团与中国中粮集团合资组建，于 2003 年 1 月 1 日正式开业，目前注册资本金达 29.4598 亿元人民币。

中英人寿始终坚持财务稳健和规范经营的理念，经过多年战略布局和市场拓展，目前业务已拓展至广东、北京、四川、福建、山东、湖南、河北、江苏、辽宁、湖北、河南、黑龙江 12 个省市共 50 多个重点城市，公司规模与利润均稳居外资第一梯队。

2014 年底，公司的实际资本为 24.91 亿元，最低资本为 8.47 亿元，偿付能力溢额为 16.44 亿元，偿付能力充足率为 294.02%，偿付能力状况良好。与 2013 年底的偿付能力充足率 279.48% 相比，2014 年公司的偿付能力充足率增加 14.54%。其主要原因在于：2014 年盈利情况良好，提升实际资本。总体来看，2014 年底的偿付能力状况满足中国保险监督管理委员会规定的充足率 Ⅱ 类，偿付能力状况良好。截至 2014 年末，公司实现保险收入 38 亿元，2013 年度公司的保险业务收入为 35.3 亿元，增长率为 7.9%。

51. 海康人寿

海康人寿保险有限公司（以下简称海康人寿）由荷兰全球人寿保险集团与中国海洋石油总公司于 2002 年 5 月各出资 50% 组建，2003 年 5 月正式获得营业执照，在中国开展寿险业务。海康保险总部位于上海，目前注册资本为 12 亿元人民币，迄今已在北京、江苏、山东和浙江建立了省级分公司。

2014 年末，公司的偿付能力充足率为 291%，相比 2013 年末上升 56%，其主要原因在于：本年末实际资本为 5.64 亿元，较上年 4.41 亿元上升约 28%。2014 年公司非资本交易事项导致的本年实际资本增加 1.23 亿元，具体变动包括：承保业务收益 -0.84 亿元，投资业务收益 3.86 亿元，其他收益 -1.41 亿元，其中资产非认可价值变动额 0.38 亿元；本年末分保后最低资本为 1.94 亿元，较上年末减少 0.42 亿元，主要是因与汉诺威再保险股份公司签订了修正共保。

52. 招商信诺

招商信诺人寿保险有限公司（以下简称招商信诺）是由两家信誉卓著的百年名企共同出资创立的中美合资寿险公司，投资双方股东分别为美国信诺集团和招商局集团下属子公司。2013 年，招商信诺完成了股权转让，招商银行正式成为招商信诺的中方股东，中外双方股东各持股50%。

2014年末，公司的偿付能力充足率为285%，相比2013年末上升了70%，主要原因如下：（1）最低资本部分：年末最低资本较年初增加18301万元。2014年度公司总体业务增长较为迅速且长期险销售比例增加，长期险对最低资本的要求高于短期险，尤其是销售了13亿五年期趸交产品，对最低资本要求较高。（2）实际资本部分：2014年度实际资本较年初增加106489万元。主要原因是公司在2014年8月增资9.5亿元人民币，虽然新业务带来一定的首期亏损，但是经过了一年的经营，总体上利润是增加的。截至2014年公司实现保费收入53亿元，2013年保费收入为42.4亿元，相对来说增长了25%。其中寿险保费收入由27.36亿元增长为35.24亿元，增长了28%。健康险保费收入由10.4亿元增长为12.9亿元，增长了24%。2014年实现个人和团体意外伤害险4.9亿元，相比于2013年度的4.6亿元增长了6.52%。

53. 长生人寿

长生人寿保险有限公司（英文名：Nissay – Greatwall Life Insurance Co., Ltd. 原名：广电日生人寿保险有限公司以下简称长生人寿）成立于2003年9月，是中国首家获准开业的中日合资寿险公司。公司由中国长城资产管理公司和日本生命保险相互会社共同合资经营，注册资本金13亿元人民币（中外双方各占股50%）。目前公司已在长三角及北京地区开展各类个人和团体保险业务。随着业务的发展和营业区域的扩大，公司正加快向全国性经营的寿险公司迈进。

2014年末，公司的偿付能力充足率为807%，相比2013年末下降了212个百分点，主要原因是基于寿险经营的长期性，公司处于阶段性经营发展亏损期，同时，由于长期保单积累需要增加最低资本应对风险。

截至2014年末，公司实现保费业务收入24502万元，相较于上年保费业务收入27117万元，下降了10%。其中个人险由17888万元下降到2014年的15700万元，下降了13%。团体业务2014年保费收入为8802万元，2013年保费收入为9228万元，下降了5%。

54. 恒安标准

恒安标准人寿保险有限公司（以下简称恒安标准）于2003年12月开业，股东为天津市泰达国际控股（集团）有限公司和英国标准人寿保险公司。2014年公司注册资本为30.37亿元人民币，双方股东各出资50%。总部设在天津。

公司成立10年来，机构拓展覆盖全国，已设立天津、青岛、北京、山东、江苏、辽宁、四川、河南、广东、大连 10 家分公司，中心支公司、营销服务部等销售机构达到 74 家。

2014 年末，公司实际资本 9.73 亿元，最低资本 2.858 亿元，资本溢额 6.87 亿元，偿付能力充足率 341%。2013 年末公司偿付能力充足率为 277%，2014 年比 2013 年上涨 64 个百分点。在实际资本方面，公司 2014 年股东新增注资 2.8 亿元，承保业务收益 -3.65 亿元，投资业务收益 4.68 亿元，其他业务收益 -0.93 亿元，资产非认可价值变化造成实际资本少 0.52 亿元，共导致实际资本增加 2.37 亿元。整体而言，公司实际资本从 2013 年末的 7.36 亿元增长到 2014 年末的 9.73 亿元。在最低资本方面：公司在 2014 年度，短期人身险业务规模较平稳，最低资本减少 0.02 亿元，由于长期人身险业务规模扩大导致最低资本增加 0.22 亿元，合计共导致最低资本增加 0.20 亿元。整体而言，公司最低资本从 2013 年末的 2.659 亿元增加到 2014 年末的 2.858 亿元。截至 2014 年末公司实现保费收入 12.12 亿元，2013 年度保费收入为 11.80 亿元，增长幅度较小，仅为 2%。

55. 瑞泰人寿

瑞泰人寿保险有限公司（以下简称瑞泰公司）成立于 2004 年 1 月，是第一家总部设在北京的合资寿险公司。投资方为中国国电集团国电资本控股有限公司和英国耆卫集团耆卫人寿保险（南非）有限公司。现已在北京、上海、广东、江苏、浙江、重庆、陕西、湖北等地区经营保险业务。

2014 年，公司的偿付能力充足率为 237%，相比 2013 年上升了 55%。主要原因是，2014 年股东进行了注资，使得实际资本大幅增加，部分被 2014 年新业务亏损抵消，同时，新业务使最低资本额度有所上升。2014 年度公司保费收入为 1.98 亿元，相较于上年保费收入 1.42 亿元的收入水平，增长了 39%。

56. 中法人寿

中法人寿保险有限责任公司（以下简称中法人寿）是由原国家邮政局（现为中国邮政集团公司，简称中国邮政）与法国最大的寿险公司"法国国家人寿保险公司"（简称 CNP）合资设立而成。CNP 具有 150 年历史，在全球拥有 2400 万保户，具有先进、丰富、专业的保险经营、服务经验。中国邮政作为国家唯一的邮政运营企业，具备百年品牌美誉，拥有遍布全国的 77000 多个邮政网点，服务于全中国 13 亿人民。中法人寿凭借 CNP 的专业经验与中国邮政的"百年品牌"，倾心打造中国客户最值得信赖的保险产品，并希望能为中国客户提供高质量贴近式的保险服务。

2015 年 6 月 1 日经中国保监会批准，中国邮政集团公司将其持有的公司

50%股份中的25%股份转让给鸿商产业控股集团有限公司（以下简称鸿商集团），另外的25%股份转让给北京人济九鼎资产管理有限公司（以下简称人济九鼎）；CNP将其持有的公司25%股份转让给鸿商集团。股份转让后，中法人寿的股权结构为：鸿商集团持股50%，人济九鼎持股25%，CNP持股25%。

2014年末公司的偿付能力充足率为1218%，与2013年相比上升了562个百分比。2014年公司共经营3种保险产品，分别为红麒麟两全险、珍珠两全险和翡翠两全险，共实现234.8万元的保费收入。2014年度的保费收入均来自分红保险业务，保险期限为长期险，且均通过兼业代理的方式销售。

57. 华泰人寿

华泰人寿保险股份有限公司（以下简称华泰人寿）是一家由国内外实力雄厚的金融保险集团和知名企业发起设立的全国性寿险公司，股东投入资金近30亿元。公司于2005年正式开业，总部设在北京，目前已经在北京、浙江、四川、江苏、山东、上海、河南、福建、湖南、广东、江西、内蒙古、湖北、河北等省市开设了三百余家分支机构和营业网点。

华泰人寿的主要股东华泰保险集团股份有限公司，在坚持业务稳步发展的同时持续盈利，依靠内生式资本积累，由一家单一的财险公司发展成为集财险、寿险、资产管理于一体的金融保险集团；另一主要股东美国安达集团（ACE Group），是全球最大的财产险、责任险及再保险公司之一，曾被《福布斯》杂志评为130家全球业绩最佳企业之一。

2014年末，公司的偿付能力充足率为228%，相比2013年末增长43个百分点，维持在保监会要求的充足Ⅱ水平。2014年度公司股东向公司追加注册资本金2亿元，资本金的增加使得公司实际资本、偿付能力溢额及偿付能力充足率均有较大幅度的增长，公司在2014年底偿付能力充足率继续保持在健康水平。2014年是公司结构转型年，全年累计规模保费28.80亿元，较上年度下降14.64%。业务的规模下降和业务结构的调整，对偿付能力产生影响有如下方面：第一，保费收入的减少降低了法定偿付能力的要求和对实际资本的需求。2014年是寿险市场各项挑战较为突出的一年，面对错综复杂的市场环境，公司以"价值提升"为中心，注重业务质量。第二，投资市场的影响受投资市场牛市行情的影响，使浮盈增加1.7亿元。

58. 陆家嘴国泰人寿

陆家嘴国泰人寿保险有限责任公司（以下简称陆家嘴国泰人寿）是海峡两岸第一家合资寿险公司，总部设在上海。公司注册资本16亿元人民币，于2005年1月正式对外销售保单。开业以来，陆家嘴国泰人寿已顺利筹设江苏、浙江、福建、北京、山东、广东、辽宁、天津、厦门 9 家分公司，同时在 27 个城市设立了 31 个营销网点。到目前为止，陆家嘴国泰人寿已开发和销售包括寿险、健康险、意外险、年金险在内的百余种商品。截至 2014 年底，陆家嘴国泰人寿总资产增长至近 30 亿元人民币。

2014 年公司增资 4 亿元，公司盈利 3680.41 万元，2013 年净亏损 3301.85 万元。2014 年期末认可资产 290414.07 万元，较上年的 247413.43 万元上升 17.38%，认可负债为 248313.97 万元，较上年的 234312.12 万元上升 5.98%。最低偿付能力额度 12160.10 万元，较上年末的 10891.02 万元上升 11.65%；公司增资以及认可资产的上升幅度高于认可负债的上升幅度，引起实际资本较上年度上升 221.34%，因此偿付能力充足率较上年同期上升了 187.81%。截至 2014 年末，公司共实现保费收入 4.73 亿元，而 2013 年度公司保费收入为 4.76 亿元，有小幅度的下降。2014 年度公司个险实现保费收入 3.17 亿元，而 2013 年末公司实现保费收入 2.98 亿元，增长率约为 6%。团体险业务则从 2013 年度的 1.78 亿元增加为 1.56 亿元。

59. 大都会人寿

中美联泰大都会人寿保险有限公司（以下简称大都会人寿）是由美国大都会集团下属公司和上海联和投资有限公司合资组建而成。凭借美国大都会集团在保险业的丰富经验以及上海联和投资有限公司对中国市场的深刻认识，大都会人寿致力于为中国消费者提供值得信赖和专业的保险方案。大都会人寿通过顾问行销、银行保险、直效行销、团险和数字营销等多元渠道，为全国各地超过二十多个城市的消费者提供人寿、健康、意外及储蓄型保险产品等保险服务。

截至 2015 年 6 月，大都会人寿已在 25 个城市，共 11 个省和直辖市开展业务。

2014 年末，公司偿付能力充足率为 273%，相比 2013 年末上升了 110 个百分点，2013 年末实际资本为 23.1 亿元，增加 12.5 亿元。2014 年公司发行 8 亿元人民币的次级债，用于公司的资本补充。固定收益资产利率下降，导致可供出售金融资产市值上升 4.39 亿元。2014 年末最低资本为 8.47 亿元，增加 1.95 亿元，公司业务规模的扩大增加了最低资本要求。2014 年，公司经营的所有保险产品中，保费收入居前 5 位的保险产品是：如意三保定期两全保险、都会关爱定期两全保险、真心关爱定期两全保险、都会如意两全保险、都会挚爱两全保险。截至 2014 年末公司实现保费收入 67.5 亿元，相比于 2013 年度的 56.7 亿元，增长了 19%。其中传统寿险保费收入为 30.9 亿元，比 2013 年度传统寿险收入的 25.8 亿元增长了 19.77%。

60. 平安健康险

平安健康保险股份有限公司（以下简称平安健康险）秉持"让生活更健康"（Making people healthier）的经营理念，专注于为个人客户和企业客户提供卓越的高端医疗保险，帮助罹患疾病的人们恢复健康。平安健康险建立了全球医疗服务协作网络和客户服务响应系统。

平安健康险是中国平安集团旗下的专业健康保险公司，于 2005 年 6 月 13 日经中国保险监督管理委员会批准设立，公司注册资本 6.25 亿元人民币，总部设在上海。

公司 2014 年偿付能力充足率较 2013 年下降了 26%，最低资本增加了 27%，导致最低资本变动的主要原因为：公司主营的短期健康险业务持续增长，短期险保费收入同比增长 32%，导致短险最低资本上升 31%，带动整体最低资本上升。2014 年度，平安健康险经营的所有保险产品中，规模保费收入居前 5 位的险种分别是：平安智胜全球团体医疗保险、平安全球团体医疗保险、平安尊优人生全球医疗保险、平安新尊享二代医疗保险（A）和平安附加团体疾病保险。这五款险种保费占公司总保费的 96%。2014 年度公司实现保险业务收入 4.17 亿元，相较于上年的 3.08 亿元增长了 35%。其中个险业务从 0.29 亿元增长为 0.52 亿元，团体险业务由 2.79 亿元增长为 3.64 亿元。

61. 中航三星人寿

中航三星人寿保险有限公司（以下简称中航三星人寿）成立于 2005 年 5 月 26 日，由中国航空集团公司和韩国三星生命保险株式会社携手创建，注册资本金 8 亿元人民币，双方各出资 50%，总部设于北京，是中国首家中韩合资寿险公司。

截至 2013 年末，公司总保费近三年复合增长率为 47%，公司偿付能力充足率达到 258.19%。2014 年末公司偿付能力充足率为 154.55%，与 2013 年相比，本年偿付能力充足率下降了 103.64%，但公司偿付能力充足率水平仍高于保监会规定的充足Ⅱ类公司的水平，即高于 150% 的水平。2014 年保费收入比基本情景下降 15%~43%，佣金支出与保费收入同比下降，但除佣金外的其他大部分营业费用维持不变，因而总费用支出仅下降 5%~13%，这导致业务净现金流较基本情景下降较多，公司预测净现金流在未来第三季度末、未来第四季度末、未来第二年末及未来第三年末均出现负值，但期末可变现资产充足，可通过变现部分资产弥补现金流的不足，故流动性风险在可以接受的范围内。保费收入下降 16%~44%，费用支出下降 5%~13%，期末可变现资产下降 3%~42%，预测净现金流在未来第二季度起为负值，但期末可变现资产充足,可通过变现部分资产弥补现金流的不足,故流动性风险在可接受的范围内。与新业务变动测试结果对比可见,综合变动的影响主要来自新业务变动。

截至 2014 年 12 月 31 日,公司实现保费收入 6.46 亿元,2013 年度公司保费收入为 3.36 亿元,增长了 91%,实现了 2014 年度保费收入的大幅度增长。其中寿险业务从 2.34 亿元增长为 5.13 亿元,增长率约为 120%。意外伤害险的保费收入也由 0.66 亿元增长为 0.83 亿元,健康保险业务 2014 年实现保费收入 0.49 亿元,较 2013 年度的 0.36 亿元增长了 36%。

62. 中新大东方

中新大东方人寿保险有限公司(以下简称中新大东方),经中国保监会批准于 2006 年 5 月 11 日正式成立,注册资本金 10 亿元人民币,是目前我国唯一将总部设在西部地区的全国性中外合资寿险公司,由大东方人寿保险有限公司和重庆市地产集团合资组建。为从根本上增强公司的市场竞争力和可持续发展能力,公司于 2013 年进行了股权调整,新引进重庆市城市建设投资(集团)有限公司、重庆财信企业集团有限公司作为公司新的投资者。

中新大东方以"诚信、责任、尊重、卓越"为核心价值观,以"让小康的中国人真正无忧无虑"为使命,致力于通过提供符合小康社会需求的保险产品,确保小康的中国人病有所医、老有所养、意外无忧。

2014 年末偿付能力充足率为 295.78%,较上年末偿付能力充足率的 452.74% 下降 156.96 个百分点。偿付能力充足率下降的主要原因为:本年实际资本 34854 万元,比上年末 38350 万元减少 3496 万元,下降幅度为 9.1%。实际资本减少的主要原因为:2014 年度亏损 4821 万元;2014 年末最低资本 11783.43 万元,比上年末的 8471 万元增长了 39.1%,其主要原因是:至 2014 年末止,有效保单及累计保费收入的增长引起的风险保额和保险责任准备金的增长。2014 年末因实际资本下降 9.1%,最低资本增长 39.1%,使偿付能力充足率比上年末有所下降。2014 年公司经营的所有保险产品中,规模保费居前五位的保险产品是:中新大东方天添利两全保险、中新大东方天添利两全保险、中新大东方财富双盈 1 号两全保险、中新大东方终身寿险和中新大东方终身寿险,前五位的产品规模保费合计占公司 2014 年规模保费的 69%。2014 年公司实现保费收入 3837 万元,相比于 2013 年度的 2202 万元的保费收入增长率约为 74%,其中个人险由 70 万元下降为 67 万元,而团体险由 2204 万元增长为 3770 万元。

63. 新光人寿

新光海航人寿公司(以下简称新光人寿)总部设在北京,主要经营人寿保险、健康保险和意外伤害保险等保险业务和上述业务的再保险业务。新光人寿创立于1963年7月30日,深耕台湾地区40余年,始终贯彻"创新、服务、诚信、回馈"四大经营理念,期许成为"最佳全方位金融理财服务"的国际化保险公司。截至2008年底总资产达到1.3兆元新台币,年度总保费收入2019亿元新台币,是台湾地区总资产第二大人寿保险公司。为适应国际金融环境变化,新光人寿于2002年起,主导成立新光金融控股股份有限公司,管理总资产超过1兆7000亿元新台币,建构起涵盖保险、银行、证券、投资信托等多元化金融服务的上市公司。

2014年末,新兴人寿的偿付能力充足率为221.86%,相比2013年末追溯值上升了91.38个百分点,其主要原因在于以下两个方面:本年末实际资本为3424.56万元,较上年末减少1572.03万元,降低幅度31.46%,降低原因主要为新兴人寿处于经营初期,业务主要以两全保险为主,固定支出相对仍较大,新兴人寿处于亏损期,从而导致新兴人寿实际资本快速下降。2014年末最低资本为1543.59万元,较上年末减少2286.01万元,降低幅度59.69%;实际资本下降的幅度小于最低资本的下降幅度,导致偿付能力充足率较上年有小幅上涨,新兴人寿偿付能力充足率为221.86%,高于150%。2014年度新兴人寿实现保险业务收入为2.36亿元,相较于上年3.48亿元的保费收入下降了约33%。其中团体险由0.13亿元增长为0.175亿元,主要的是个体险业务由3.34亿元下降为2.18亿元,下降了35个百分点。

64. 汇丰人寿

截至2014年末,汇丰人寿实际资本为50999万元,最低资本要求为8939万元。汇丰人寿2014年的资本溢额为人民币42060万元。汇丰人寿2014年末的偿付能力充足率为571%,满足保监会《保险公司偿付能力管理规定》第三十七条充足Ⅱ类公司150%的评判标准,偿付能力非常充足。2014年度末偿付能力充足率相较于2013年末的630%,下降幅度较小,这主要是由于2014年度内汇丰人寿来源于股票投资的总体收益显著增长,所以导致实际资本比上年度末增长13890万元。由于汇丰人寿业务规模持续扩大,导致2014年末最低资本由上年末的5891万元增长到8939万元。

65. 君龙人寿

君龙人寿保险有限公司(以下简称君龙人寿)于2008年12月17日在厦门正式开业,由连续多年位居福建省企业集团100强首位的厦门建发集团有限公司和拥有60多年寿险管理经验的台湾人寿保险股份有限公司合资设立,是首家总部设在福建省的保险公司。

君龙人寿产品涵盖寿险、意外险、健康险等各类险种，为各个年龄阶段的客户提供养老、健康、医疗、意外伤害等方面的保障，同时提供投资型的分红型保险产品以及灵活运用的万能型保险产品。

君龙人寿 2014 年度及上年度偿付能力充足率分别为 514.21% 和 388.07%，2014 年度偿付能力充足率较上一年度偿付能力充足率有所上升，主要是君龙人寿 2014 年增资 1.4 亿元人民币，致使实际资本较上年度有较大增长。2014 年度末君龙人寿资本溢额为 14394 万元。2014 年君龙人寿实际经营亏损 4095 万元，实现新业务价值 2210 万元，截至 2014 年度末君龙人寿偿付能力比率为 514.21%，全年平均流动性资产配置比例为 13.56%，君龙人寿没有发生重大操作风险事件。整体评价，君龙人寿较好地实现了年度风险控制目标。2014 年度君龙人寿实现保费收入为 3.1 亿元，相比于 2013 年度的 2.2 亿元，增长率约为 40%。

66. 复星保德信

复星保德信人寿保险有限公司（以下简称复星保德信）是由复星集团与美国保德信金融集团联合发起组建的合资保险公司，经中国保险监督管理委员会批准，于 2012 年 9 月正式成立，总部位于上海。复星保德信注册资本为 10 亿元人民币，股东双方各持有合资复星保德信 50% 的股份。

2014 年末，复星保德信的偿付能力充足率为 1494%，相比 2013 年末下降 31.905 个百分点，其主要原因在于以下两个方面：由于复星保德信业务规模持续扩大，本年末最低资本由上年末的 94 万元增长到 1272 万元，增长幅度为 1253%。由于业务开展初期的业务投入，2014 年度实际资本下降为 19000 万元，比上年度末减少 12288 万元。

2014 年，复星保德信经营的所有保险产品中，保费收入居前 5 位的保险产品是：复星保德信保得福 B 款年金保险、复星保德信保得福两全保险（分红型）、复星保德信爱满溢两全保险（分红型）、复星保德信健康 e 守护重大疾病保险、复星保德信爱享一生两全保险（分红型）。2014 年度复星保德信实现保费收入 4173 万元，而 2013 年度复星保德信实现保费收入为 1648 万元，增长率约为 153%。其中个险业务保费收入由 1576 万元增长为 3639 万元，增长率约为 130%，团体险业务由 72 万元增长为 237 万元，增长率为 229%。可见 2014 年度复星保德信在保费收入上实现了飞速增长。

第四章
中国寿险公司信用评级实证分析

"道德风险不仅仅只存在于评级机构,而是整个金融体系的通病。所以从制度设计上来减少这种风险存在和发生的可能性,才不至于每每事后诸葛亮。"

"一定数量和质量且影响力与公信力皆备的其他评级机构能够促使评级结果更趋向客观中立,但并非越多越好。不然一百家机构一百种结果,投资者到底该听谁的意见呢?"

——吴庆喜

第一节 保险公司评级变量和数据

根据中国保险监督管理委员会令 2010 年第 7 号《保险公司信息披露管理办法》,保险公司应当在每年 4 月 30 日前在公司网站和中国保监会指定的报纸上发布年度信息披露报告。保险公司应当披露基本信息、财务会计信息、风险管理状况信息、保险产品经营信息、偿付能力信息等。因此,我们进行信用评级所采用的所有数据均来自保险公司的信息披露。

第二节 中国寿险公司总评级结果

这一节我们展示中国寿险公司总评级的规则、结果和得分情况。

一、中国寿险公司总评级规则

中国寿险公司总评级共分为九级,评级规则如下:
(1) 当总得分不低于95分时,评级为 A++;
(2) 当总得分低于95分但不低于90分时,评级为 A+;
(3) 当总得分低于90分但不低于85分时,评级为 A;
(4) 当总得分低于85分但不低于80分时,评级为 B++;
(5) 当总得分低于80分但不低于75分时,评级为 B+;
(6) 当总得分低于75分但不低于70分时,评级为 B;
(7) 当总得分低于70分但不低于65分时,评级为 C++;
(8) 当总得分低于65分但不低于60分时,评级为 C+;
(9) 当总得分低于60分时,评级为 C。

中国寿险公司总评级的含义见表4-1。

表4-1 中国寿险公司总评级含义

等级	字母等级	得分等级	文字评价	具体内容	备注
优秀级	A++	9	优秀的资金保障和风险管控能力	资本实力绝对充足与安全,完全可以承担保单责任;具有优秀的风险管控实力,完全可以承担风险	这里仅依据公开信息给出评级。如果可以使用更多信息,在 A++ 级到 B 的等级分类中,每一个资信级别还可以进行微调。如公司把主要风险通过再保险或者共保来分散,可以用括号进行注释和补充说明。以使评级结果更加精确
	A+	8	优良的资金保障和风险管控能力	资本实力相对充足与安全,可以承担保单责任;具有优良的风险管控实力,可以承担风险	
	A	7	良好的资金保障和风险管控能力	在经济恶化、承保条件变化时,保单责任会受到轻微影响;在出现严重风险事件时,风险承担能力会受到轻微影响	
安全级	B++	6	足够的资金保障和风险管控能力	在经济恶化、承保条件变化时,保单责任可能会受到一定影响;在出现严重风险事件时,风险承担能力可能会受到一定影响	
	B+	5	适度的资金保障和风险管控能力	在经济恶化、承保条件变化时,保单责任会受到影响;在出现严重风险事件时,风险承担能力会受到影响	
	B	4	可能适度的资金保障和风险管控能力	在经济恶化及承保条件变化时,其资金保障不能与保单责任相适应,特别是那些依赖较大的保单或巨额风险保单;在出现严重风险事件时,其风险承担能力会受到较大影响	

续表

等级	字母等级	得分等级	文字评价	具体内容	备注
风险级	C++	3	脆弱的资金保障和风险管控能力	资本金在当前状况下可与保单责任相适应，但在遭遇经济恶化及承保条件变化时，其适应性会变得脆弱；在出现严重风险事件时，其风险承担能力会变得脆弱	
	C+	2	特别脆弱的资金保障和风险管控能力	在遭遇经济恶化及承保条件变化时，其适应性会变得特别脆弱；在出现严重风险事件时，其风险承担能力会变得特别脆弱	
	C	1		不能提供包括承担保单责任在内的任何资金保障，不具备足够的风险管控实力	
未评级	Un		未被评级	标注为"Un"的公司没有给予评级	

二、中国寿险公司总评级结果

中国寿险总评级的结果见"第七章　总附录"。2014年的结果见附录七。

根据2014年财务报表数据进行计算分析，中国寿险公司2014年总评级结果如下：

（1）获得A++信用的公司有：平安人寿、新华、太平人寿、国寿股份。

（2）获得A+信用的公司有：泰康、人保寿险、太保人寿、安邦人寿、建信人寿、人保健康、阳光人寿。

（3）获得A信用的公司有：工银安盛、生命人寿、中融人寿、招商信诺、国华、信诚、中美联泰、百年人寿、中宏人寿、正德人寿、幸福人寿、友邦、中邮人寿、前海人寿、农银人寿、吉祥人寿、中荷人寿、利安人寿、中航三星、平安健康、汇丰人寿、交银康联、中新大东方、光大永明、中意、君龙人寿、东吴人寿、英大人寿、中英人寿、华夏人寿、珠江人寿、天安人寿、北大方正人寿、华泰人寿。

（4）获得B++信用的公司有：瑞泰人寿、合众人寿、复星保德信、和谐健康、国泰人寿、恒安标准、长生人寿、民生人寿、信泰、中德安联、弘康人寿、中法人寿、长城、昆仑健康、海康人寿、新光海航。

（5）获得B+信用的公司有0家。

（6）获得B信用及以下的公司有0家。

中国寿险总评级的频次分布见表4-2。

表4-2　　2014年中国寿险公司总评级的频次分布

综合评级				
等级	频数	百分比	累积频数	累积百分比
A++	4	6.56	4	6.56
A+	7	11.48	41	18.04
A	34	55.74	45	73.77
B++	16	26.23	61	100.00

从2014年中国寿险公司总评级的频次分布表可以看出，大部分公司的评级停留在A和B++级别，位于两端（最高评级A++和最低评级）的公司较少。中国寿险总评级的概率分布情况见图4-1。

得分较高的十家公司总得分、各个一级指标得分等情况见表4-3。

评级较低的十家公司得分见表4-4。

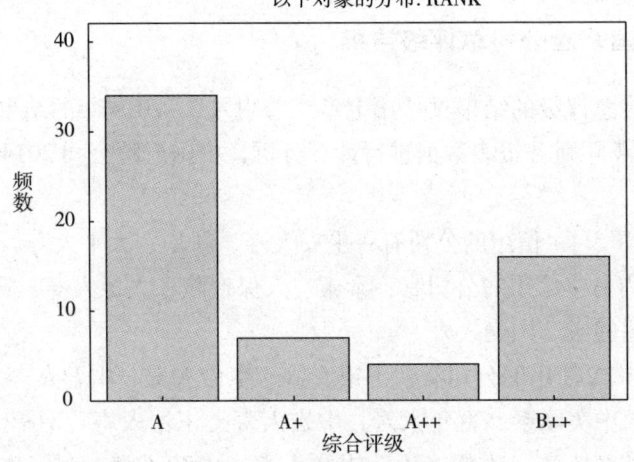

图4-1　2014年中国寿险总评级分布

表4-3　　2014年中国寿险公司总评级得分较高的十家公司

排名	公司	财务指标	微观指标	宏观指标	总指标	综合评级
1	平安人寿	100.00	94.63	96.46	97.03	A++
2	新华	92.15	97.23	96.46	95.28	A++
3	太平人寿	92.61	96.71	96.46	95.26	A++
4	国寿股份	88.55	100.00	96.46	95.00	A++

续表

排名	公司	财务指标	微观指标	宏观指标	总指标	综合评级
5	泰康	94.79	93.23	96.46	94.83	A+
6	人保寿险	91.28	94.80	96.46	94.18	A+
7	太保人寿	88.88	97.16	96.46	94.17	A+
8	安邦人寿	96.93	82.10	96.46	91.83	A+
9	建信人寿	93.04	81.33	96.46	90.28	A+
10	人保健康	84.98	89.39	96.46	90.28	A+

表4-4　2014年中国寿险公司总评级得分较低的十家公司

排名	公司	财务指标	微观指标	宏观指标	总指标	综合评级
1	新光海航	70.00	73.54	96.46	80.00	B++
2	海康人寿	71.39	75.23	96.46	81.03	B++
3	昆仑健康	74.79	72.92	96.46	81.39	B++
4	长城	74.53	75.64	96.46	82.21	B++
5	中法人寿	81.42	70.00	96.46	82.63	B++
6	弘康人寿	77.98	74.44	96.46	82.96	B++
7	中德安联	77.55	76.11	96.46	83.37	B++
8	信泰	79.39	74.57	96.46	83.47	B++
9	民生人寿	78.83	76.60	96.46	83.96	B++
10	长生人寿	82.08	73.64	96.46	84.06	B++

三、中国寿险公司总评级各项得分情况

这一小节我们详细分析在各个不同总评级下，各个公司在总指标、一级财务指标、一级微观指标、一级宏观指标上的得分分布情况。

（一）总评级为A++的公司的得分情况

我们首先列出总评级为A++的公司在总指标、一级财务指标、一级微观指标、一级宏观指标上的得分分布情况，见图4-2。

从总评级得分来看，新华和太平人寿两家公司的总评级分数差异不大，平安人寿在财务指标得分上较高，国寿股份在微观指标得分上较高。

（二）总评级为A+的公司的得分情况

下面分析总评级为A+的公司在总指标、一级财务指标、一级微观指标、一级宏观指标上的得分分布情况，见图4-3。

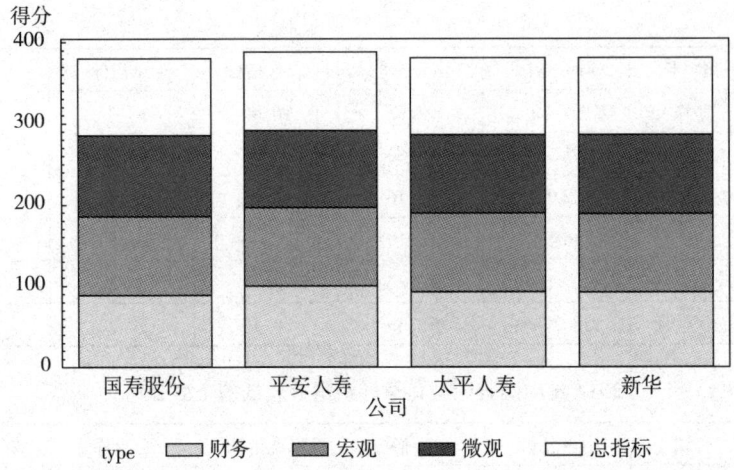

图 4-2　2014 年中国寿险公司总评级为 A++ 的公司得分

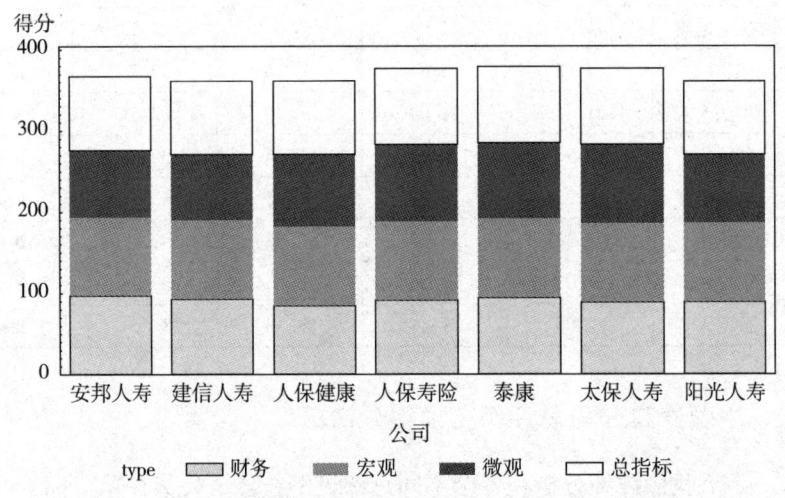

图 4-3　2014 年中国寿险公司总评级为 A+ 的公司得分

从总评级得分来看，泰康、人保寿险、太保人寿这三家公司的总评级分数较高，安邦人寿和泰康在财务指标上得分较高，太保人寿和人保寿险在微观指标上得分较高。

（三）总评级为 A 的公司的得分情况

下面分析总评级为 A 的公司在总指标、一级财务指标、一级微观指标、一级宏观指标上的得分分布情况，见图 4-4。

从总评级得分来看，得分较高的为工银安盛、生命人寿、中融人寿、招商信诺、国华和信诚这 6 家公司，中融人寿、招商信诺、国华这三家公司的财务指

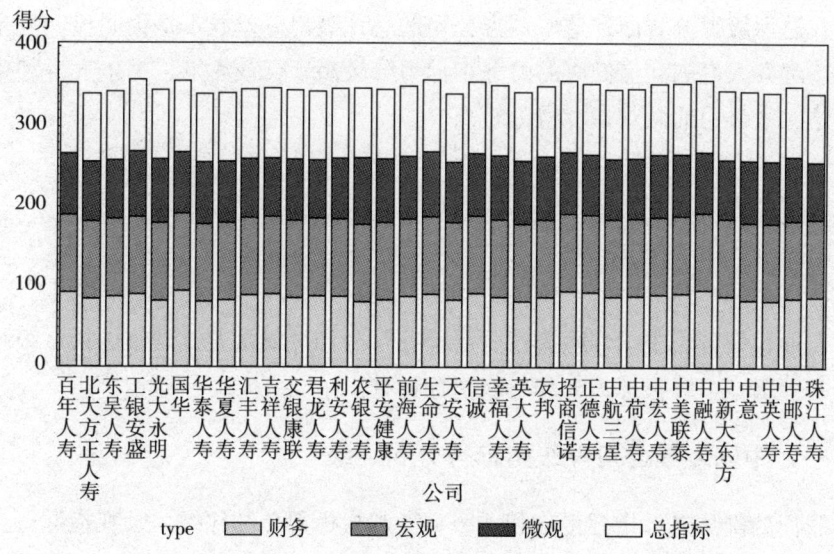

图4-4 2014年中国寿险公司总评级为 A 的公司得分

标得分较高,农银人寿、工银安盛和生命人寿这三家公司的微观指标得分较高。

(四)总评级为 B++ 的公司的得分情况

下面分析总评级为 B++ 的公司在总指标、一级财务指标、一级微观指标、一级宏观指标上的得分分布情况,见图4-5。

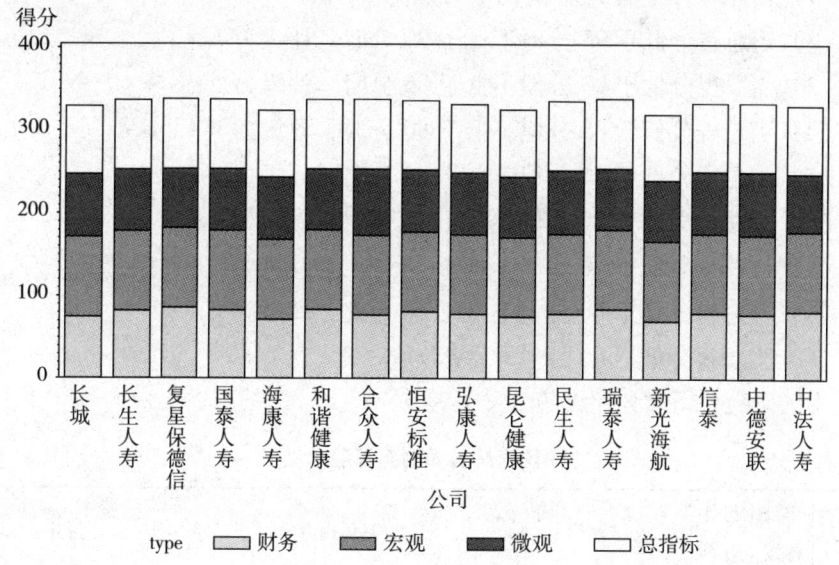

图4-5 2014年中国寿险公司总评级为 B++ 的公司得分

在总评级得分方面,这十六家公司的总评级得分差异不是很明显,复星保德信、瑞泰人寿和和谐健康的财务指标得分较高,合众人寿、民生人寿和中德安联这三家公司的微观指标得分较高。

第三节 中国寿险公司分层指标得分和评级

下面我们分析中国寿险公司分层指标得分和评级情况。具体包括一级指标得分和评级、二级指标得分和三级指标得分。

一、中国寿险公司一级指标得分和评级

我们分别从财务指标得分和评级、微观指标得分和评级、宏观指标得分三个方面来介绍一级指标得分和评级。

(一) 财务指标得分和评级

对于财务指标体系,我们进行评级。

1. 财务指标评级规则

中国寿险公司财务评级共分为九级,评级规则如下:

(1) 当总得分不低于95分时,评级为A++;
(2) 当总得分低于95分但不低于90分时,评级为A+;
(3) 当总得分低于90分但不低于85分时,评级为A;
(4) 当总得分低于85分但不低于80分时,评级为B++;
(5) 当总得分低于80分但不低于75分时,评级为B+;
(6) 当总得分低于75分但不低于70分时,评级为B;
(7) 当总得分低于70分但不低于65分时,评级为C++;
(8) 当总得分低于65分但不低于60分时,评级为C+;
(9) 当总得分低于60分时,评级为C;

中国寿险公司财务评级的含义见表4-5。

表4-5　　　　　　　　中国寿险公司财务评级含义

等级	字母等级	得分等级	文字评价	具体内容	备注
优秀级	A++	9	优秀的财务保障	财务实力绝对充足与安全,完全可以承担保单责任	

续表

等级	字母等级	得分等级	文字评价	具体内容	备注
安全级	A+	8	优良的财务保障	财务实力相对充足与安全,可以承担保单责任	这里仅依据公开信息给出评级。如果可以使用更多信息,在A++级到B的等级分类中,每一个资信级别还可以进行微调。如公司把主要风险通过再保险或者共保来分散,可以用括号进行注释和补充说明,以使评级结果更加精确
	A	7	良好的财务保障	在经济恶化、承保条件变化时,保单责任会受到轻微影响	
	B++	6	足够的财务保障	在经济恶化、承保条件变化时,保单责任可能会受到一定影响	
	B+	5	适度的财务保障	在经济恶化、承保条件变化时,保单责任会受到影响	
	B	4	可能适度的财务保障	在经济恶化及承保条件变化时,其财务保障不能与保单责任相适应,特别是那些依赖较大的保单或巨额风险保单	
风险级	C++	3	脆弱的财务保障	财务在当前状况下可与保单责任相适应,但在遭遇经济恶化及承保条件变化时,其适应性会变得脆弱	
	C+	2	特别脆弱的财务保障	在遭遇经济恶化及承保条件变化时,其适应性会变得特别脆弱	
	C	1		不能提供包括承担保单责任在内的任何财务保障	
未评级	Un		未被评级	标注为"Un"的公司因为数据、经营年限问题,没有给予评级	

2. 财务指标评级结果

从2014年中国寿险公司财务评级上看:

获得A++信用的公司有5家,分别是平安人寿、安邦人寿、中融人寿、招商信诺、国华。

获得A+信用的公司有13家,分别是泰康、正德人寿、百年人寿、建信人寿、太平人寿、新华、中美联泰、信诚、吉祥人寿、人保寿险、生命人寿、工银安盛、中宏人寿。

获得A信用的公司有18家,分别是汇丰人寿、阳光人寿、君龙人寿、中新大东方、太保人寿、中荷人寿、利安人寿、国寿股份、前海人寿、东吴人寿、珠江人寿、中航三星、幸福人寿、友邦、交银康联、中邮人寿、复星保德信、北大方正人寿。

获得 B++ 信用的公司有 16 家，分别是人保健康、天安人寿、平安健康、瑞泰人寿、中意、华夏人寿、和谐健康、中英人寿、光大永明、国泰人寿、英大人寿、长生人寿、华泰人寿、农银人寿、中法人寿、恒安标准。

获得 B+ 信用的公司有 4 家，分别是昆仑健康、长城、海康人寿、新光海航。

2014 年中国寿险公司财务指标评级的频次分布情况见表 4–6。

表 4–6　　　　2014 年 中国寿险公司财务评级的频次分布

财务实力评级				
RANK1	频数	百分比	累积频数	累积百分比
A++	5	8.20	5	8.2
A+	13	21.31	18	29.51
A	18	29.51	36	59.02
B++	16	26.23	52	85.25
B+	5	8.20	57	93.45
B	4	6.56	61	100.00

2014 年中国寿险公司一级财务指标评级分布情况见图 4–6。

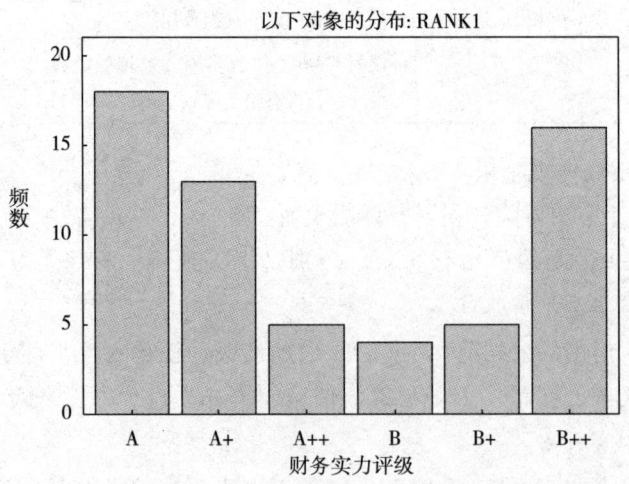

图 4–6　2014 年中国寿险公司一级财务指标评级分布

在财务指标上得分较高的十家中国寿险公司排名情况见表 4–7。

表4-7　　2014年财务指标得分较高的十家中国寿险公司排名

排名	公司	盈利能力	偿债能力	营运能力	现金流量	发展能力	财务指标	财务实力评级
1	平安人寿	95.56	82.98	97.17	99.83	97.07	100.00	A++
2	安邦人寿	100.00	96.50	90.09	99.92	100.00	96.93	A++
3	中融人寿	98.17	93.56	90.45	99.34	100.00	96.52	A++
4	招商信诺	88.01	90.65	95.94	94.45	94.59	95.38	A++
5	国华	98.22	89.35	88.97	99.50	100.00	95.28	A++
6	泰康	96.29	85.12	98.76	77.88	95.54	94.79	A+
7	正德人寿	99.61	94.94	87.73	99.94	95.70	93.78	A+
8	百年人寿	92.87	94.98	91.86	96.90	90.55	93.10	A+
9	建信人寿	78.98	91.26	92.29	99.91	97.53	93.04	A+
10	太平人寿	85.72	92.60	94.17	85.14	100.00	92.61	A+

平安人寿得分最高，然后是安邦人寿、中融人寿、招商信诺、国华，这些公司的财务指标得分都超过了95分，都是A++信用。然后是泰康、正德人寿、百年人寿、建信人寿、太平人寿，信用评级为A+。

在财务指标上得分较低的十家中国寿险公司排名情况见表4-8。

表4-8　　2014年财务指标得分较低的十家中国寿险公司排名

排名	公司	盈利能力	偿债能力	营运能力	现金流量	发展能力	财务指标	财务实力评级
1	新光海航	91.32	85.11	70.35	70.00	80.92	70.00	B
2	海康人寿	72.67	70.00	78.45	72.92	79.73	71.39	B
3	长城	70.00	89.88	77.70	90.38	78.47	74.53	B
4	昆仑健康	89.44	89.97	70.00	99.02	76.46	74.79	B
5	合众人寿	72.69	77.97	79.58	86.11	87.45	76.86	B+
6	中德安联	74.06	83.27	82.17	81.61	86.19	77.55	B+
7	弘康人寿	72.05	99.84	70.69	99.77	100.00	77.98	B+
8	民生人寿	82.32	93.01	78.55	81.13	94.01	78.83	B+
9	信泰	83.53	78.97	83.90	86.35	78.08	79.39	B+
10	恒安标准	73.57	95.21	83.80	99.02	77.87	80.91	B++

其中新光海航由于营运能力、现金流量的分值较低，造成财务指标得分较低，总体信用评级较低，然而其盈利能力、发展能力方面表现优秀。海康人寿偿债能力相对较差，现金流量情况也不容乐观。长城盈利能力、营运能力、发展能力得分较低。

3. 财务指标评级得分分布情况

（1）财务指标评级为 A++ 的公司的得分情况

财务指标评级为 A++ 的公司的财务指标得分、盈利能力、偿债能力、营运能力、现金流量指标及发展能力指标得分情况见图 4-7。

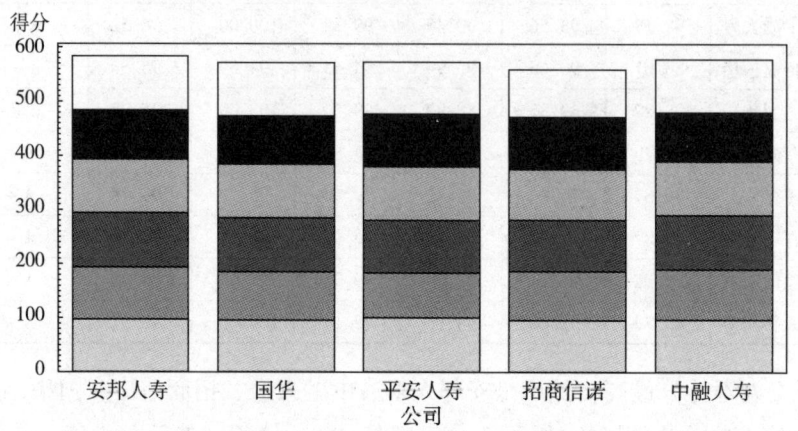

图 4-7　2014 年中国寿险公司财务评级为 A++ 的公司得分

（2）财务指标评级为 A+ 的公司的得分情况

财务指标评级为 A+ 的公司的财务指标得分、盈利能力、偿债能力、营运能力、现金流量指标及发展能力指标得分情况见图 4-8。

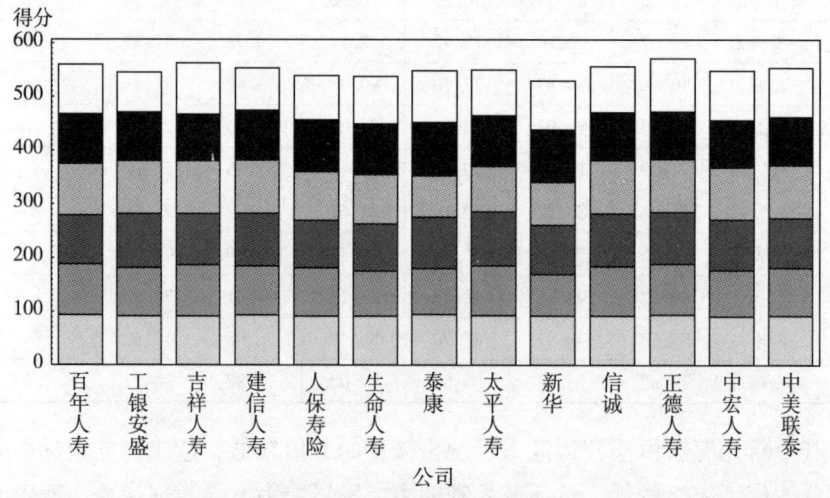

图 4-8　2014 年中国寿险公司财务评级为 A+ 的公司得分

(3) 财务指标评级为 A 的公司的得分情况

财务指标评级为 A 的公司的财务指标得分、盈利能力、偿债能力、营运能力、现金流量指标及发展能力指标得分情况见图 4-9。

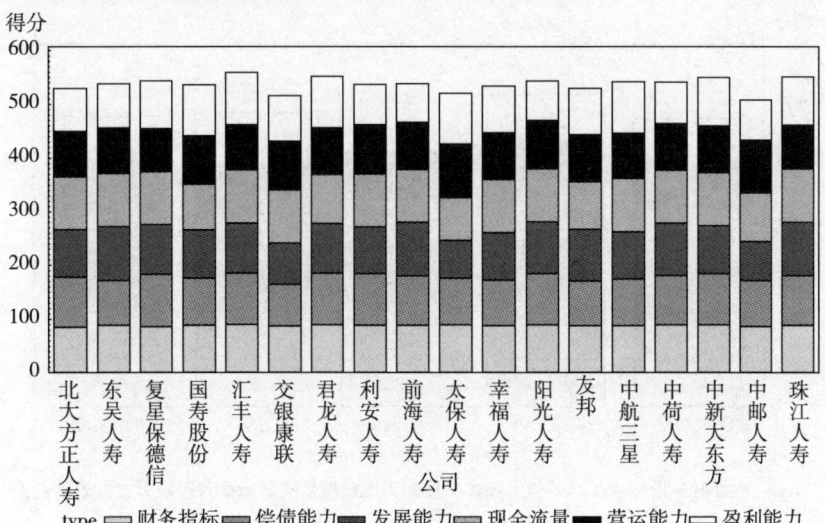

图 4-9 2014 年中国寿险公司财务评级为 A 的公司得分

(4) 财务指标评级为 B++ 的公司的得分情况

财务指标评级为 B++ 的公司的财务指标得分、盈利能力、偿债能力、营运能力、现金流量指标及发展能力指标得分情况见图 4-10。

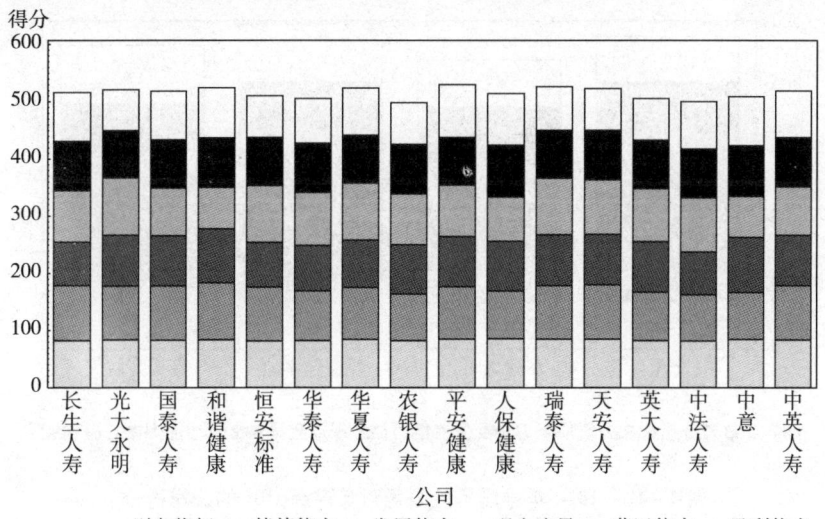

图 4-10 2014 年中国寿险公司财务评级为 B++ 的公司得分

(5) 财务指标评级为 B + 的公司的得分情况

财务指标评级为 B + 的公司的财务指标得分、盈利能力、偿债能力、营运能力、现金流量指标及发展能力指标得分情况见图 4 – 11。

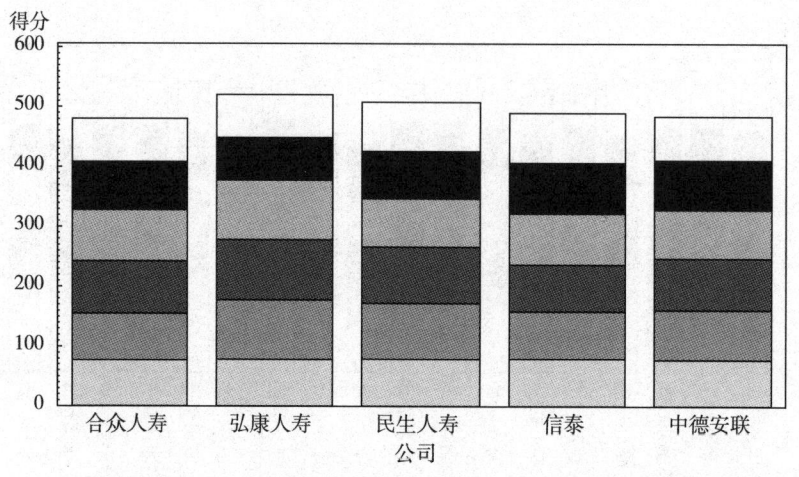

图 4 – 11　2014 年中国寿险公司财务评级为 B + 的公司得分

(6) 财务指标评级为 B 的公司的得分情况

财务指标评级为 B 的公司的财务指标得分、盈利能力、偿债能力、营运能力、现金流量指标及发展能力指标得分情况见图 4 – 12。

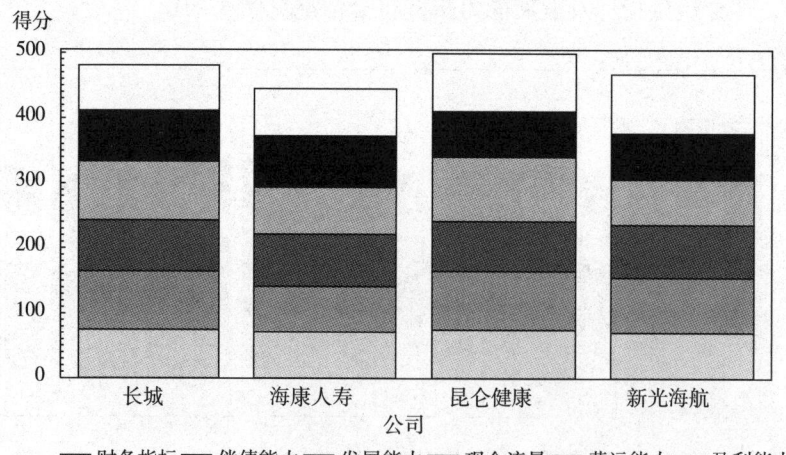

图 4 – 12　2014 年中国寿险公司财务评级为 B 的公司得分

(二) 微观指标得分和评级

我们利用层次分析法进行分析，建立微观指标与企业的信用评价模型。

1. 微观指标评级规则

中国寿险公司微观评级的含义见表4-9。

表4-9　　　　　　　　中国寿险公司微观评级含义

等级	字母等级	得分等级	文字评价	具体内容	备注
优秀级	A++	9	优秀的风险管控实力	具有优秀的风险管控实力，完全可以承担风险	这里仅依据公开信息给出评级。如果可以使用更多信息，在A++级到B的等级分类中，每一个资信级别还可以进行微调。如公司把主要风险通过再保险或者共保来分散，可以用括号进行注释和补充说明
	A+	8	优良的风险管控实力	具有优良的风险管控实力，可以承担风险	
	A	7	良好的风险管控实力	在出现严重风险事件时，风险承担能力会受到轻微影响	
安全级	B++	6	足够的风险管控实力	在出现严重风险事件时，风险承担能力可能会受到一定影响	
	B+	5	适度的风险管控实力	在出现严重风险事件时，风险承担能力会受到影响	
	B	4	可能适度的风险管控实力	在出现严重风险事件时，其风险承担能力会受到较大影响	
风险级	C++	3	脆弱的风险管控能力	在出现严重风险事件时，其风险承担能力会变得脆弱	
	C+	2	特别脆弱的风险管控实力	在出现严重风险事件时，其风险承担能力会变得特别脆弱	
	C	1	不具备足够的风险管控实力		
未评级	Un		未被评级	标注为"Un"的公司没有给予评级。	

2. 微观指标评级结果

从微观指标上来看，2014年中国寿险公司得分分布情况如下：

获得A++信用的公司有国寿股份、新华、太保人寿、太平人寿4家。

获得A+信用的公司有人保寿险、平安人寿、泰康3家。

获得A信用的公司只有人保健康1家。

获得B++信用的公司有阳光人寿、农银人寿、安邦人寿、工银安盛、建信人寿、生命人寿、中邮人寿、合众人寿这8家公司。

获得B+信用的公司共有28家，分别为幸福人寿、光大永明、友邦、平安健康、英大人寿、信诚、前海人寿、中宏人寿、中意、中美联泰、中英人寿、华泰人寿、民生人寿、招商信诺、交银康联、百年人寿、华夏人寿、国华、中德安联、中融人寿、中航三星、中荷人寿、长城、利安人寿、天安人寿、海康人寿、正德人寿、恒安标准。

获得 B 信用的公司共有 17 家，分别为信泰、弘康人寿、国泰人寿、北大方正人寿、中新大东方、汇丰人寿、瑞泰人寿、长生人寿、新光海航、和谐健康、东吴人寿、吉祥人寿、昆仑健康、君龙人寿、珠江人寿、复星保德信、中法人寿。

2014 年中国寿险公司微观指标信用评级的频次分布情况见表 4-10。

表 4-10　　2014 年中国寿险公司微观指标评级的频次分布

RANK2	频数	百分比	累积频数	累积百分比
A	1	1.64	1	1.64
A++	4	6.56	5	8.2
A+	3	4.92	8	13.12
B++	8	13.11	16	26.23
B+	28	45.90	44	72.13
B	17	27.87	61	100.00

一级微观指标评级分布见图 4-13。

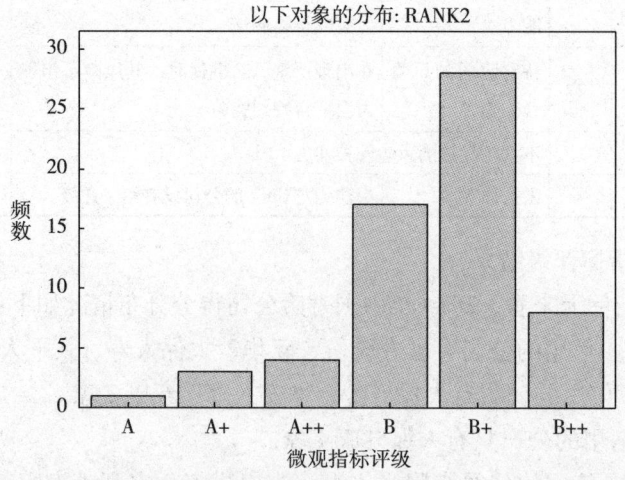

图 4-13　2014 年中国寿险公司一级微观指标评级分布

根据计算结果,得分较高的十家中国寿险公司的情况如表4-12所示。

表4-11　　2014年微观指标得分较高的十家中国寿险公司

排名	公司	股东背景与主要股东变动	分支机构的开设数量	风险管理机构设立	风险信息披露程度	市场占有率(%)	社会声誉和服务	微观指标	微观指标评级
1	国寿股份	100	100	100	100	100.00	94.85	100.00	A++
2	新华	100	100	100	100	97.21	90.81	97.23	A++
3	太保人寿	100	100	100	100	96.94	90.92	97.16	A++
4	太平人寿	100	100	100	100	95.89	90.88	96.71	A++
5	人保寿险	100	100	80	100	96.41	90.73	94.80	A+
6	平安人寿	90	100	100	100	98.37	93.46	94.63	A+
7	泰康	90	100	100	100	96.04	92.23	93.23	A+
8	人保健康	100	90	90	100	92.30	86.92	89.39	A
9	阳光人寿	80	100	100	100	92.58	84.92	84.56	B++
10	农银人寿	90	90	80	100	91.27	83.38	83.17	B++

得分较低的十家中国寿险公司情况如表4-12所示。

表4-12　　2014年微观指标得分较低的十家中国寿险公司

财务实力排名	公司	股东背景与主要股东变动	分支机构的开设数量	风险管理机构设立	风险信息披露程度	市场占有率(%)	社会声誉和服务	微观指标	微观指标评级
1	中法人寿	80	80	80	100	70.00	82.88	70.00	B
2	复星保德信	80	80	80	100	77.28	79.69	71.29	B
3	珠江人寿	80	80	80	100	78.70	80.08	71.84	B
4	君龙人寿	80	80	80	100	82.44	78.92	72.66	B
5	昆仑健康	80	80	80	100	79.21	83.27	72.92	B
6	吉祥人寿	80	80	80	100	83.99	78.81	73.10	B
7	东吴人寿	80	80	80	100	82.91	80.15	73.16	B
8	和谐健康	80	80	80	100	80.67	83.27	73.38	B
9	新光海航	80	80	80	100	81.67	82.77	73.54	B
10	长生人寿	80	80	80	100	81.76	83.00	73.64	B

3. 微观指标评级得分分布情况

(1) 微观指标评级为A++的公司的得分情况

微观指标评级为A++的公司的财务指标得分、股东背景与主要股东变动、分支机构的开设数量、风险管理机构设立、风险信息披露程度、市场占有率、社会声誉和服务得分情况见图4-14。

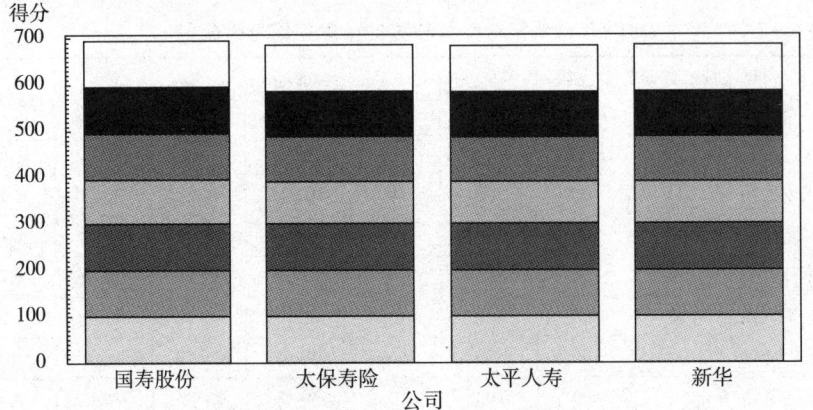

图4-14　2014年中国寿险公司微观指标评级为A++的公司得分

（2）微观指标评级为A+的公司的得分情况

微观指标评级为A+的公司的财务指标得分、股东背景与主要股东变动、分支机构的开设数量、风险管理机构设立、风险信息披露程度、市场占有率、社会声誉和服务得分情况见图4-15。

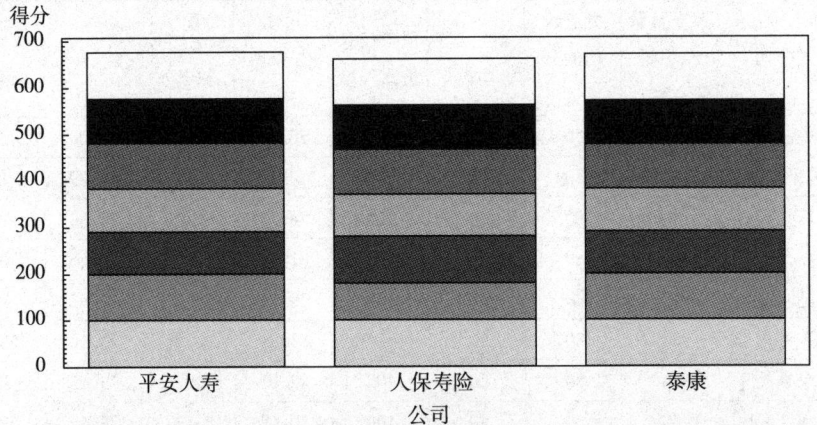

图4-15　2014年中国寿险公司微观指标评级为A+的公司得分

（3）微观指标评级为A的公司的得分情况

微观指标评级为A的公司的财务指标得分、股东背景与主要股东变动、分支机构的开设数量、风险管理机构设立、风险信息披露程度、市场占有率、社会声誉和服务得分情况见图4-16。

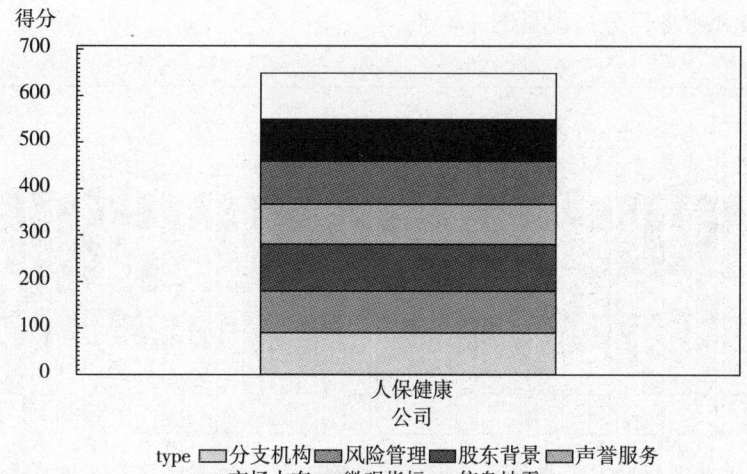

图 4-16　2014 年中国寿险公司微观指标评级为 A 的公司得分

(4) 微观指标评级为 B++ 的公司的得分情况

微观指标评级为 B++ 的公司的财务指标得分、股东背景与主要股东变动、分支机构的开设数量、风险管理机构设立、风险信息披露程度、市场占有率、社会声誉和服务得分情况见图 4-17。

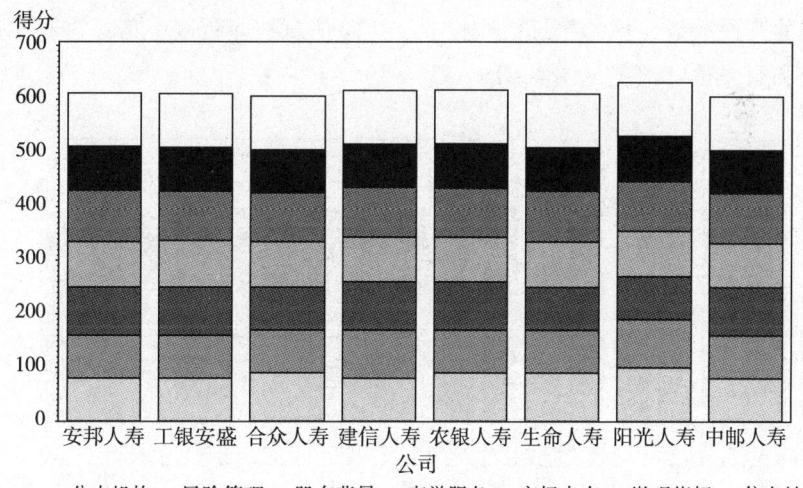

图 4-17　2014 年中国寿险公司微观指标评级为 B++ 的公司得分

(5) 微观指标评级为 B+ 的公司的得分情况

微观指标评级为 B+ 的公司的财务指标得分、股东背景与主要股东变动、分支机构的开设数量、风险管理机构设立、风险信息披露程度、市场占有率、社会声誉和服务得分情况见图4-18。

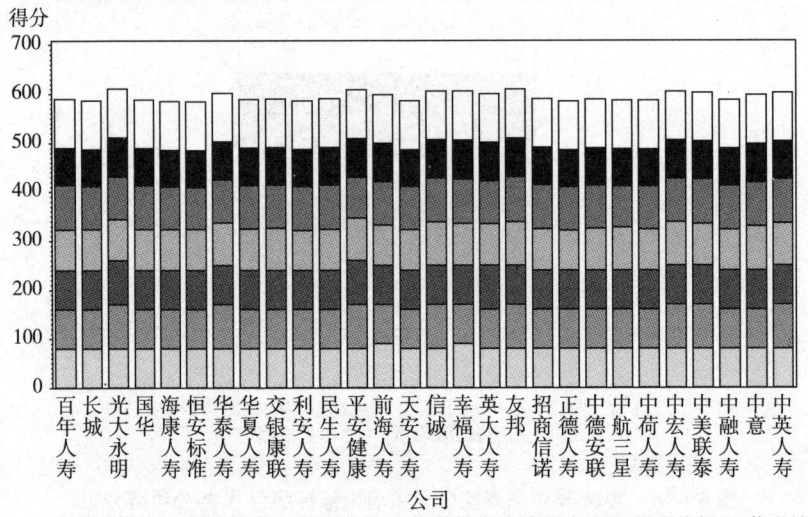

图4-18　2014年中国寿险公司微观指标评级为B+的公司得分

(6) 微观指标评级为B的公司的得分情况

微观指标评级为B的公司的财务指标得分、股东背景与主要股东变动、分支机构的开设数量、风险管理机构设立、风险信息披露程度、市场占有率、社会声誉和服务得分情况见图4-19。

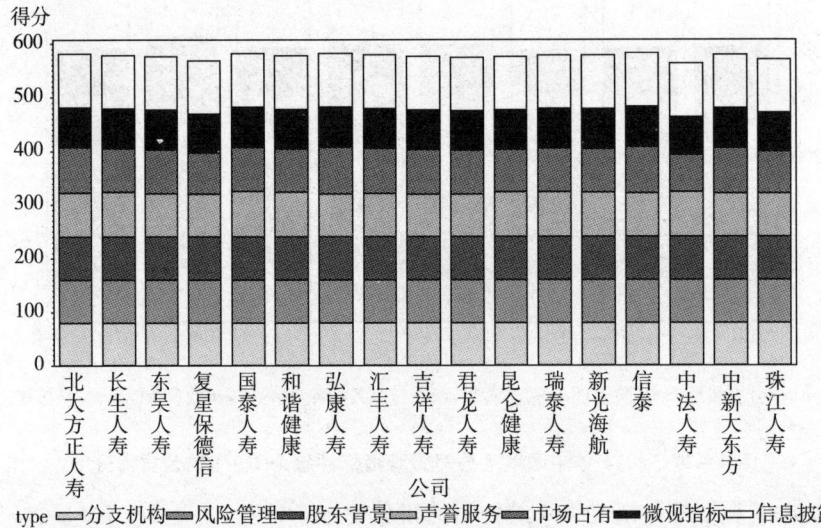

图4-19　2014年中国寿险公司微观指标评级为B的公司得分

（三）宏观指标得分

《关于加快发展现代保险服务业的若干意见》（又称"新国十条"）出台之后，保险行业在经济社会中的地位逐渐攀升，无论是商业保险还是社会保险，都取得了一定成绩。保险业的发展目标是"到2020年，基本建成保障全面、功能完善、安全稳健、诚信规范，具有较强服务能力、创新能力和国际竞争力，与我国经济社会发展需求相适应的现代保险服务业，努力由保险大国向保险强国转变。保险成为政府、企业、居民风险管理和财富管理的基本手段，成为提高保障水平和保障质量的重要渠道，成为政府改进公共服务、加强社会管理的有效工具。保险深度达到5%，保险密度达到3500元。保险的社会'稳定器'和经济'助推器'作用得到有效发挥"。

1. 社会保险方面

2014年五项社会保险基金收入合计39828亿元，比上年增加4575亿元，增长率为13.0%；基金支出合计33003亿元，增长率为18.2%。全国31个省份和新疆生产建设兵团已建立养老保险省级统筹制度。2014年全国参加基本养老保险年末人数为84232万人，全年基本养老保险基金收入27620亿元，其中征缴收入21100亿元，基金支出23326亿元，年末基金累计结存35645亿元；全国参加城镇职工基本养老保险年末人数为34124万人，基金总收入25310亿元，其中征缴收入20434亿元，各级财政补贴3548亿元，全年基金总支出21755亿元，年末基金累计结存31800亿元；年末城乡居民基本养老保险参保人数50107万人，基金收入2310亿元，其中个人缴费666亿元，基金支出1571亿元，年末基金累计结存3845亿元；年末全国有7.33万户企业建立了企业年金，参加职工人数为2293万人，年末企业年金基金累计结存7689亿元。

2014年末全国参加城镇基本医疗保险人数为59747万人，其中，参加职工基本医疗保险人数28296万人，参加城镇居民基本医疗保险人数为31451万人，基金总收入9687亿元，支出8134亿元，年末统筹基金累计结存6732亿元，个人账户累计3913亿元。

全国参加失业保险人数为17043万人，全年失业保险基金收入1380亿元，支出615亿元，年末失业保险基金累计结存4451亿元；年末全国参加工伤保险人数为20639万人，工伤保险基金收入695亿元，支出560亿元，年末基金累计结存1129亿元；年末全国参加生育保险人数为17039万人。

养老保险方面，精算报告可以监测养老保险制度的运行，为政策决策和公共辩论提供数据支撑，有利于推动相关政策的制定和实施。我国自2007年起，在中央和省级逐步建立养老保险精算报告制度：中央层面，每年提供全国城镇企业基本养老保险精算报告，供决策参考；地方层面，每年提供养老保险精算报告，供当地决策参考，并向中央报送。国际上，养老保险精算报告定期发布、内容翔实、数据充分、方法科学、制度规范，但在报告主要内容、研究方法和假设，以及借鉴意义方面各有特色。这些精算报告，一类是由养老保险经办管理的内部职能部门完成，如美国社会保障署下属的精算部；另一类是由独立于养老保险精算管理机构的专业部门负责完成，如加拿大审慎监管局下属的总精算师办公室。中国政府社会保险精算工作从项目式推动转向制度性和机制性建设，主要从精算技术和人才储备、精算报告制度建立和精算技术应用方面推进工作，自主开发精算模型；推进养老保险精算应用；通过培训建立起全系统的精算人才队伍；逐步建立养老保险精算报告制度。精算的发展存在较多困难：机构设置不健全；人员配备不充足；人员从业资格未规范；精算人员培养尚未形成机制；精算报告制度未纳入法律规定。社会保险精算发展目标为：逐步建立起具有中国特色的社会保障精算体系，实现精算技术对制度建设、政策决策、课题研究和业务管理的关键性支撑。

医疗保险方面，我国正处于全面深化医药卫生体制改革的关键时期，"谎报病情，小病大养"、"一人获保，全家享受"现象严重；需要建立参保患者信息档案管理制度；完善共付保险制；实行分级诊疗制；建立医疗服务信息系统；建立医疗供方信誉机制；实行定点医疗机构信誉等级评定制度；切断医方效益与服务量之间不合理的利益链；强化社会各方对医方的监督，降低医患道德风险。老龄化将导致我国人口红利逐步消失，未富先老。适当提高退休年龄；建立退休人员医疗保险费筹措机制；对贫困老年人口实行医疗救助制度；逐步建立和完善老年护理保险制度；建立多层次、全面的老年医疗保障体系；鼓励和发展以社区为中心的老年人医疗保障体系；引导老年人采用健康合理的生活方式，加强慢性病的预防；发展商业补充医疗保险。

2. 商业保险方面

2014年，中国大陆地区保险密度为1479.4元/人，保险深度为3.18%。保险业总资产101591.47亿元，净资产13255.26亿元，资金运用余额93314.43亿元；原保险保费收入同比增长17.49%，达到20234.82亿元，其中，产险业务7203.38亿元，寿险业务10901.69亿元，健康险业务1587.18亿元，意外险业务542.57亿元。

健康保险方面，2014年养老保险公司企业年金受托管理资产3159.94亿元，投资管理资产2857.89亿元。商业健康保险是商业保险经营的重要领域和新的利润增长点，我国商业健康保险业已经进入专业化经营阶段。坚持政府主导和市场机制相结合，发挥市场作用为居民提供商业健康保险服务，将是提高居民健康保障水平的重要途径。"新国十条"将商业保险作为社会保障体系的重要支柱，鼓励保险机构参与健康服务业产业链整合，为商业健康保险提供了难得的发展机遇。从产品和健康管理角度提升保险公司风险管理水平，推动健康保险产品与服务创新，促进健康保险产业可持续发展。

2014年我国财产保险市场的保险密度为526.9元/人，保险深度为1.13%。2014年产险业务中，交强险原保险保费收入1418.58亿元，机动车辆保险市场的保费收入占主导地位，前四家公司的市场集中度达到70.05%，企业财产保险保费增长平稳，货物运输保险保费收入小幅增长。2014年国务院颁布的"国十条"对财产保险市场的发展提出了新的要求，财产保险进入了高质量发展时期，行业价值有了新的定位。财险银保合作渠道潜力巨大；车险费率市场化势在必行；存款保险制度有待完善；企业税收优惠政策有待改进；互联网相关的保险业务生机勃勃，对传统的保险市场提出了挑战。

我国责任保险覆盖面和投保规模持续稳步提升，达到216.63亿元；险种多达数十个，涵盖了公众责任、产品责任、雇主责任、职业责任等各方面，服务范围涉及社会的各个领域；但整体仍呈现滞后特征，责任险占非寿险业务总量的比例平均在15%以上，只有发达国家的三分之一到二分之一。环境责任保险进入相对快速的发展时期；交强险成为财产保费收入的重要来源，但仍未摆脱亏损局面；中资财险公司面临挑战；医疗责任险稳步推进，行政推动成为主导力量；食品安全责任险起步晚，发展优劣条件并存。

2014年我国出口信用保险渗透率达到15.6%，服务贸易出口做出重要贡献。近年来我国信用保险与保证保险的原保费收入平均增长迅速，但波动很大：2013年与2007年一度为负，信用保险的原保费增长率在30%~40%。2015年央行颁布《存款保险条例》，标志着存款保险制度的正式推出，为金融体系运行增加安全保障。

2014年我国农业保险原保险保费收入为325.78亿元，迅速成为财产保险中的生力军。自2007年我国政策性农业保险推行之后，中国的农业保险以补偿物化成本为补偿目标；保险责任不包括农产品价格风险；费率由各地政府主导、多方商定；实施单一费率而非差别费率；对附加费率尚无明确规定；对绝对免赔条款有明确限制；定价工作还处于发展的起步阶段，基础比较薄弱。在农业保险的数据基础、产品种类、费率厘定机制、经营费用补偿、费率调整机制、保障程度选择、实践经验等方面都与发达国家有较大的差距；需要来自政府、保险业界、科研机构等各方力量达成共识。

"新国十条"将巨灾保险的推广确定为国家方针，确立了我国由点及面的巨灾保险发展路线。理论层面上，学界主流观点认为巨灾风险有条件可保，如果巨灾风险转移机制和市场结构的安排使保险市场实现帕累托改进，则巨灾风险是可保的；关于巨灾保险费率厘定，AIR Worldwide、EQE CAT 和 RMS 三大模型代表着较为典型的巨灾保险定价模型。实践层面上，国际上主流的巨灾风险管理方案包括：限额内政府承担主要责任模式、市场化运作模式以及政府和商业保险公司共同参与模式，都不乏成功的典范。我国采用了由中央政府主导，中央与地方政府相结合、损失补偿以政府拨款救济和社会捐赠为主的模式，2014年在深圳、云南开展了巨灾保险试点工作，签订了我国第一张巨灾保险保单。2015年在海外成功发行了第一只以地震风险为保障对象的巨灾债券，标志着中国的巨灾保险正式拉开帷幕。目前巨灾保险证券化的主要产品包括巨灾债券、巨灾期货、巨灾期权、巨灾互换和应急票据。定价模型广泛，涵盖指数模型、未定权益索赔模型、资本资产定价模型（CAPM）和债券定价模型。我国巨灾保险精算与风险管理实践表明，我国已经具备了巨灾保险建设条件，但巨灾保险的制度设计目前具有"碎片化"特征，需要通过立法，使参保对象、承保范围、保费补贴等各方责任义务得到落实。

中国保险深度与保险密度的提高为再保险市场发展提供了良好的需求环境。2013年我国专业再保险机构分保费收入为961.98亿元，占国内总再保费收入的94.6%。2013年中国保险市场分出保费为1189.31亿元；在再保险产品开发方面，产险再保险品种与业务量均强于寿险再保险业务。在再保险业务中，客户资源集中、自留比例较高，占比重较大的险种包括车险、企财险、责任险、传统寿险和短期健康保险等。2014年建立了中国农业保险再保险共同体，但巨灾再保险体系发展较为滞后。新国十条特别提出要发展巨灾再保险制度，发展农业再保险显得十分必要。

保险投资精算自创设以来，为保险精算提供了技术支持，在资产负债模拟中对保险资金的未来投资收益率做出合理的假设，对投资工具进行角度不同的解析，从而为投资人员提供决策参考、甚至决策指导。北美精算师系统、英国精算师系统和中国精算师系统，为了让精算师介入投资问题，在精算师资格考试中设置了投资科目的考试。目前精算式投资管理的技术已日趋成熟，资产负债管理模型层出不穷，推动着保险投资精算理论和实践日新月异地发展。

3. 保险监管和保险法律环境

2015年保监会发布了中国风险导向偿付能力体系的17项监管规则，并下发了《关于中国风险导向偿付能力体系的实施过渡期有关事项的通知》，标志着我国保险行业进入偿二代的试运行过渡期。偿付能力二代的中心思想是风险管理，保险公司建立全面风险管理系统，定期进行自我风险评估，并上报保监会；保监会则通过保险公司的总体风险状况进行综合评级，并对其实施相应的分级监管。2015年新保险法修订涉及保险业务经营的各方面，将对寿险业的经营产生十分深远的影响。

（1）影响保险合同订立及履行

新《保险法》修订了如实告知条款，增设了不可抗辩条款，限制保险人合同解除权，约束保险人的抗辩权。不可抗辩条款的增设，有利于督促保险人及时行使合同解除权，稳定保险合同关系，尤其有利于保护长期人身保险合同项下的被保险人利益，同时也对寿险公司积极防范经营风险提出了更高的要求。规范格式条款，规定不得加重消费者责任或排除消费者依法享有的权利。这要求寿险公司应依法规范地制定格式条款，切实保护保险客户的合法权益。规定保险人对保险合同中的免责条款有提示和明确说明的义务，且保险公司对免责条款的说明义务范围有所扩大。寿险公司明确说明义务的对象限定为格式条款。新《保险法》将保险公司明确说明义务的对象限定为格式条款，由于保险合同未必都采用格式条款，因此该规定将一定程度上减轻寿险公司在条款说明上的责任。

（2）影响寿险公司的经营管理

关于核保方面，因为新《保险法》增加了不可抗辩条款，约束了保险人的抗辩权，对寿险公司业务经营中风险选择与控制提出了更高要求，为此，寿险公司必须切实完善核保流程、提高核保要求，以保证公司业务经营的稳定性。有利于寿险公司的保费收缴工作。新《保险法》第三十八条规定："人寿保险的保险费，不得用诉讼方式要求投保人支付。"由此可见，意外险、健康险的保险费将可以通过诉讼方式要求投保人支付，一定程度上使得保险公司的保费收入更有保障。

（3）影响寿险产品的定价

寿险产品的定价主要受预定死亡率、预定利率和预定费用率的影响，此次保险法修订涉及寿险公司承保、理赔等经营的各个环节，从而也将影响保险产品价格的确定，主要体现在：首先，受不可抗辩条款的影响，保险人于合同生效两年后的解约权利受到约束，客观上寿险公司将增加赔付，长期人身保险产品特别是长期健康保险产品的事故发生率将有提高的趋势。而现阶段，各寿险公司在定价和评估过程中采用的生命表、疾病发生率等数据均未考虑到不可抗辩条款因素，公司很有必要根据实际情况加强对这些事故发生率的经验数据分析和调整,以期更科学准确地定价。其次,新《保险法》中诸多新增的规定都将会影响保险公司的运营成本从而影响保险产品的预定费用率。

4. 国际保险业的新变化

根据《中国保险业竞争力报告(2013—2014)》,2013年全球直接保费收入为4.64万亿美元,总增长率为1.4%,低于2012年的2.5%。其中,全球寿险保费收入涨幅为0.7%,低于2012年全球寿险保费收入涨幅2.3%,全球寿险保费收入达到2.61万亿美元。

2013年,全球寿险总收入同比增长2.9%。其中意大利和法国在2013年度扭转了负增长的趋势,日本、英国和美国的寿险增长速度则进一步放缓。

美国、加拿大、日本和法国非寿险保费收入在2013年度快速增长,增长率高于2012年度。而英国和意大利仍处于保费负增长状态,但有减少的趋势。

从全球保费结构整体来看,寿险的保费收入高于非寿险。2013年寿险与非寿险的比例大约为9:7,略低于2012年的4:3。亚洲、非洲和北美洲的寿险和非寿险的比例与2012年相比呈现下降趋势,其余地区的产寿险比例则相反。其中,大洋洲在2013年寿险市场较非寿险更为繁荣;较于2012年,亚洲和非洲市场的寿险比例稍有下降,这两个市场的寿险保费收入约占总保费收入的70%。

从全球保险市场份额来看,欧洲市场的总产寿险保费收入占全球产寿险保费收入的35.16%,2012年占比为33.28%,相较去年上升了1.88个百分点。北美市场总产寿险保费收入占全球的29.83%,2012年为30.21%,亚洲市场总产寿险保费收入占全球的27.55%,低于2012年29.19%的占比。

2013年,全球平均保险深度为6.3%,与2012年的6.5%相比下降了0.2个百分点。北美洲和欧洲的保险深度分别为7.4%和6.8%,高于全球平均水平。然而,大洋洲和亚洲的保险深度有明显下降,由2012年的5.6%和5.73%下降至5.2%和5.4%。

2013年全球保险密度达到652美元,略低于2012年的655.7美元。寿险业的保险密度由2012年的372.6美元降至2013年的366美元,相反,非寿险的保险密度在2013年上升了1.9%。北美洲、大洋洲和欧洲仍远远高于全球平均水平。亚洲整体保险密度较2012年有明显下降,从2012的321.7美元降至2013年的303美元。

综上所述,在全球寿险市场复苏的环境下,拥有巨大发展潜力的中国寿险市场迎来了来自世界宏观环境、国内政策支持层面、市场需求旺盛这三个方面的利好信息。在"偿二代"背景下,中国寿险公司将内外兼修,展现中国寿险发展的蓬勃生机,同时注重行业的可持续的健康发展。在这种背景下,对

2014年行业发展方面给出的评价分数为94.96分。从经济运行状况、宏观调控政策和行业发展现状三个方面进行层次分析。根据上述因素，我们确定的2014年中国寿险公司宏观指标综合得分为96.458分（见图4-20）。

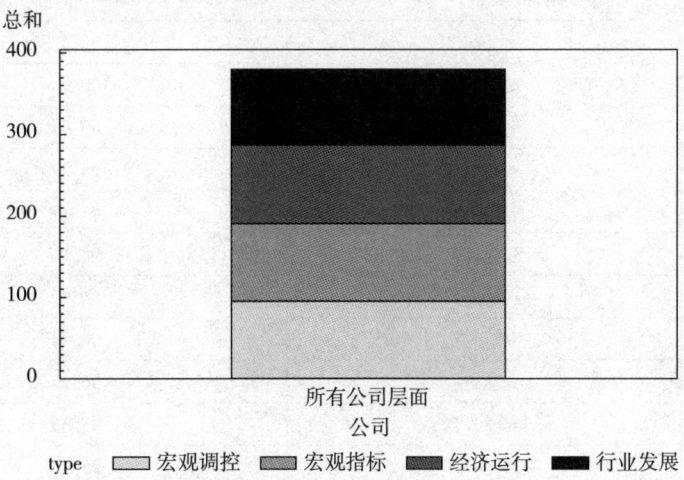

图4-20 2014年中国寿险公司宏观指标评级得分

二、中国寿险公司二级指标得分

现在介绍中国寿险公司财务实力、微观指标和宏观指标等一级指标下的二级指标得分情况。

首先从整体上分析二级指标的总体描述性统计量，见表4-13。

表4-13　　2014年中国寿险公司二级指标得分的描述性统计

变量	标签	样本	均值	标准差	最小值	最大值
index11	盈利能力	61	85.13	8.77	70	100
index12	偿债能力	61	89.37	6.30	70	100
index13	营运能力	61	86.81	6.27	70	100
index14	现金流量	61	92.46	8.71	70	100
index15	发展能力	61	89.55	8.00	70	100
index21	股东背景与主要股东变动	61	83.61	6.59	80	100
index22	分支机构的开设数量	61	83.61	7.08	80	100
index23	风险管理机构设立	61	83.77	6.62	80	100
index24	风险信息披露程度	61	100	0	100	100
index25	市场占有率	61	88.17	5.56	70	100
index26	社会声誉和服务	61	84.62	3.60	78.81	94.85

(一) 从盈利能力方面分析

在盈利能力指标上,得分较高的十家中国寿险公司排名情况见表 4-14。

表 4-14   2014 年盈利能力得分较高的十家中国寿险公司的排名

排名	公司	盈利能力
1	安邦人寿	100.00
2	正德人寿	99.61
3	国华	98.22
4	中融人寿	98.17
5	汇丰人寿	98.16
6	君龙人寿	96.99
7	中航三星	96.44
8	泰康	96.29
9	吉祥人寿	95.65
10	平安寿	95.56

从表 4-14 中可以看到,排名前十的寿险公司盈利能力得分都在 95 之上,其中排名前三的为安邦人寿、正德人寿和国华。

在盈利能力指标上得分较低的十家中国寿险公司排名情况见表 4-15。

表 4-15   2014 年盈利能力得分较低的十家中国寿险公司的排名

排名	公司	盈利能力
1	长城	70.00
2	光大永明	71.74
3	弘康人寿	72.05
4	前海人寿	72.25
5	海康人寿	72.67
6	合众人寿	72.69
7	英大人寿	72.98
8	农银人寿	73.32
9	天安人寿	73.39
10	恒安标准	73.57

从表 4-15 可以看到,长城的盈利能力得分最低,这也是长城综合排名不太理想的重要原因之一。

盈利能力得分分布情况见图 4-21。

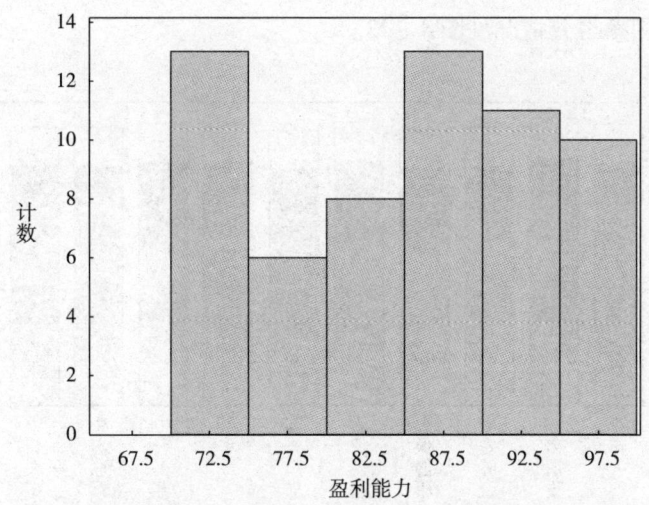

图 4-21　中国寿险公司盈利能力得分分布

其中，盈利能力得分超过 95 分的寿险公司，其盈利能力得分、保费利润率、总资产利润率、净资产利润率、投资收益率、综合赔付率、综合费用率得分情况见图 4-22。

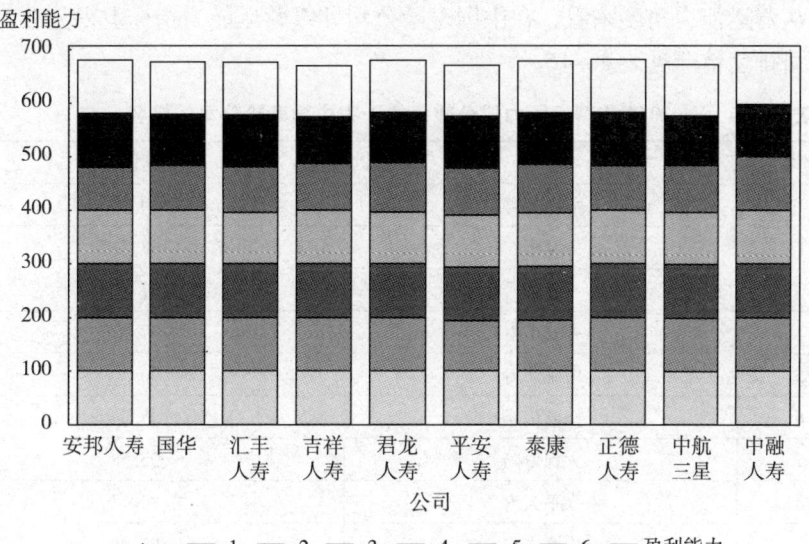

图 4-22　2014 年中国寿险公司盈利能力超过 95 分的公司得分

其中，盈利能力得分大于等于 90 分但低于 95 分的寿险公司，其盈利能力得分、保费利润率、总资产利润率、净资产利润率、投资收益率、综合赔付率、综合费用率得分情况见图 4 – 23。

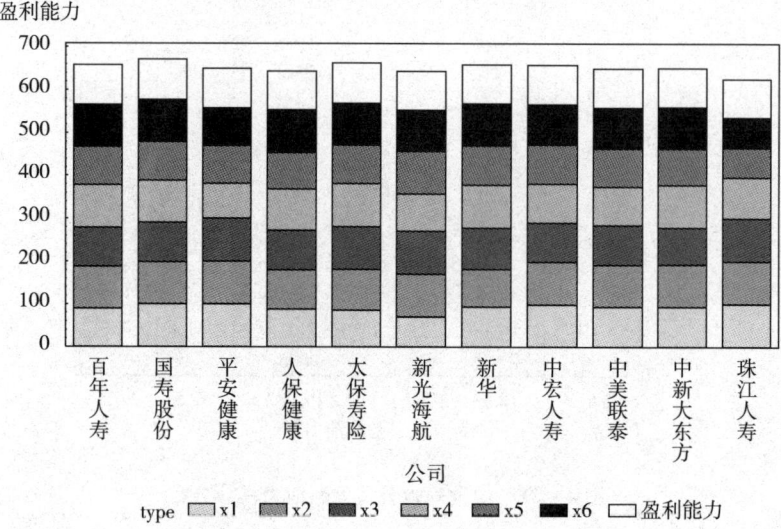

图 4 – 23　2014 年中国寿险公司盈利能力为 90 ~ 95 分的公司得分

（二）从营运能力方面分析

从营运能力角度来看，在中国寿险公司评级营运能力指标上得分较高的十家公司排名情况见表 4 – 16。

表 4 – 16　2014 年营运能力得分较高的十家中国寿险公司的排名

排名	公司	营运能力
1	太保人寿	100.00
2	泰康	98.76
3	新华	97.76
4	平安人寿	97.17
5	中邮人寿	96.73
6	招商信诺	95.94
7	人保寿险	95.58
8	太平人寿	94.17
9	生命人寿	93.98
10	建信人寿	92.29

从表 4 – 16 中可以看到，在营运能力方面，太保人寿表现优异，取得最高分。紧随其后的为泰康、新华和平安人寿等老牌寿险公司。而颇具竞争力的人保寿险，得分却相对较低。

从营运能力角度来看，在营运能力指标上得分较低的十家中国寿险公司情况见表 4-17。

表 4-17 2014 年营运能力得分较低的十家中国寿险公司的排名

排名	公司	营运能力
1	昆仑健康	70.00
2	新光海航	70.35
3	弘康人寿	70.69
4	长城	77.70
5	海康人寿	78.45
6	民生人寿	78.55
7	合众人寿	79.58
8	复星保德信	80.44
9	珠江人寿	81.51
10	中德安联	82.17

从表 4-17 中可以看到，从营运能力角度来看，昆仑健康的得分最低，其次为新光海航、弘康人寿，这三家公司的营运能力应该作为其日后经营管理中需要重点关注的方面。

营运能力分数的具体分布情况见图 4-24。

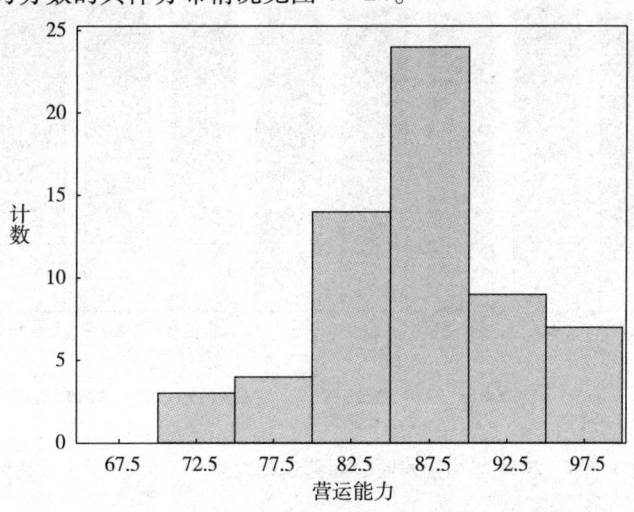

图 4-24 2014 年中国寿险公司营运能力得分分布

其中，营运能力得分超过 95 分的寿险公司，其营运能力得分、承保潜力、应收保费率、自留比例得分情况如图4-25所示。

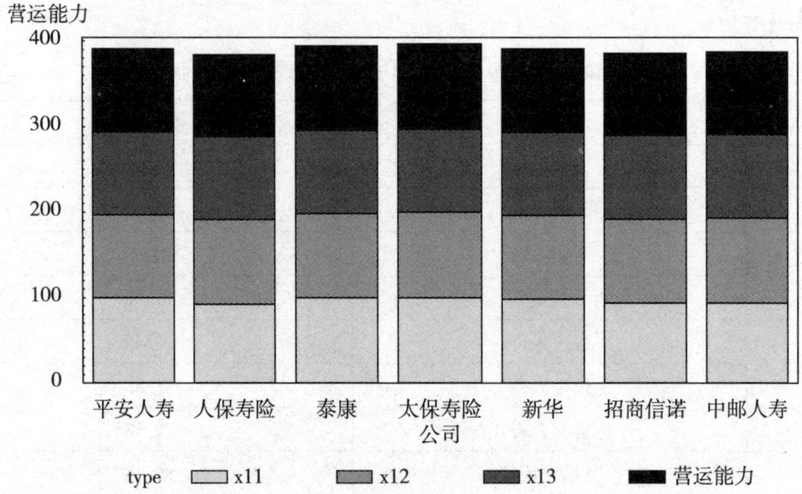

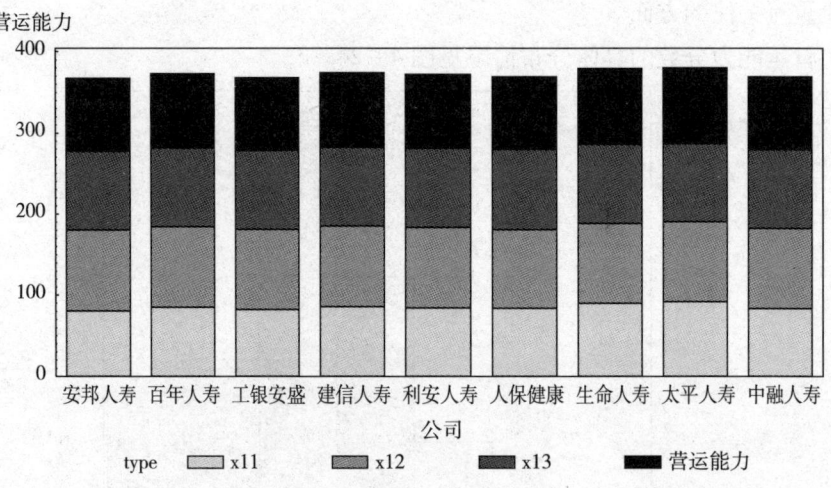

图 4-25　2014 年中国寿险公司营运能力超过 95 分的公司得分

其中,从营运能力角度,得分不低于90分但低于95分的寿险公司,其营运能力得分、承保潜力、应收保费率、自留比例得分情况可从图4-26中获取。

图 4-26　2014 年中国寿险公司营运能力为 90~95 分的公司得分

（三）从偿债能力方面分析

从偿债能力角度分析,得分较高的十家中国寿险公司排名情况如表4-18所示。

表4-18　　2014年偿债能力得分较高的十家中国寿险公司的排名

排名	公司	偿债能力
1	和谐健康	100.00
2	弘康人寿	99.84
3	复星保德信	97.07
4	长生人寿	96.68
5	安邦人寿	96.50
6	国泰人寿	95.86
7	君龙人寿	95.79
8	吉祥人寿	95.42
9	利安人寿	95.40
10	天安人寿	95.38

值得一提的是，和谐健康取得最高分，同时，弘康人寿、复星保德信以及长生人寿也都取得了不错的成绩，值得关注的一点是在偿付能力方面排名靠前的十家公司中并没有太多传统的大型寿险公司。

从偿债能力角度分析，得分较低的十家中国寿险公司排名情况如表4-19所示。

表4-19　　2014年偿债能力得分较低的十家中国寿险公司的排名

排名	公司	偿债能力
1	海康人寿	70.00
2	新华	76.79
3	交银康联	77.57
4	合众人寿	77.97
5	信泰	78.97
6	中法人寿	80.74
7	农银人寿	82.23
8	中意	82.59
9	友邦	82.87
10	平安人寿	82.98

海康人寿在偿债能力方面表现较差，同时新华和交银康联在偿债能力得分方面也表现得相对较差。

从偿债能力来看，得分分布情况如图4-27所示。

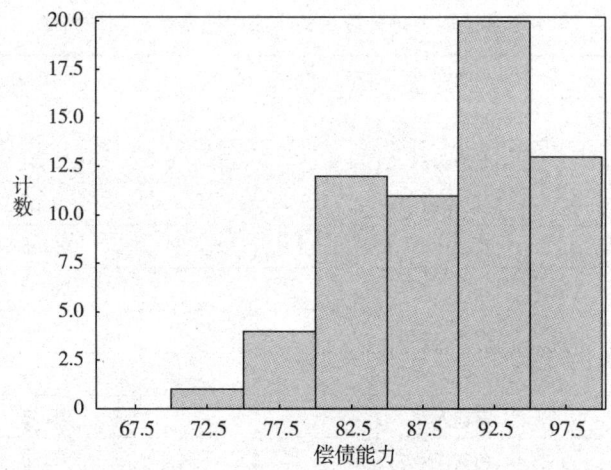

图 4-27　2014 年中国寿险公司偿债能力得分分布

其中，偿债能力得分超过 95 分的寿险公司，其偿债能力得分、偿付能力充足率、资产负债率、流动比率、未决赔款占比情况如图 4-28 所示。

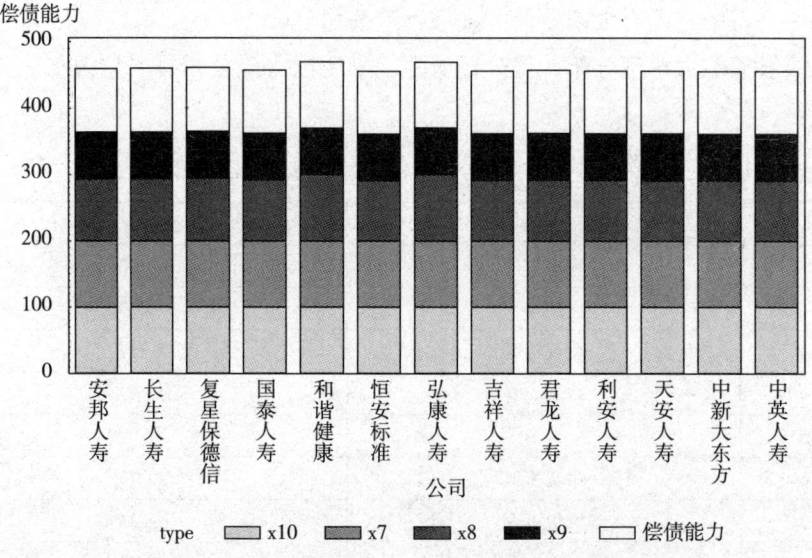

图 4-28　2014 年中国寿险公司偿债能力超过 95 分的公司得分

其中，偿债能力得分大于等于 90 分但低于 95 分的寿险公司，其偿债能力得分、偿付能力充足率、资产负债率、流动比率、未决赔款占比情况如图 4-29 所示。

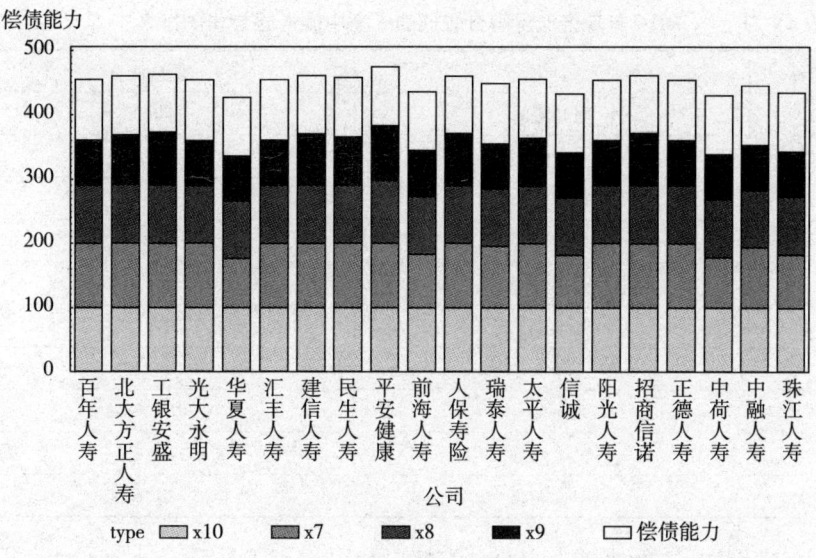

图 4-29 2012 年中国寿险公司偿债能力为 90~95 分的公司得分

（四）从现金流量方面分析

从现金流量方面来看，得分较高的十家中国寿险公司排名情况如表 4-20 所示。

表 4-20   2014 年现金流量得分较高的十家中国寿险公司的排名

排名	公司	现金流量
1	信诚	100.00
2	光大永明	99.97
3	正德人寿	99.94
4	安邦人寿	99.92
5	建信人寿	99.91
6	中新大东方	99.88
7	平安人寿	99.83
8	交银康联	99.78
9	弘康人寿	99.77
10	中航三星	99.75

从现金流量角度，实证结果显示得分较高的寿险公司除安邦人寿和平安人寿外资产规模都不是很大，如信诚、光大永明和正德人寿等。

从现金流量方面来看，得分较低的十家中国寿险公司排名情况如表 4-21 所示。

表 4-21　2014 年现金流量得分较低的十家中国寿险公司的排名

排名	公司	现金流量
1	新光海航	70.00
2	中意	72.11
3	和谐健康	72.49
4	海康人寿	72.92
5	人保健康	77.34
6	泰康	77.88
7	新华	79.77
8	太保人寿	79.78
9	民生人寿	81.13
10	中德安联	81.61

从现金流量方面来看，得分分布情况如图 4-30 所示。

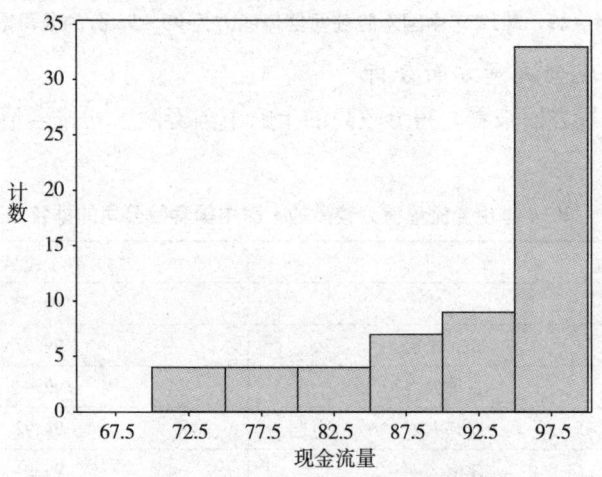

图 4-30　2014 年中国寿险公司现金流量得分分布

从中国寿险公司现金流量得分分布情况看，中国寿险公司整体上现金流量充足，可以支撑公司的正常运营。得分超过 95 分的中国寿险公司，其现金流量指标得分、经营活动现金流占保费收入百分比、现金流量对流动负债比率、现金流入流出比率、投资流入流出比率等得分情况如图 4-31 所示。

从现金流量来分析，得分在 90~95 分的中国寿险公司，其现金流量指标得分、经营活动现金流占保费收入百分比、现金流量对流动负债比率、现金流入流出比率、投资流入流出比率等得分情况如图 4-32 所示。

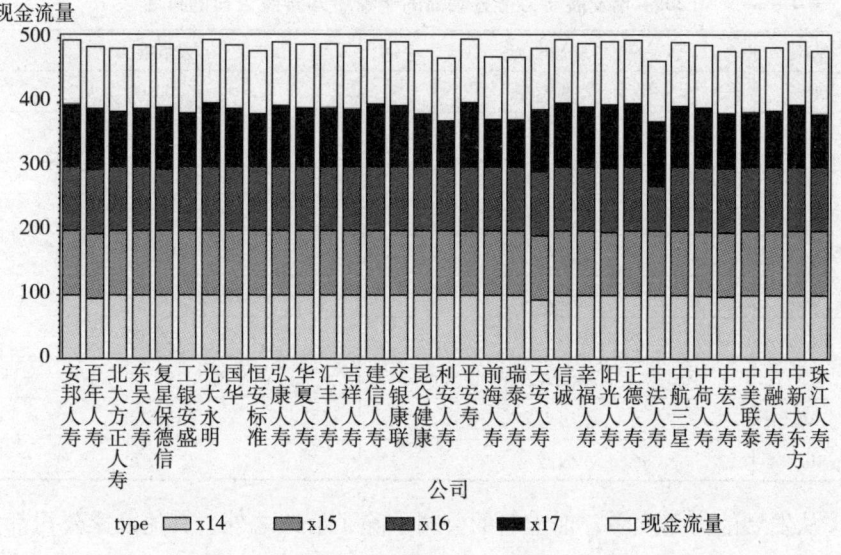

图4-31 2014年中国寿险公司现金流量得分超过95分的公司得分

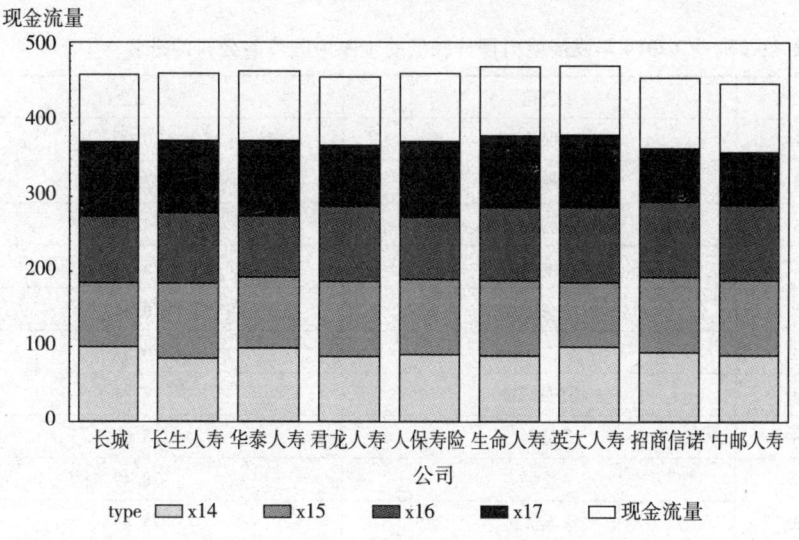

图4-32 2014年中国寿险公司现金流量为90~95分的公司得分

（五）从发展能力方面分析

从发展能力方面来看，得分较高的十家中国寿险公司排名情况如表4-22所示。

表4-22　2014年发展能力得分较高的十家中国寿险公司的排名

排名	公司	发展能力
1	太平人寿	100.00
2	安邦人寿	100.00
3	工银安盛	100.00
4	中融人寿	100.00
5	国华	100.00
6	前海人寿	100.00
7	东吴人寿	100.00
8	珠江人寿	100.00
9	弘康人寿	100.00
10	信诚	98.02

从发展能力角度看，前十名的公司中除了信诚之外，其他九家公司都为满分，表现出色。

从发展能力方面来看，得分较低的十家中国寿险公司排名情况如表4-23所示。

表4-23　2014年发展能力得分较低的十家中国寿险公司的排名

排名	公司	发展能力
1	太保人寿	70.00
2	中邮人寿	72.43
3	中法人寿	74.75
4	长生人寿	75.57
5	昆仑健康	76.46
6	交银康联	76.57
7	恒安标准	77.87
8	信泰	78.08
9	长城	78.47
10	华泰人寿	78.84

从发展能力方面来看，得分分布情况如图4-33所示。

从发展能力方面来看，得分超过95分的中国寿险公司，其发展能力指标得分、保费（收入）增长率、总资产增长率、资本积累率、利润增长率等得分情况如图4-34所示。

从发展能力方面来看，得分90~95分的中国寿险公司，其发展能力指标

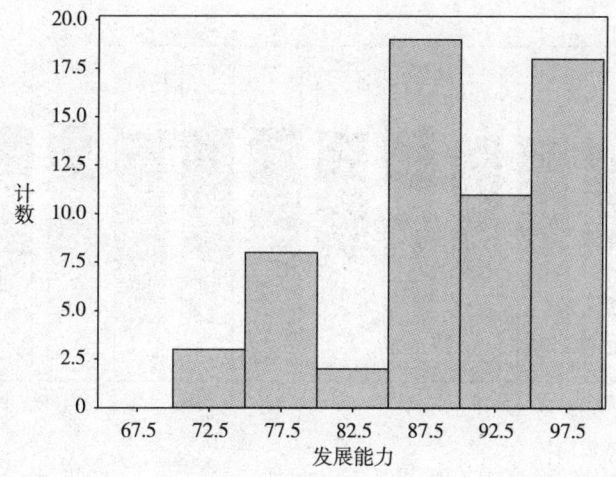

图4-33 2014年中国寿险公司发展能力得分的分布

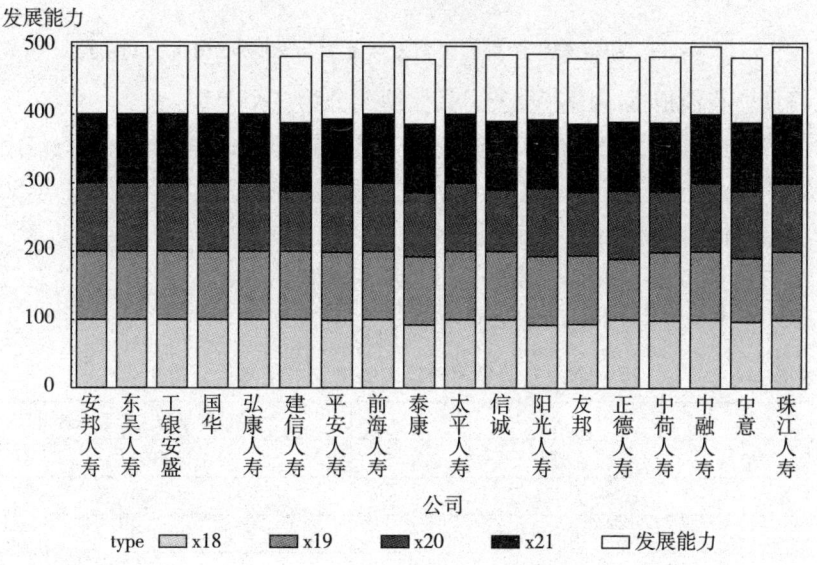

图4-34 2014年中国寿险公司发展能力超过95分的公司得分

得分、保费（收入）增长率、总资产增长率、资本积累率、利润增长率等得分情况如图4-35所示。

（六）从股东背景方面分析

从股东背景方面，主要需要专家组基于股东背景和主要股东变动情况来确定。

这其中，我们需要考虑的因素为是否国有大型公司（央企）以及实际控

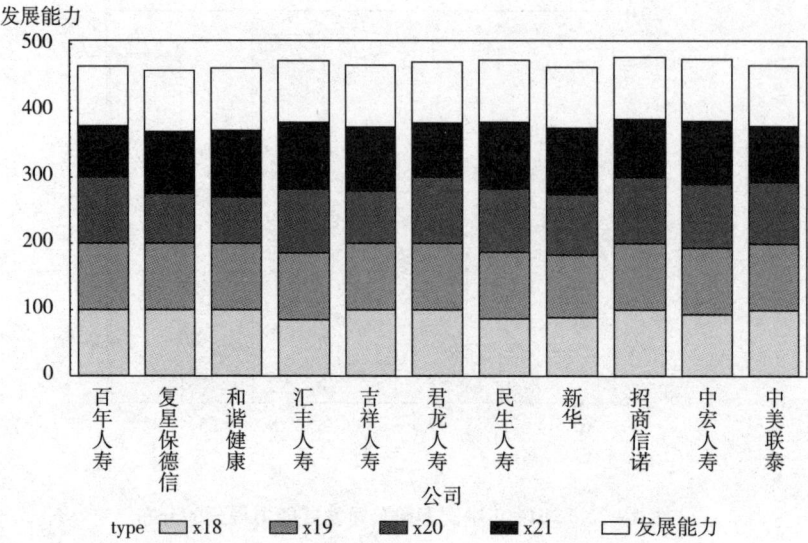

图 4 – 35　2014 年中国寿险公司发展能力为 90 ~ 95 分的公司得分

股人信息。我们根据中国寿险公司具体情况分为三个等级：

第一级：满分，财政部和汇金公司为实际控制人，体现国家主权信用；

第二级：85 分以上，大型央企和地方国资部门为实际控制人（含 50% 对等股权），体现国有股份的实质托底性；

第三极：70 分，其余性质的企业为实际控制人。

其中得分较高的十家中国寿险公司见表 4 – 24。

表 4 – 24　　　　2014 年股东背景得分较高的十家中国寿险公司

排名	公司	股东背景与主要股东变动
1	新华	100
2	太平人寿	100
3	国寿股份	100
4	人保寿险	100
5	太保人寿	100
6	人保健康	100
7	平安人寿	90
8	泰康	90
9	安邦人寿	90
10	建信人寿	90

在股东背景得分角度，得分较高的公司都为传统的老牌保险公司，其中新华表现最为出众。

得分较低的十家中国寿险公司如表4-25所示。

表4-25　　　　2014年股东背景得分较低的十家中国寿险公司

排名	公司	股东背景与主要股东变动
1	阳光人寿	80
2	生命人寿	80
3	中融人寿	80
4	招商信诺	80
5	国华	80
6	信诚	80
7	中美联泰	80
8	百年人寿	80
9	中宏人寿	80
10	正德人寿	80

而得分较低的中国寿险公司一般都为依靠集团实力的新兴公司或者是中外合资的寿险公司。

从股东背景和主要股东变动角度来看，得分分布情况如图4-36所示。

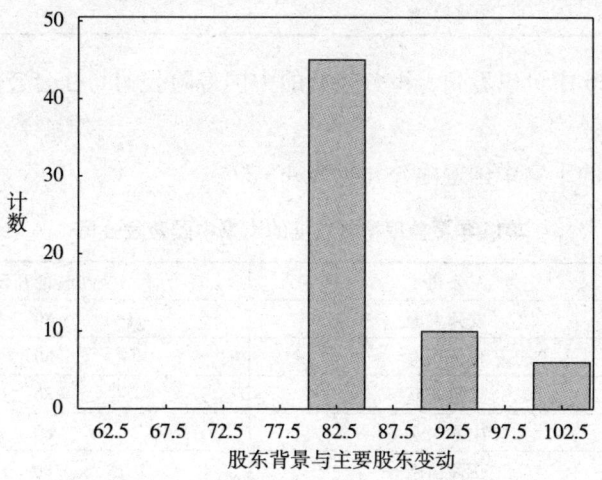

图4-36　2014年中国寿险公司股东背景
与主要股东变动得分的分布

从股东背景得分角度，中国寿险公司中的大部分得分不是很高，主要集中在80~85分档，这在一定程度上也与中国寿险公司的构成结构有关。

(七) 从分支机构和覆盖率方面分析

分支机构的开设数量得分（覆盖率）需要结合年鉴来进行考核，我们主要考察省级及直辖市以上分支机构数据，以度量其综合覆盖率。

覆盖率数据需要结合年鉴数据进行考核，我们主要考察省级及直辖市以上分支机构数据，根据分支机构的数据进行给分。

覆盖率得分较高的十家中国寿险公司见表4-26。

表4-26　　　2014年覆盖率得分较高的十家中国寿险公司

排名	公司	分支机构的开设数量
1	平安人寿	100
2	新华	100
3	太平人寿	100
4	国寿股份	100
5	泰康	100
6	人保寿险	100
7	太保人寿	100
8	阳光人寿	100
9	人保健康	90
10	生命人寿	90

从表4-26中可以看到，得分较高的中国寿险公司与社会公认的公司规模排序基本一致。

得分较低的十家中国寿险公司见表4-27。

表27　　　2014年覆盖率得分较低的十家中国寿险公司

排名	公司	分支机构的开设数量
1	安邦人寿	80
2	建信人寿	80
3	工银安盛	80
4	中融人寿	80
5	招商信诺	80
6	国华	80
7	信诚	80
8	中美联泰	80
9	百年人寿	80
10	中宏人寿	80

从分支机构和覆盖率得分来看，分布情况可从图4-37中得出。

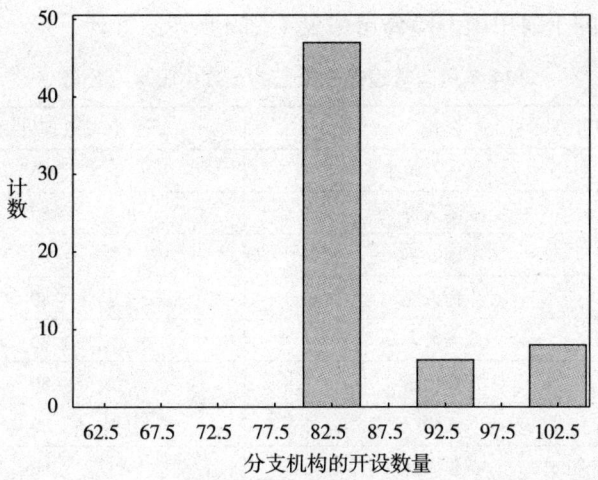

图 4-37 2014年中国寿险公司分支机构和覆盖率得分的分布

在分支机构和覆盖率得分方面,中国寿险公司的表现与股东背景得分表现非常一致,除极少数传统寿险公司表现良好外,绝大多数公司的得分集中在 80~85 分档。

（八）从风险管理机构方面分析

从风险管理机构设立得分角度,相对于早期的非寿险公司评级有了很大变化。全国范围内几乎所有保险公司都设置了风险管理部门。我们采用专家评估法,董事会层面和管理层层面都设有风险管理部门的,即风险管理委员会和风险管理部俱全的,原则上是满分,稍差的设立 90 分档和 80 分档。

风险管理得分较高的十家中国寿险公司见表 4-28。

表 4-28 2014 年风险管理得分较高的十家中国寿险公司

排名	公司	风险管理机构设立
1	平安人寿	100
2	新华	100
3	太平人寿	100
4	国寿股份	100
5	泰康	100
6	太保人寿	100
7	建信人寿	90
8	人保健康	90
9	阳光人寿	90
10	信诚	90

得分较低的十家中国寿险公司如表 4-29 所示。

表 4-29　　2014 年风险管理得分较低的十家中国寿险公司

排名	公司	风险管理机构设立
1	人保寿险	80
2	安邦人寿	80
3	工银安盛	80
4	生命人寿	80
5	中融人寿	80
6	招商信诺	80
7	国华	80
8	百年人寿	80
9	正德人寿	80
10	幸福人寿	80

从风险管理机构进行分析，中国寿险公司的得分分布情况如图 4-38 所示。

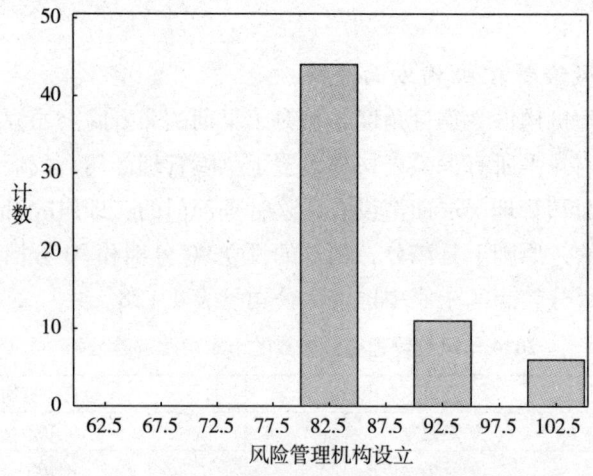

图 4-38　2014 年中国寿险公司风险管理得分的分布

从整体看，中国寿险公司的风险管理能力仍存在较大的提升空间，随着"偿二代"的深化发展，监管机构对于风险管理的重视也必将促使中国寿险公司风险管理能力进一步提升。

（九）从信息披露方面分析

基于中国寿险公司报表所披露的信息，几乎所有进行分析的中国寿险公司，都按照保监会的要求进行信息披露，因此，专家建议都给 100 分。

（十）从市场占有率方面分析

根据统一口径的保费收入占比，我们直接按照功效函数计算得分。中国寿险公司市场占有率情况见图4-39。

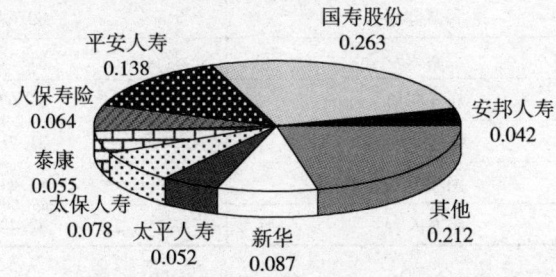

图4-39　2014年中国寿险公司市场占有率

在市场占有率方面，排名较高的十家中国寿险公司见表4-30。

表4-30　2014年市场占有率得分较高的十家中国寿险公司

排名	公司	市场占有率
1	国寿股份	100.00
2	平安人寿	98.37
3	新华	97.21
4	太保人寿	96.94
5	人保寿险	96.41
6	泰康	96.04
7	太平人寿	95.89
8	安邦人寿	95.36
9	生命人寿	94.47
10	中邮人寿	93.13

国寿股份、平安人寿、新华、太保人寿以及人保寿险排名前五位，这也同样基于这几家公司在其他方面的优异表现。

排名较低的十家中国寿险公司见表4-31。

表4-31　2014年市场占有率得分较低的十家中国寿险公司

排名	公司	市场占有率
1	中法人寿	70.00
2	复星保德信	77.28
3	珠江人寿	78.70

续表

排名	公司	市场占有率
4	昆仑健康	79.21
5	和谐健康	80.67
6	瑞泰人寿	81.22
7	新光海航	81.67
8	长生人寿	81.76
9	国泰人寿	82.41
10	君龙人寿	82.44

从市场占有率方面来分析，得分分布情况见图 4 - 40。

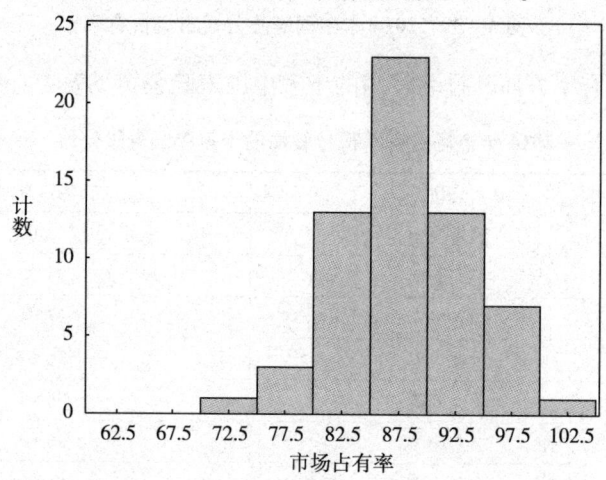

图 4 - 40　2014 年中国寿险公司市场占有率得分的分布

（十一）从社会声誉和服务方面分析

从社会声誉和服务方面，本书主要依据专家打分计算平均值，给出社会声誉和服务得分。

其中得分较高的十家中国寿险公司见表 4 - 32。

表 4 - 32　2014 年社会声誉和服务较分最高的十家中国寿险公司

排名	公司	社会声誉和服务
1	国寿股份	94.85
2	平安人寿	93.46
3	泰康	92.23
4	太保人寿	90.92

续表

排名	公司	社会声誉和服务
5	太平人寿	90.88
6	新华	90.81
7	人保寿险	90.73
8	中意	89.58
9	友邦	88.54
10	中宏人寿	88.31

得分较高的除了国寿股份、平安人寿、泰康、太保人寿和太平人寿这五家传统的老牌公司之外，人保寿险表现相对较差，而中意和中宏这两家公司值得我们去探求其社会声誉和服务得分较高的背后原因。

其中得分较低的十家中国寿险公司见表4-33。

表4-33　2014年社会声誉和服务得分较低的十家中国寿险公司

排名	公司	社会声誉和服务
1	吉祥人寿	78.81
2	君龙人寿	78.92
3	弘康人寿	79.62
4	复星保德信	79.69
5	珠江人寿	80.08
6	东吴人寿	80.15
7	汇丰人寿	80.35
8	中新大东方	80.38
9	信泰	80.77
10	正德人寿	81.31

社会声誉和服务得分没有70~100分的取值限制，专家可以给0分。而且，最终计算出来的平均分，我们没有进行标准化处理或者其他转换处理，保证了分数的"原汁原味"。

从社会声誉和服务角度来分析，得分分布情况见图4-41。

从社会声誉和服务的整体分布情况来看，绝大多数公司的社会声誉和服务得分集中在80~90分档，也存在少数公司得分较低的情况，需要着力采取措施提高其在社会中的口碑，得到市场认可。

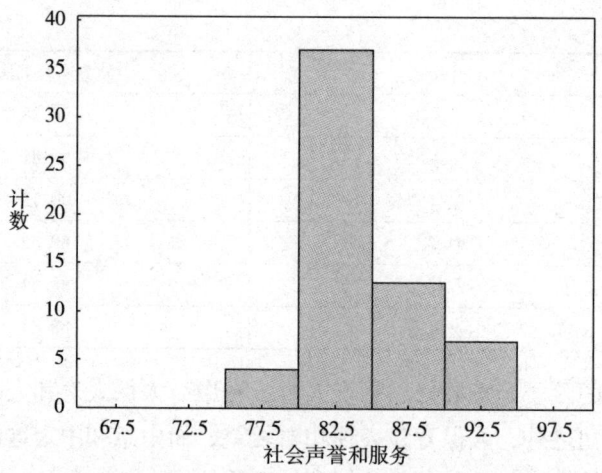

图 4-41 2014 年中国寿险公司社会声誉和服务得分的分布

三、中国寿险公司三级指标得分

考虑到微观指标和宏观指标最细只有二级指标得分，我们主要介绍财务指标下的三级指标得分情况。

根据计算结果，三级指标的简单描述统计量见表 4-34。

表 4-34　　　　　2014 年三级指标的简单描述统计量

变量	N	均值	标准差	最小值	最大值
x1	61	92.63	7.89	70	100
x2	61	88.45	11.34	70	100
x3	61	85.34	11.31	70	100
x4	61	94.13	7.12	70	100
x5	61	88.21	7.35	70	100
x6	61	90.82	9.22	70	100
x7	61	93.33	9.93	70	100
x8	61	89.47	5.67	70	100
x9	61	79.23	10.56	70	100
x10	61	98.81	5.23	70	100
x11	61	79.16	8.69	70	100
x12	61	96.66	4.88	70	100
x13	61	96.42	4.07	70	100

续表

变量	N	均值	标准差	最小值	最大值
x14	61	93.30	9.41	70	100
x15	61	93.40	10.09	70	100
x16	61	96.57	6.90	70	100
x17	61	91.53	8.13	70	100
x18	61	92.81	10.15	70	100
x19	61	95.71	8.68	70	100
x20	61	92.83	8.73	70	100
x21	61	87.07	13.25	70	100

从表4-34中可以看出，x8、x10、x12和x13这四个指标的区分度不大。

（一）从盈利能力方面分析

从盈利能力方面来分析，盈利能力较好的十家中国寿险公司，其三级指标得分情况见表4-35。

表4-35 2014年盈利能力得分较高的十家中国寿险公司的三级指标得分

排名	公司	x1	x2	x3	x4	x5	x6	盈利能力
1	安邦人寿	100.00	100.00	100	100.00	80.45	100.00	100.00
2	正德人寿	100.00	100.00	100	100.00	83.04	99.11	99.61
3	国华	100.00	100.00	100	100.00	83.68	94.75	98.22
4	中融人寿	100.00	100.00	100	100.00	100.00	96.76	98.17
5	汇丰人寿	100.00	100.00	100	96.00	85.04	96.74	98.16
6	君龙人寿	100.00	100.00	100	96.61	92.07	93.55	96.99
7	中航三星	98.72	100.00	100	96.67	88.18	91.88	96.44
8	泰康	100.00	95.11	100	100.00	90.55	96.04	96.29
9	吉祥人寿	100.00	100.00	100	100.00	87.11	86.78	95.65
10	平安人寿	100.00	93.94	100	97.00	87.73	96.36	95.56

盈利能力较好的公司往往在x1~x4这三个指标上的得分也很高，因为其权重很大，对于整体盈利能力的贡献也较大。

其中，盈利能力较低的十家中国寿险公司，其三级指标得分情况见表4-36。

表4-36 2014年盈利能力得分较低的十家中国寿险公司的三级指标得分

排名	公司	x1	x2	x3	x4	x5	x6	盈利能力
1	长城	75.57	72.90	76.16	96.12	100.00	73.50	70.00
2	光大永明	86.64	71.32	71.68	84.79	92.72	88.63	71.74
3	弘康人寿	84.21	70.00	71.33	70.00	85.67	100.00	72.05
4	前海人寿	89.76	74.06	73.85	70.02	82.00	88.55	72.25
5	海康人寿	100.00	81.92	71.11	91.02	100.00	70.00	72.67
6	合众人寿	70.00	79.77	84.61	90.90	100.00	70.00	72.69
7	英大人寿	84.53	70.89	70.48	97.48	91.23	90.79	72.98
8	农银人寿	84.94	71.07	72.96	89.96	91.65	92.26	73.32
9	天安人寿	83.67	70.00	70.00	100.00	89.59	93.37	73.39
10	恒安标准	84.74	71.69	71.00	96.73	88.67	91.48	73.57

（二）从偿债能力方面分析

基于偿债能力角度，得分较高的十家中国寿险公司，其三级指标得分情况如表4-37所示。

表4-37 2014年偿债能力得分较高的十家中国寿险公司的三级指标得分

排名	公司	x7	x8	x9	x10	偿债能力
1	和谐健康	100	100.00	70	99.99	100.00
2	弘康人寿	100	100.00	70	99.73	99.84
3	复星保德信	100	94.36	70	99.90	97.07
4	长生人寿	100	93.48	70	99.98	96.68
5	安邦人寿	100	93.46	70	99.69	96.50
6	国泰人寿	100	91.87	70	99.94	95.86
7	君龙人寿	100	91.82	70	99.87	95.79
8	吉祥人寿	100	91.16	70	99.81	95.42
9	利安人寿	100	91.17	70	99.75	95.40
10	天安人寿	100	91.06	70	99.83	95.38

偿债能力得分较高的中国寿险公司主要得益于x7、x8这两个指标得分的良好表现。

从偿债能力角度分析，得分较低的十家中国寿险公司，其三级指标得分情况如表4-38所示。

表4-38　2014年偿债能力得分最低的十家中国寿险公司的三级指标得分

排名	公司	x7	x8	x9	x10	偿债能力
1	海康人寿	100.00	89.39	95.42	70.00	70.00
2	新华	91.89	70.00	90.78	99.89	76.79
3	交银康联	100.00	70.00	91.32	99.78	77.57
4	合众人寿	70.00	89.28	99.92	98.86	77.97
5	信泰	71.53	89.83	97.90	98.55	78.97
6	中法人寿	100.00	92.77	70.00	71.44	80.74
7	农银人寿	87.84	88.84	94.92	99.38	82.23
8	中意	97.51	89.66	99.17	99.95	82.59
9	友邦	100.00	89.66	99.14	99.81	82.87
10	平安人寿	89.72	89.25	94.70	99.84	82.98

（三）从营运能力方面分析

从营运能力角度来看，得分较高的十家中国寿险公司，其三级指标得分情况如表4-39所示。

表4-39　2014年营运能力得分较高的十家中国寿险公司的三级指标得分

排名	公司	x11	x12	x13	营运能力
1	太保人寿	100.00	99.81	97.05	100.00
2	泰康	100.00	98.23	97.38	98.76
3	新华	97.80	98.59	97.08	97.76
4	平安人寿	100.00	96.44	97.39	97.17
5	中邮人寿	93.39	99.64	97.62	96.73
6	招商信诺	93.57	98.20	98.27	95.94
7	人保寿险	91.90	99.58	97.08	95.58
8	太平人寿	91.63	98.70	96.22	94.17
9	生命人寿	89.58	98.98	97.24	93.98
10	建信人寿	85.55	99.48	97.06	92.29

营运能力得分较高，受x11这一指标的影响较大，其次为x12，最后是x13。

从营运能力方面分析，得分较低十家中国寿险公司，其三级指标得分情况如表4-40所示。

表4-40 2012年营运能力得分较低的十家中国寿险公司的三级指标得分

排名	公司	x11	x12	x13	营运能力
1	昆仑健康	70.51	78.02	97.08	70.00
2	新光海航	70.00	97.41	70.00	70.35
3	弘康人寿	84.95	70.00	98.04	70.69
4	长城	70.00	96.82	86.72	77.70
5	海康人寿	70.01	95.88	89.60	78.45
6	民生人寿	76.30	87.17	97.16	78.55
7	合众人寿	70.00	98.63	87.91	79.58
8	复星保德信	70.50	92.84	97.65	80.44
9	珠江人寿	70.16	94.83	97.13	81.51
10	中德安联	72.36	96.20	94.55	82.17

（四）从现金流量方面分析

从现金流量角度看，得分较高的十家中国寿险公司，其三级指标得分情况如表4-41所示。

表4-41 2014年现金流量得分较高的十家中国寿险公司的三级指标得分

排名	公司	x14	x15	x16	x17	现金流量
1	信诚	100	100.00	100.00	98.62	100.00
2	光大永明	100	100.00	100.00	98.13	99.97
3	正德人寿	100	100.00	99.68	98.53	99.94
4	安邦人寿	100	100.00	100.00	97.27	99.92
5	建信人寿	100	100.00	100.00	97.14	99.91
6	中新大东方	100	100.00	100.00	96.48	99.88
7	平安人寿	100	99.52	100.00	100.00	99.83
8	交银康联	100	100.00	100.00	94.84	99.78
9	弘康人寿	100	100.00	100.00	94.54	99.77
10	中航三星	100	100.00	100.00	94.35	99.75

对于现金流量得分的提升，可从x14~x16这三个方面进行努力。

从现金流量方面分析，得分较低的十家中国寿险公司，其三级指标得分情况如表4-42所示。

表4-42 2014年现金流量得分较低的十家中国寿险公司的三级指标得分

排名	公司	x14	x15	x16	x17	现金流量
1	新光海航	70.00	70.00	88.56	86.20	70.00
2	中意	73.00	71.93	87.33	94.13	72.11
3	和谐健康	70.64	73.70	90.70	100.00	72.49
4	海康人寿	74.74	71.86	86.67	98.90	72.92
5	人保健康	74.34	82.45	91.34	93.30	77.34

续表

排名	公司	x14	x15	x16	x17	现金流量
6	泰康	81.47	74.84	94.43	96.05	77.88
7	新华	79.82	81.09	94.97	94.78	79.77
8	太保人寿	71.07	88.93	100.00	93.74	79.78
9	民生人寿	83.96	78.59	97.69	98.14	81.13
10	中德安联	87.09	76.20	100.00	92.36	81.61

（五）从发展能力方面分析

从发展能力方面分析，得分较高的十家中国寿险公司，其三级指标得分情况如表4-43所示。

表4-43　2014年发展能力得分较高的十家中国寿险公司的三级指标得分

排名	公司	x18	x19	x20	x21	发展能力
1	太平人寿	100	100	100.0	100	100.00
2	安邦人寿	100	100	100.0	100	100.00
3	工银安盛	100	100	100.0	100	100.00
4	中融人寿	100	100	100.0	100	100.00
5	国华	100	100	100.0	100	100.00
6	前海人寿	100	100	100.0	100	100.00
7	东吴人寿	100	100	100.0	100	100.00
8	珠江人寿	100	100	100.0	100	100.00
9	弘康人寿	100	100	100.0	100	100.00
10	信诚	100	100	89.9	100	98.02

从发展能力方面分析，得分较低的十家中国寿险公司，其三级指标得分情况如表4-44所示。

表4-44　2014年发展能力得分较低十家中国寿险的公司的三级指标得分

排名	公司	x18	x19	x20	x21	发展能力
1	太保人寿	86.53	70.00	70.00	70.00	70.00
2	中邮人寿	80.23	70.00	100.00	70.00	72.43
3	中法人寿	70.00	70.00	72.44	100.00	74.75
4	长生人寿	76.77	93.15	83.21	70.00	75.57
5	昆仑健康	70.00	100.00	89.47	70.00	76.46
6	交银康联	100.00	70.00	87.97	70.00	76.57
7	恒安标准	85.72	86.32	93.56	70.00	77.87
8	信泰	70.00	100.00	100.00	70.00	78.08
9	长城	77.14	95.60	86.20	74.91	78.47
10	华泰人寿	74.69	84.28	93.43	85.27	78.84

本章附录 相关评级技术

一、三级指标盈利能力主成分分析

协方差矩阵的特征值

	特征值	差分	比例	累积
1	249.848099	159.773326	0.4913	0.4913
2	90.074773	31.399923	0.1771	0.6684
3	58.674850	8.869373	0.1154	0.7837
4	49.805477	14.572995	0.0979	0.8817
5	35.232482	10.276294	0.0693	0.9509
6	24.956188		0.0491	1.0000

特征向量

	Prin1	Prin2	Prin3	Prin4	Prin5	Prin6
x1	0.349303	-0.148929	-0.379507	0.272259	0.407887	0.686502
x2	0.669056	0.043720	0.102076	0.191833	0.398124	-0.587138
x3	0.645538	0.079933	0.162960	-0.456744	-0.519208	0.268595
x4	0.084615	0.284880	0.062637	0.800893	-0.514410	0.041387
x5	-0.056449	-0.019168	0.899336	0.105385	0.278961	0.314189
x6	-0.057322	0.942335	-0.079180	-0.167105	0.251221	0.106833

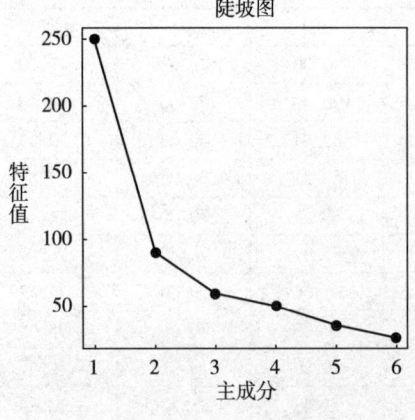

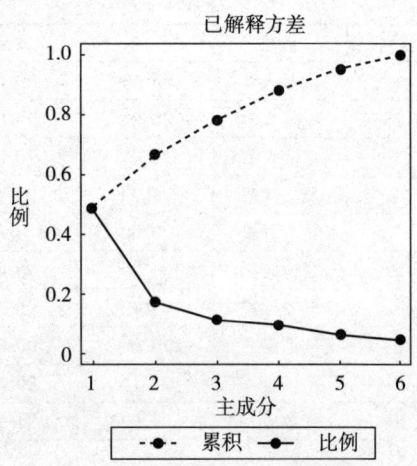

二、三级指标偿债能力主成分分析

相关矩阵的特征值

	特征值	差分	比例	累积
1.	1.25737669	0.19042142	0.3143	0.3143
2.	1.06695527	0.16305214	0.2667	0.5811
3.	0.90390314	0.13213824	0.2260	0.8071
4.	0.77176490		0.1929	1.0000

特征向量

	Prin1	Prin2	Prin3	Prin4
x7	0.588810	−0.279383	−0.527970	0.544514
x8	0.538733	0.059029	0.807988	0.231166
x9	−0.586888	−0.425802	0.237479	0.646420
x10	−0.136500	0.858576	−0.109579	0.481879

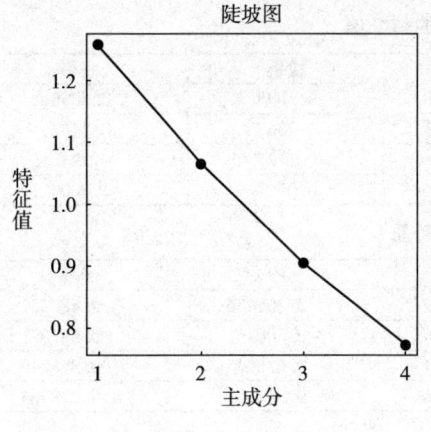

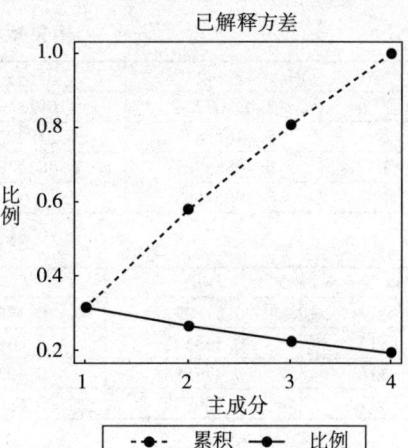

三、三级指标营运能力主成分分析

相关矩阵的特征值

	特征值	差分	比例	累积
1.	1.23461495	0.20522776	0.4115	0.4115
2.	1.02938719	0.29338932	0.3431	0.7547
3.	0.73599787		0.2453	1.0000

特征向量

	Prin1	Prin2	Prin3
x11	0.707924	0.219354	−0.671362
x12	0.006267	0.948561	0.316531
x13	0.706260	−0.228288	0.670135

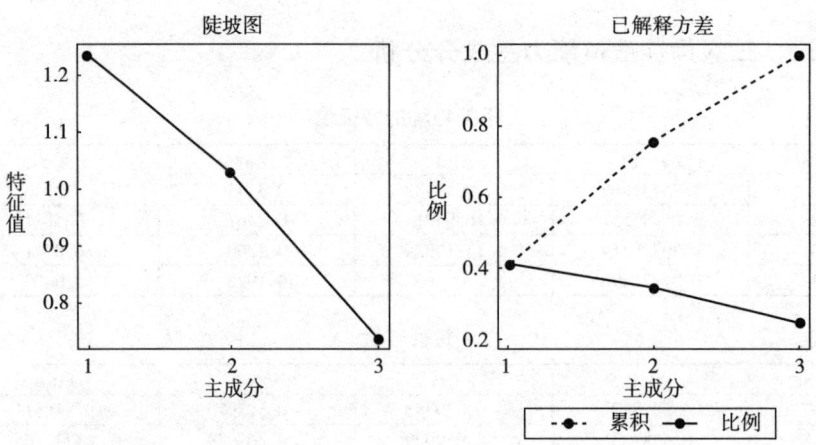

四、三级指标现金能力主成分分析

相关矩阵的特征值

	特征值	差分	比例	累积
1.	2.03807204	1.09131328	0.5095	0.5095
2.	0.94675877	0.23820515	0.2367	0.7462
3.	0.70855361	0.40193804	0.1771	0.9233
4.	0.30661558		0.0767	1.0000

特征向量

	Prin1	Prin2	Prin3	Prin4
x14	0.578972	0.386617	0.207476	−0.687221
x15	0.533502	0.456685	−0.408463	0.583071
x16	0.477583	−0.423421	0.676035	0.368246
x17	−0.389976	0.680206	0.577138	0.228364

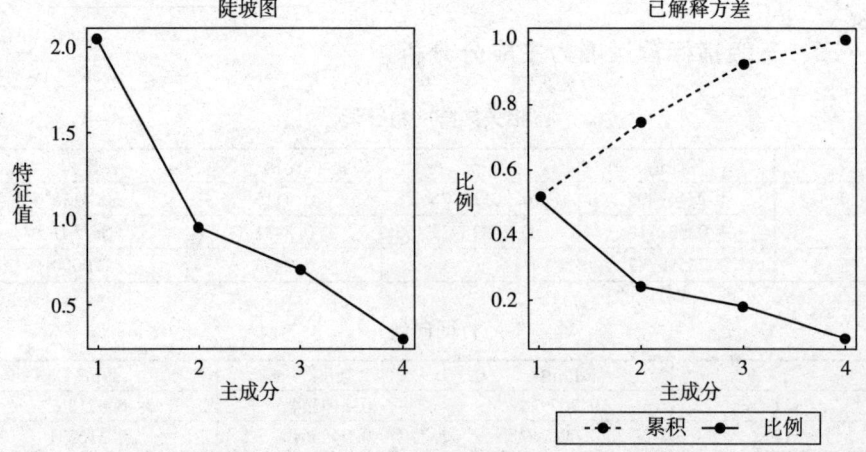

五、三级指标发展能力主成分分析

相关矩阵的特征值

	特征值	差分	比例	累积
1.	1.58094280	0.56234741	0.3952	0.3952
2.	1.01859538	0.26152325	0.2546	0.6499
3.	0.75707214	0.11368246	0.1893	0.8392
4.	0.64338968		0.1608	1.0000

特征向量

	Prin1	Prin2	Prin3	Prin4
x18	0.536937	0.154593	-0.824840	0.086246
x19	0.605725	-0.075461	0.303666	-0.731567
x20	0.561292	-0.349459	0.368227	0.653635
x21	0.172472	0.921024	0.303043	0.173590

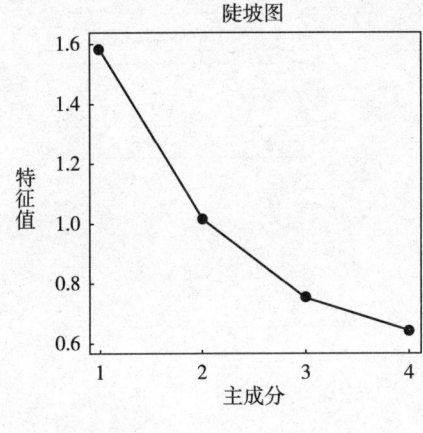

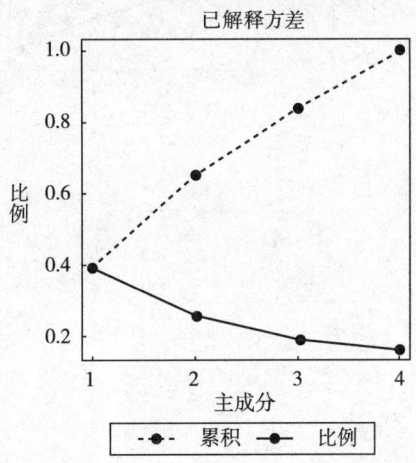

六、二级微观指标赋权

相关矩阵的特征值

	特征值	差分	比例	累积
1.	1.70035571	0.39137814	0.3401	0.3401
2.	1.30897757	0.54128485	0.2618	0.6019
3.	0.76769272	0.09136947	0.1535	0.7554
4.	0.67632326	0.12967252	0.1353	0.8907
5.	0.54665074		0.1093	1.0000

特征向量

		Prin1	Prin2	Prin3	Prin4	Prin5
index11	盈利能力	0.329801	0.558716	-0.515434	0.490255	-0.270269
index12	偿债能力	0.542619	-0.354854	-0.256313	0.155686	0.699792
index13	营运能力	0.175831	0.670729	0.580710	-0.037898	0.424906
index14	现金流量	0.497050	-0.322481	0.561356	0.386638	-0.429346
index15	发展能力	0.564643	0.089684	-0.127616	-0.764517	-0.269003

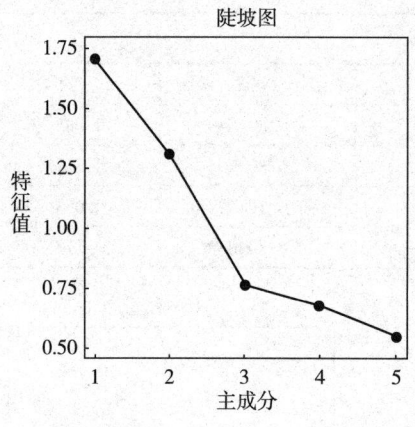

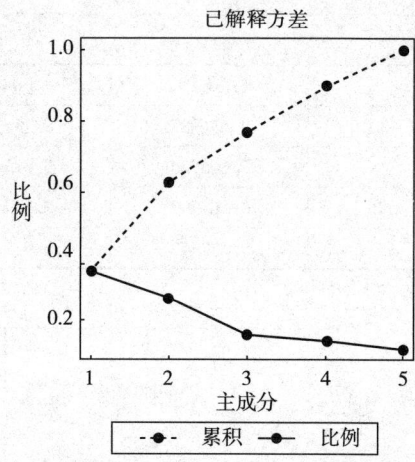

第五章
评级结果的进一步分析

"我们不像是在进行职业的评级分析,更像是在把自己的灵魂出售给魔鬼换取金钱。"

——在 2008 年美国国会调查"金融海啸"举行的听证会上,穆迪一位不知名的经理

第一节 评级内部结构分析

本研究探索的是总评级结果与一级、二级指标之间的关系。

一、财务评级与总评级关系

为了更好地分析财务评级对总评级的影响关系,本书构建了多项选择 logistic 回归模型。根据模型拟合结果可知,比例优势比假设的评分检验卡方值为 1.7697,无法拒绝原假设。模型拟合的 AIC 为 106.911,SC 为 123.798,似然比统计量为 43.7671,通过伴随概率(<0.0001)可知非常显著。第Ⅲ型方差分析,证明 Wald 卡方统计量达到 10.9297,伴随概率为 0.0528,可知模型拟合很显著。回归结果如表 5-1 所示。

表 5-1 总评级关于财务评级回归结果

最大似然估计分析						
参数		自由度	估计	标准误差	Wald 卡方	Pr > 卡方
Intercept	6	1	2.4862	72.7337	0.0012	0.9727

续表

最大似然估计分析						
参数		自由度	估计	标准误差	Wald 卡方	Pr > 卡方
Intercept	7	1	6.6943	72.7342	0.0085	0.9267
Intercept	8	1	7.9736	72.7353	0.0120	0.9127
RANK_FIN	4	1	10.4694	275.4	0.0014	0.9697
RANK_FIN	5	1	10.4694	248.4	0.0018	0.9664
RANK_FIN	6	1	−3.0981	72.7347	0.0018	0.9660
RANK_FIN	7	1	−5.1484	72.7346	0.0050	0.9436
RANK_FIN	8	1	−6.2866	72.7353	0.0075	0.9311

预测结果如表5-2所示,误判概率为7.9%。

表5-2　　　　总评级关于财务评级回归预测结果

预测概率和观测响应的关联			
一致部分所占百分比	75.8	Somers D	0.678
不一致部分所占百分比	7.9	Gamma	0.810
结值百分比	16.3	Tau-a	0.416
对	1122	c	0.839

优势比95%Wald置信限如图5-1所示。

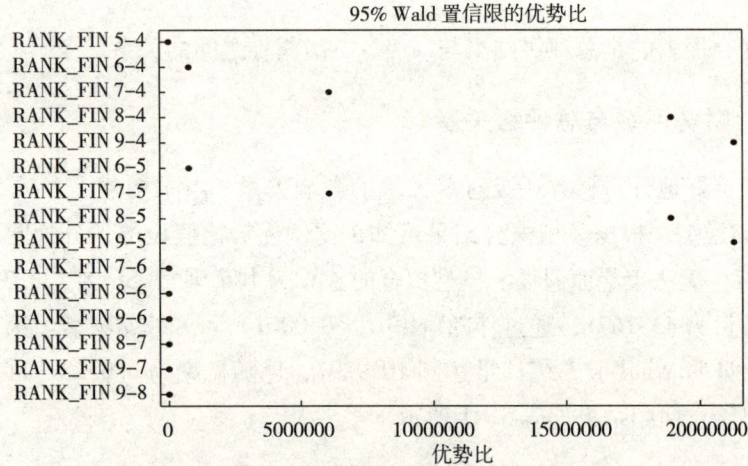

图5-1　总评级关于财务评级回归优势比

总评级的预测累积概率与财务评级之间的关系如图5-2所示。

从图5-2可知,随着财务评级的提高,总评级的预测累积概率也会逐步

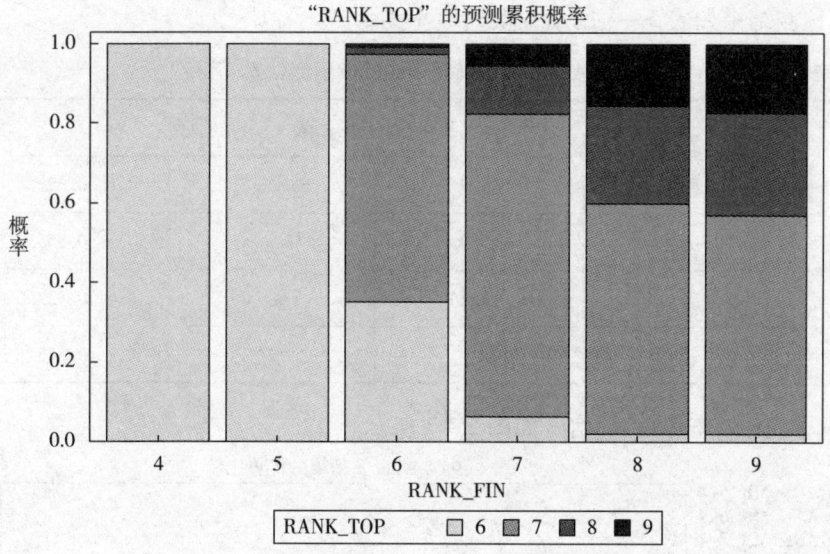

图5-2 总评级关于财务评级回归预测的累积概率

上升。

二、微观评级与总评级关系

比例优势比假设的评分检验卡方值为8.384,伴随概率为0.5913,无法拒绝原假设。模型拟合的AIC为93.995,SC为110.882,似然比统计量为56.6830,通过伴随概率(<0.0001)可知非常显著。第Ⅲ型方差分析,证明Wald卡方统计量达到14.0003,伴随概率为0.0156,可知模型拟合很显著。回归结果如表5-3所示。

表5-3 总评级关于微观评级回归结果

最大似然估计分析						
参数		自由度	估计	标准误差	Wald 卡方	Pr > 卡方
Intercept	6	1	-12.736	164.2	0.0060	0.9382
Intercept	7	1	-7.7985	164.2	0.0023	0.9621
Intercept	8	1	14.6446	227.8	0.0041	0.9487
RANK_MIC	4	1	13.1011	164.2	0.0064	0.9364
RANK_MIC	5	1	11.3578	164.2	0.0048	0.9449
RANK_MIC	6	1	8.6572	164.2	0.0028	0.9580
RANK_MIC	7	1	-3.4215	164.2	0.0004	0.9834
RANK_MIC	8	1	-13.951	227.8	0.0038	0.9512

预测结果如表5-4所示,误判概率为5.9%。

表5-4　　　　　总评级关于微观评级回归预测结果

预测概率和观测响应的关联			
一致部分所占百分比	75.5	Somers D	0.696
不一致部分所占百分比	5.9	Gamma	0.855
结值百分比	18.6	Tau-a	0.427
对	1122	c	0.848

优势比95%Wald置信限如图5-3所示。

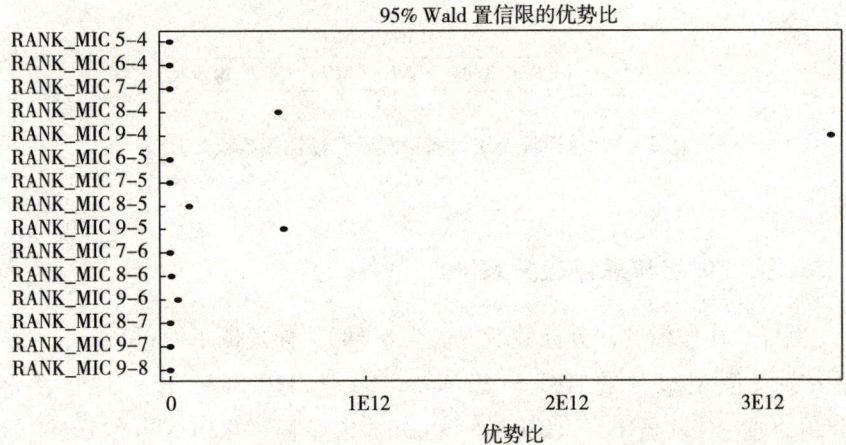

图5-3　总评级关于微观评级回归优势比

总评级的预测累积概率与微观评级之间的关系如图5-4所示。

从图5-4可知,随着微观评级的提高,总评级的预测累积概率也会逐步上升。

三、二级指标值与总评级关系

比例优势比假设的评分检验卡方值为0.3523,无法拒绝原假设。模型拟合的 AIC 为 26.706,SC 为 54.147,似然比统计量为 133.973,通过伴随概率(<0.0001)可知非常显著。第III型方差分析,可知模型拟合很显著。回归结果如表5-5所示。

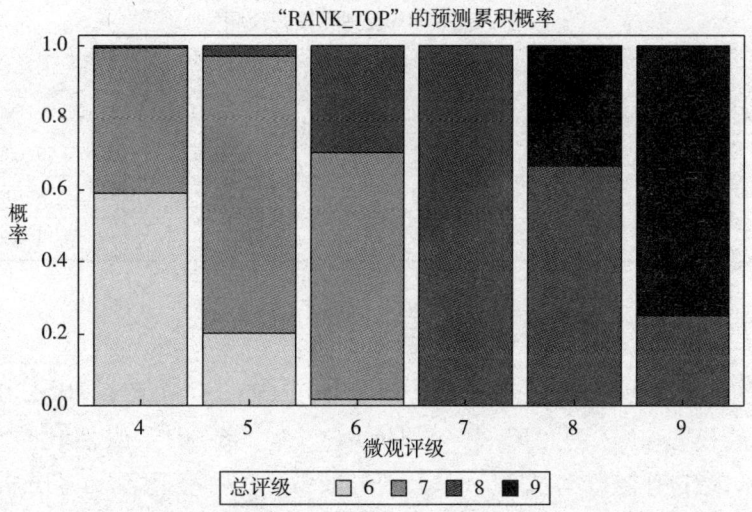

图 5-4 总评级关于微观评级回归预测的累积概率

表 5-5　　　　　　总评级关于一级指标回归结果

最大似然估计分析					
参数		自由度	估计	标准误差	Wald 卡方	Pr > 卡方
Intercept	6	1	647.1	309.2	4.3814	0.0363
Intercept	7	1	689.2	328.0	4.4149	0.0356
Intercept	8	1	729.1	343.3	4.5106	0.0337
index11		1	-0.5325	0.5531	0.9271	0.3356
index12		1	-0.1619	0.5283	0.0939	0.7592
index13		1	-1.3355	0.8474	2.4837	0.1150
index14		1	-0.7395	0.5396	1.8785	0.1705
index15		1	-0.6875	0.5021	1.8752	0.1709
index21		1	-1.1662	0.7287	2.5612	0.1095
index22		1	-0.6329	0.7859	0.6485	0.4206
index23		1	-0.9299	1.3576	0.4692	0.4934
index24		0	0	—	—	—
index25		1	-1.4181	1.1297	1.5758	0.2094
index26		1	-0.0913	1.2346	0.0055	0.9411

预测结果如表 5-6 所示，误判概率为 0%。

表 5-6　　　　　　　　总评级关于一级指标回归预测

预测概率和观测响应的关联			
一致部分所占百分比	100.0	Somers D	1.000
不一致部分所占百分比	0.0	Gamma	1.000
结值百分比	0.0	Tau-a	0.613
对	1122	c	1.000

四、三级指标值与总评级关系

比例优势比假设的评分检验卡方值为 364.1690，伴随概率 <0.0001，拒绝原假设。模型拟合的 AIC 为 95.346，SC 为 146.007，似然比统计量为 87.3322，通过伴随概率（<0.001）可知非常显著。第 III 型方差分析，证明模型拟合很显著。回归结果如表 5-7 所示。

表 5-7　　　　　　　　总评级关于二级指标回归结果

最大似然估计分析					
参数	自由度	估计	标准误差	Wald 卡方	Pr > 卡方
Intercept	6	1	272.2	144.4	3.5516	0.0595
Intercept	7	1	283.2	145.6	3.7813	0.0518
Intercept	8	1	286.6	145.9	3.8582	0.0495
x1		1	0.1796	0.1471	1.4910	0.2221
x2		1	0.0289	0.0813	0.1262	0.7224
x3		1	-0.1047	0.0966	1.1755	0.2783
x4		1	-0.0930	0.0818	1.2927	0.2556
x5		1	-0.0443	0.0798	0.3079	0.5790
x6		1	0.00383	0.0810	0.0022	0.9623
x7		1	-0.0097	0.0620	0.0246	0.8753
x8		1	0.0512	0.1126	0.2065	0.6495
x9		1	-0.0455	0.0724	0.3959	0.5292
x10		1	-0.0776	1.3631	0.0032	0.9546
x11		1	-0.4268	0.1361	9.8391	0.0017
x12		1	-0.4798	0.1645	8.5017	0.0035
x13		1	-1.3025	0.6829	3.6377	0.0565
x14		1	-0.1014	0.1022	0.9842	0.3212
x15		1	0.0342	0.0972	0.1235	0.7253

最大似然估计分析					
参数	自由度	估计	标准误差	Wald 卡方	Pr > 卡方
x16	1	-0.0603	0.1152	0.2742	0.6005
x17	1	-0.1752	0.0977	3.2152	0.0730
x18	1	-0.1432	0.0865	2.7391	0.0979
x19	1	0.0459	0.0856	0.2869	0.5922
x20	1	-0.1636	0.0866	3.5649	0.0590
x21	1	-0.0932	0.0503	3.4399	0.0636

预测结果如表5-8所示，误判概率为2.6%。

表5-8 总评级关于二级指标回归预测结果

预测概率和观测响应的关联			
一致部分所占百分比	97.3	Somers D	0.947
不一致部分所占百分比	2.6	Gamma	0.948
结值百分比	0.1	Tau-a	0.581
对	1122	c	0.974

第二节 总评级与"是否为互联网保险标杆"之间的关系

本研究探索的是总评级结果与寿险业经营的关联分析。特别是分析总评级对寿险业的发展趋势的影响，以寿险业的"互联网+"与"大数据"展望为分析对象。

一、寿险公司互联网保险发展概况

在2015年10月由中国保险行业协会主办的2015中国寿险业十月峰会上，中国保监会副主席黄洪出席会议时表示，寿险业必须具有市场化、惠普化、效益化、多元化等特征，要体现这些特征，传统寿险对此局限较多，而与互联网融合却能够有效实现。中国寿险业拥抱互联网是全面融入社会数字化生存发展趋势的不二选择。寿险业拥抱互联网不是简单组合，不能只把互联网当做技术工具，用于业务数据简单集中储存、单证管理、财务业务基本核算等服务，也不能只把互联网当成一个销售渠道，把原来的产品包装一下直接放在网上销售。而应该要有客户至上的情怀、精耕细作的范式、服务客户进行再造的组织流程。即要做到从消费者利益出发，产品简单化、通俗化、透明化，利用互联网技术改造寿险传统业态，至少做到精准营销、精准定价、精细管理、精细服务，建立起保险公司强大的客户需求识别能力，大数据分析、计算和匹配能力，让消费者获得简单、轻松、透明的消费体验。寿险业的未来发展正在不断的探索中。

大数据包括各种业务性的结构化数据和社交、搜索、公共监管等非结构化数据，具有海量化、多样化、快速化、价值化的特征，将碎片化的"数据孤岛"进行整合，对历史数据进行系统分析，利用价值信息为企业做出正确的选择，提升企业的核心竞争力。保险行业本身具有大数据特征，每个经营过程都与大数据联系，诸如保单数据、核保理赔数据、投资理财数据、精算定价数据等。随着信息技术的发展，保险行业大数据时代已经到来。数据挖掘技术融合了统计学、人工智能、决策理论和数据管理等学科知识，包含数据抽样、清理、建模、评价等过程，寿险业利用数据挖掘技术在大量数据中发现趋势，与电子商务、移动支付和互联网金融结合是现代寿险业的发展方向。

（一）国外互联网保险

1995年2月美国INSWEB，在美国纳斯达克市场上市，是全球最大的保险电子商务站点。2008年开始，日本生命保险利用互联网优势，寻求寿险销售新途径。主要产品为定期寿险，医疗保险和失能保险。日本生命保险的保险理赔在5个工作日完成，尽力使客户有人性化的体验。

（二）国内寿险公司互联网+的发展概况

2014年，中国保监会发布保费数据显示，寿险业务原保险保费收入达4607.4亿元，同比增长42.9%。寿险主打产品均为理财型分红险。近几年来寿险行业保费增速放缓，寿险销售渠道主要依赖代理人和银保服务，2014年1月，中国保监会和银监会联合发布《关于进一步规范商业银行代理保险业务销售行为的通知》，新政策鼓励保障型和长期储蓄型保险产品，这类产品期限长、保障高，相比于高现金价值保单，销售难度加大，将导致寿险行业保费增速放缓，寿险行业亟待寻找新的销售途径和发展方向。互联网渠道客户流量大，有助于降低产品费率，提高产品的针对性，互联网保险的发展将为寿险业发展增加新渠道。

1. 初始阶段

1997年，中国保险信息网建成；11月，新华人寿利用该网站销售了第一份保险电子商务保单。

2000年，"网险网"建成，这是首个电子商务保险网站；5月，中国人保广州分公司与建行广东省分行合作推出网上保险业务；8月，平安"PA18新概念"、泰康"泰康在线"电子商务平台建立。

2001年，太保开通"网神"，这是真正意义的保险网销。

2. 规范化阶段

2005年4月，《中华人民共和国电子签名法》颁布；中国人保财险实现了第一张全流程电子保险单。

2011年9月，《保险代理、经纪公司互联网保险业务监管办法（试行）》。

3. 加速发展阶段

2012年8月，"平安人寿E服务APP"，是首个应用于寿险保单服务的APP应用程序；泰康人寿携手携程网、淘宝网打造互联网保险；12月，泰康人寿在京东商城开通保险频道；国华人寿通过淘宝聚划算推出3款万能寿险。

2013年2月，"众安在线"，三马推出的财产类互联网保险，是全球第一个网络保险牌照；淘宝理财频道首次参与"双十一"，国华人寿成交5.31亿元，生命人寿成交1.01亿元。

4. 新型众筹类寿险新发展

近期泰康人寿推出的众筹类保险，通过微信销售，平台流量更大，购买方式简单；众安在线参聚险代表了保险产品开发新思路——互联网大数据进行迭代（了解渠道用户）—开发第一代产品—投放渠道运营—收集渠道数据—开发第二代产品（参聚险）—投放渠道运营—如此往复以开发出更加接近客户需求的保险产品。

5. 互联网寿险公司的筹建新动态

随着互联网的发展，在互联网保险领域，财产险公司已走在前面，寿险业现正在积蓄互联网力量，一批互联网寿险公司正在酝酿之中。2015年的寿险业十月峰会将主题定为"拥抱互联网+，开辟寿险发展新天地"，互联网将给寿险业发展带来深刻的影响。

2015年，阿里巴巴的马云、腾讯的马化腾、中国平安的马哲明，联手设立了——众安在线人寿保险有限公司，将以互联网寿险业务为主营模式，该名称已在国家工商总局完成核准。在一年多前，也是"三马"联手成立了我国第一家互联网财产保险公司。腾讯和中信国安在谋划成立和泰人寿保险股份有限公司。我国首家互联网寿险公司很有可能在众安在线人寿保险和和泰人寿之间产生。此外，熊猫在线人寿保险股份有限公司也在国家工商总局完成名称核准，诸多相互保险公司如今也是依托互联网。

（三）互联网寿险业发展趋势

大数据时代与互联网+，是寿险发展的创新，将为寿险业注入新的活力，推动寿险业的发展。

1. 经营理念

未来保险行业的服务以客户为中心，注重客户体验，运用更为便捷的互联网渠道服务客户。

2. 技术支撑

未来寿险业的创新发展，基于云计算、商业智能、数据挖掘等技术，充分利用大数据，实现精准营销，提供优质服务。在此基础上，充分的客户数据记录，将使道德风险和逆向选择风险降低，保险公司在此基础上为客户定制差异化服务成为可能，使客户满意度得到更大提升。

3. 产品层次性更加明显

简单产品标准化，互联网寿险将分为需求确定性、收益导向性以及简单保障类几大类标准化产品；复杂产品差异化，大数据分析与场景运用相结合的产品将更加丰富。

4. 模式选择更加丰富

互联网寿险未来的发展趋势将向着更加垂直化和场景化的方向发展，对于简单类产品可以采用 B2C 模式，由公司自建的网站或者 APP 销售，方便运用大数据分析手段分析客户信息和二次开发；对于复杂类产品，需要线上线下配合，可以采用 O2O 模式。

5. 保险人和被保险人的沟通更加顺畅

互联网保险采用友好的用户界面，双方的沟通将变得更加通畅，客户的选择和体验都将提升。可以沟通的将不局限于产品，还有保险的理念、价值，公司的文化和服务。

二、实证分析

根据中国保险行业协会 2015 年发布的《互联网保险行业发展报告》（2014），我们选择互联网保险规模保费达到一定规模的代表性企业作为标杆企业，研究寿险公司评级与"是否为互联网保险标杆"之间的关系。

比例优势比假设的评分检验卡方值为 27.1874，伴随概率 < 0.0001，拒绝

原假设。模型拟合的 AIC 为 45.474，SC 为 47.584，似然比统计量为 20.3912，通过伴随概率（<0.001）可知非常显著。第 III 型方差分析 Wald 卡方统计量为 10.1834，伴随概率 0.0171。证明模型拟合很显著。回归结果如表 5-9 所示。

表 5-9 "是否互联网保险标杆"关于总评级回归结果

最大似然估计分析					
参数		自由度	估计	标准误差	Wald 卡方	Pr > 卡方
Intercept		1	-4.3040	89.3501	0.0023	0.9616
RANK	A	1	0.8075	89.3530	0.0001	0.9928
RANK	A +	1	4.0163	89.3518	0.0020	0.9641
RANK	A ++	1	5.4026	89.3539	0.0037	0.9518

预测结果如表 5-10 所示，误判概率为 2.1%。

表 5-10 "是否互联网保险标杆"关于总评级回归预测结果

预测概率和观测响应的关联			
一致部分所占百分比	85.2	Somers D	0.831
不一致部分所占百分比	2.1	Gamma	0.952
结值百分比	12.7	Tau - a	0.172
对	378	c	0.915

通过第 III 型方差分析可知，寿险公司评级的确是"是否互联网保险标杆"的重要解释变量，但是，考虑到样本容量有限，实际回归结果中寿险公司总评级各个因子水平的系数差异不显著。

第六章
结论与建议

"评级机构和政府或者金融当局的结合,将有可能导致政府对自由的资本市场的干涉,这同样违背了市场各方的意愿。"

——[日] 黑泽义孝

本研究探索的是资信评级技术在中国的保险实践,特别是寿险业发展中的运用,我们选取的研究对象、研究指标以及评级方法都与以往有很大差异,体现了我们对中国寿险公司资信评级问题的理解和认识。基于上述研究,我们将系统地对评级结果给出结论,并提出合理化建议。

第一节 评级结论

在前文给出的实证分析的基础上,我们将从评级的直观性、敏感性、预测的准确性、指标权重、公司参与评级的态度、保险评级和银行评级之间的联系、中外资公司对比角度等方面进行归纳。

1. 关于评级的有效性

总体评级有效。从总体上看,评级结果能一定程度反映公司的资信情况,而且实证分析结果显示评级情况与业界对中国寿险公司的口碑具有一致性。基于本研究的资信评级方式可以看出平安人寿、新华、太平人寿和国寿股份综合实力较强。这总体上与这些公司获得的评级一致。

国寿股份:2009年,国际三大评级机构标准普尔、穆迪和惠誉国际分别对中国人寿保险股份有限公司给出"A+""A1""A+"的信用评级,并且评级展望为稳定;2012年2月21日,惠誉评级财务实力评级(IFS)为"A+"

级，评级展望为稳定；2013年7月26日，惠誉确认中国人寿的保险公司财务实力评级为"A+"级，展望为稳定；2014年4月17日惠誉确认中国人寿的保险公司财务实力评级为"A+"级，展望为稳定；2014年6月26日，穆迪认为中国人寿保险业展望为稳定；2014年10月30日，惠誉确认中国人寿的保险公司财务实力评级为"A+"，展望为稳定；2014年11月26日，穆迪授予中国人寿保险（海外）股份有限公司"A1"的保险财务实力评级；2015年6月17日，惠誉确认中国人寿的保险公司财务实力评级为"A+"。

平安人寿：2001年9月，中国平安保险（集团）股份有限公司获中诚信国际"AAA"信用评级；2003年1月，大公国际资信评估有限公司授予中国平安保险（集团）股份有限公司"AAA"级财务信用等级；2004年3月，中国平安保险（集团）股份有限公司获大公国际"AAA"信用评级。

新华人寿：2004年7月，联合资信完成了新华人寿保险股份有限公司13.5亿元次级债券评级，级别为"AAA"。

太平人寿：2003年10月23日，惠誉国际为太平人寿做出当时中国企业最高评级"BBB+"；从2004年起，惠誉国际连续六年为太平人寿做出"BBB+"评级；2010年，惠誉国际将太平人寿国际评级上调至"A-"，评级展望为稳定；2013年12月17日惠誉国际确认中国太平保险的评级为"BBB+"级，展望为稳定；2014年8月22日，惠誉国际将中国太平保险集团（香港）有限公司发行人违约评级评为"A-"，将中国太平保险控股有限公司评级由"BBB+"上调至"A-"；惠誉国际确认中国太平旗下子公司太平人寿财务实力评级为"A-"，太平再保险财务实力继续获评"A"评级；将中国太平保险控股有限公司高级无担保债券的高级债券评级，从"BBB"上调至"BBB+"。

再看其他几个例子：泰康人寿保险公司获得中诚信国际"AAA-"的评级以及惠誉国际"A-"的评级，在本报告中，评级为"A+"；中诚信国际评估生命人寿保险公司的评级为"AA-"，在本报告中为89.65分，评级为"A"。

2. 评级的直观性

本研究采用"A++""A+""A""B++""B+""B"来区分，比较直观地表现了评级结果，便于横向比较。根据本研究的结果，有4家公司获得最高评级，7家公司获得次高评级，大部分公司获得"A"评级，较多公司获得"B++"评级，类似钟形分布，也与常识相吻合。

3. 敏感性

评级系统的评级结果依赖于变量选择，具有很强的敏感性。每一个变量都对公司的评级结果产生影响，因此，某些公司具有较低的评级可能是因为其在某项指标上的得分较低。例如，人保健康由于现金流量能力得分严重偏低，限制了其现金流量三级指标得分，进而导致其财务一级指标、总体评分和评级偏低，只获得了"A"级别的信用评级；太保寿由于其发展能力展望明显不如综合排名前四位的公司，这直接限制了其获得最高信用评级的能力。

4. 关于评级预测的准确性

国外评级预测的准确性高。学者通过分析保险公司在失去偿付能力前两年的 Best 等级，发现其预测准确概率可达 79%。我们目前没有足够数据支撑预测的准确性，因为我们没有保险公司破产倒闭的先例。

需要指出的是，评级机构的评级结果受到诸多外部因素影响，达到完全准确是不可能的。等级的高低与保险公司生存与发展不具有确定性关系。

5. 关于指标权重

樊毅（2010）从全面风险管理思想出发，在全面借鉴国际经验和立足中国国情等原则的指导下，构建了我国寿险公司信用评级的指标体系，并采用层次分析法确定指标权重，通过模糊综合评判分析法对寿险公司进行了信用评级；庞如超（2012）筛选出包括盈利能力指标、资本结构指标、偿付能力指标的指标体系，然后利用因子分析法构建我国财产保险公司的信用评级模型，运用聚类分析确定信用评级标准；杨元玲（2013）将熵值法引入到寿险公司信用评级的定量研究当中，并按照全面性、实用性、现实性和可理解性四个原则，选取了 12 个定量分析指标，构建出寿险公司信用评级中财务状况定量分析的指标体系，对 15 家寿险公司 2011 年的财务状况做了定量分析。

这些研究使用了财务数据进行主成分分析法，结果表明：营运能力、盈利能力、发展能力、偿债能力、现金流量五个指标的主成分载荷比较大。这些研究的结果与本研究基本一致，对于公司评估具有比较重要的意义。

6. 关于保险评级和银行评级

总体而言，保险公司的评级高于其他金融机构的评级。原因在于保险公司的主要业务就是为投保人提供财务安全保障，其经营理念和投资组合都比较稳健和保守。

我们的评级结果也验证了这一事实。通过我们的分析可知，所有保险公司都在"B++"级别及以上，大部分公司获得优质评级"A"以上评级。级别普遍高于银行类金融机构的评级，更高于其他非金融行业的评级。

7. 寿险公司与非寿险公司评级

非寿险公司还有 4 家公司的信用评级为"B+"级别；寿险公司评级全部在"B++"级别及以上。从结构上看：

获得"A++"级别的公司：寿险公司有4家，占6.56%；非寿险公司有3家，占6.25%；两者的比例大致相当。

获得"A+"级别的公司：寿险公司有7家，占11.48%；非寿险公司有9家，占18.75%；两者的占比比较接近，非寿险公司偏高。

获得"A"级别的公司：寿险公司有4家，占55.74%，"A"级别及以上的寿险公司占比73.77%；非寿险公司有12家，占25%，"A"级别及以上的非寿险公司占比50%；寿险公司比重偏高。

获得"B++"级别的公司：寿险公司有4家，占73.77%，"B++"级别及以上的寿险公司占比100%；非寿险公司有20家，占41.67%，"B++"级别及以上的非寿险公司占比91.67%。

通过上述分析可知，寿险公司的总体评级要高于非寿险公司，这是由两者经营的风险性质不同决定的，一般来说，寿险公司经营的主要是长期风险，需要更高的信用评级。

8. 关于中外资公司的对比

国内外学者专家对评级都做出了实证化的分析，张丽（2011）基于我国35家中资和外资财产保险公司三年的相关指标数据，根据熵值法确定了各指标的权重，运用模糊综合评判法评估了单个财产保险公司的信用等级；程大友（2008）基于变异系数法，利用2004年我国18家财产保险公司的经营绩效综合评价，对中资与外资保险公司的盈利能力、偿付能力和整体经营效率进行了评估与比较，认为中资保险公司的盈利能力和偿付能力还较差。闫妮（2007）采用灰色关联分析对我国财产保险公司2004—2006年的经营绩效状况进行实证分析，也认为外资保险公司的经营绩效优于中资保险公司。

然而，我们的研究结果从以下几个方面来看具有不同的观点。

（1）财务指标

从财务指标来看，获得较高信用评级的公司几乎全部是中资公司，相反，获得最低信用评级的公司大多为外资公司。

获得"A++"信用的公司是平安人寿、安邦人寿、中融人寿、招商信诺、国华，绝大多数是中资公司；获得"A+"信用的是泰康、正德人寿、百年人寿、建信人寿、太平人寿全部为中资公司；获得"B++"信用的公司是恒安标准；获得"B+"信用的公司有合众人寿、中德安联、弘康人寿、民生人寿、信泰；获得"B"信用的公司有新光海航、海康人寿、长城、昆仑健康。

（2）微观指标

从微观指标上来看，获得最高信用评级的公司绝大多数为中资公司，而信用评级最低的绝大多数都是外资公司。

获得最高信用评级的十家保险公司分别为国寿股份、新华、太保人寿、太平人寿、人保寿险、平安人寿、泰康、人保健康、阳光人寿、农银人寿。

获得最低信用评级的十家保险公司分别为中法人寿、复星保德信、珠江人寿、君龙人寿、昆仑健康、吉祥人寿、东吴人寿、和谐健康、新光海航、长生人寿。

（3）总评级

最后我们从总评级来分析。总评级最优秀的公司也全部是中资保险公司，评级最低的几乎全部为外资保险公司。

获得"A++"信用的公司为平安人寿、新华、太平人寿、国寿股份；获得"A+"信用的公司为泰康、人保寿险、太保人寿、安邦人寿、建信人寿、人保健康；获得"B++"信用的公司为海康人寿、昆仑健康、长城、中法人寿、弘康人寿、中德安联、信泰、民生人寿、长生人寿。

从注册资本和规模上看，外资保险公司与大多数中资保险公司不具有可比性。需要指出的是，A. M. BEST 对保险公司的评估方法将保险公司的规模剔除在评级因素之外，因为 A. M. BEST 认为公司规模大并不意味着公司运行稳定性强，财务状况良好。

然而在中国需要考虑中国的国情，公司规模大，网点多，覆盖率大，公众的信誉就高。我们可以借鉴业界和学界普遍讨论的系统性风险的相关观点，美联储主席 Bernanke（2011）指出，金融机构面临的问题是"太关联了而不能倒"（too interconnected to fail），Rajan（2009）则认为是"太系统了而不能倒"（too systemic to fail）。

事实上，全球范围内也有这样的问题，即使是金融危机的导火线，AIG 最终也是靠政府来救市，被政府接管，如果是小的公司，结局应该是倒闭。

综上所述，中资保险公司，无论是从财务指标上分析还是从微观指标上分析，相较于外资保险公司都表现出强有力的竞争性和资信水平。

通过前述分析，我们认为总体评级有效，具有一定的预测准确性。然而，本研究没有针对财务、微观及宏观指标的权重进行可比研究，在财务指标体系方面与既往研究具有相似性。总体来看，保险评级比银行评级略高。

第二节　评级问题与建议

一个时期以来，我国寿险公司市场基本被几家寿险公司寡占，随着保险业的开放和市场竞争的加剧，寿险公司开始转变经营方式，更多地从消费者角度出发，公众对寿险的理解也越来越透彻，从而促进了寿险行业的发展。第三方评级，本身发挥着市场监督和引导的效应，对于寿险市场的规范化发展具有重要作用。尽管中国也是新兴的保险市场，但保险评级行业发展却异常迅速，各种评级机构如雨后春笋般在这片土地上生长起来。不过看似如火如荼的中国保险业信用评级体系其实存在很多问题，信用评级理论以及评级机构内部管理也有待完善。

1. 关于公司参与评级的态度

在美国，很多保险公司通过信用评级提升市场竞争力，几乎所有保险公司都会进行信用评级。而国内，大多数保险公司参与信用评级的积极性不太高，大多数企业公开财务信息资料达不到国际评级机构的最低要求，难以获得国际评级机构的评级，接受过本土评级机构评级的保险公司就更少。目前我国寿险公司信用评级相关制度有待进一步改善和提升，信用评级技术和发达国家相比还有很大的差距。发达国家寿险企业的信用评级是建立在完善的市场规则、健全的企业会计制度和充分的公开信息资源这三个前提基础之上的，自愿评估为主，但评估依据充分。国内寿险市场目前对评级的概念相对淡薄，参与信用评级者数量不多，激发国内公司的评级积极性具有相当的难度。但是最近五年，这一现状有了很大改善，仍需要市场机制的进一步作用和引导。

2. 专业队伍

国外保险信用评级机构拥有庞大的专业人才队伍，多指标评级方法成熟。我国的信用评级机构中一般还没有专门人员从事保险信用评级，不能保证评级结果的准确性和客观性。

3. 权重系数

主观赋权与客观赋权互有利弊。主观赋权结果比较稳定，有利于连续动态研究分析。客观赋权让数据自己说话。正态分布数据在空间中表现为椭球，每个轴（对应数据的维度）的长度本身反映重要程度，但是，如果数据变了，或者替换了部分数据，权重就会完全变化，原始权重不能再使用，这显然不适合动态分析。

事实上，一些学者提出建议，联合国的相关指数编制过程中，考虑使用等权重。其背后的逻辑很明确：既然选为分析维度（假定理论上这些维度是独立的），那么这些维度应该同等重要，赋予同等权重是合理的。

4. 异常数据与强影响点数据

某些异常数据或者强影响点，会极大地影响结果，例如，市场占有率指标，国寿一支独大，按照传统的功效函数来分析，国寿可以获得满分，而其他公司很难取得80分以上成绩；同样地，偿付能力数据，国寿作为寿险市场的老大，偿付能力充足率为296%，泰康养老达到9149%，复星保德信为1494%，单纯使用功效函数，可能造成国寿得分极低。在本研究中，选择使用合适的截断函数，削弱了这些异常值或者强影响点的杠杆效应。

5. 功效函数的选择

传统的线性功效函数，可能因为异常值或者强影响点造成得分分布不合理。对于取值特别密集的数据，如利润率数据，各个公司差异不大，应该使用指数功效，使得高利润率区域，一个较小的优势可以取得足够高的得分，以凸显差异；对于取值比较稀疏的数据，如承保潜力、现金流入流出比例，应该使用对数功效函数，削弱异常值或者强影响点的杠杆效应。

6. 指标体系对结果的影响

评级结果较大地受到指标体系和数据年度的影响，评级系统敏感性强，弹性也较大。甚至从某种意义上说，指标体系和权重系数几乎确定了评级。应该根据评价的目的选择不同的指标体系。如果进行A目的分析和进行B目的分析使用了相同的指标体系，那就会带来理解的紊乱和对指标体系的质疑。

本研究重点是对保险公司的信用评级，不限于短期财务或者长期财务，更不同于企业效率分析，因此，财务指标体系之外，使用了微观指标，因为市场占有率，分支机构的数目本身反映其实力与可信度，但又与竞争力评估区别开来；交代保险公司的股东背景，引入宏观评估，展开行业分析，体现国家信用。

7. 参考水平的选取

参考水平的选取对于分析有较大影响，例如偿付能力，偿付能力高固然是好事，体现了财务危机时的偿付实力，但是，这个指标太高，意味着股东的投资大部分没有转化为保险业务量，实际认为经营出现问题。例如，和谐健康的偿付能力充足率为702%，泰康养老达到9149%，中法人寿为1218%，长生人寿为807%，复星保德信为1494%，并不意味着其经营状况一定高于国寿（偿付能力充足率为296%）。均衡点或者参考水平的选取一般选择标杆企业，但是国内公司进行评估时，如果选择国寿等公司作为标杆，将会影响结果的公平性。

另外一个方面，国外的保险公司，无论是寿险公司，还是非寿险公司，其经营性质、业务范围、监管要求都与中国有很大区别，很难一概而论，直接引用作为标杆也不妥。

这是长期需要研究解决的。本书提出一种思考，动态评估多年，可以考虑选择最优聚类的类中心作为参考水平。当然，需要后续研究才能实现。

8. 关于动态评级与纵向比较

评级不是一劳永逸的，需要动态评估，纵向比较将产生两个问题：

其一，指标权重的调整。如果使用的是客观赋权，一旦引入新数据，这些权重系数应该调整，但是，一旦追溯预测，比方说，代入上一次评级用的指标值，会发现评级结果变化，这显然不利于评级的客观性和公正性。

其二，功效函数中参考水平的变化。举个例子，如果 2014 年的利润率最高是 6%，某公司利润率为 6%，给分 100 分，但是 2015 年的最高利润率可能是 8%，那么按照原来的功效函数给分，可能出现 120 分之类超过满分的现象。

关于第一个问题，如果需要动态评估的，大家经常固定一个权重不变，无论这个权重是主观法得到的还是客观赋权得到的，都保持不变；或者选择主观赋权，既可以固定权重不变，也可以响应时间的变化，微调权重。当然，另外一个可能的解决方案是，使用等权重，特别是某一个二级指标下的三级指标，使用等权重法有合理性。

关于第二个问题，可以采用本研究使用的方法，搜寻和使用多个跨年度的数据，取这一段区间中的极大值、极小值作为参考水平。当然，还有一种方法是，人为指定一个旷量，比方说，取 3 年数据中的最大值的 110% 作为最大值，其他情况类推。这样，对于编制指数有利，但不利于信用评级，使用这种方法评级，将会大大减少位于最高级别的概率，除非降低最高级别的标准。

9. 关于全面风险管理下的信用评级

当前经济全球化、金融一体化迅猛发展，市场风险或者信用风险不是金融机构所面临的唯一风险，对各种风险分别进行度量和管理的方法已不适应当前经济金融发展的现状，对所有风险做出连贯一致、准确和及时的度量，对不同类型的风险进行定价和合理配置资本是当前金融风险管理的趋势。因此，对信用评级提出了更高的要求。

市场风险、信用风险和经营风险等各种风险常常相互影响，但不能将多种风险作为相互独立的风险简单相加，必须考虑风险的相关性，采用一体化分析方法，构建统一的信用风险分析模型，将会大大提高金融机构风险管理的效率。

10. 关于公司信用风险管理体系的构建

（1）建立和完善信用风险评级体系

公司应该建立独立的信用风险评级部门，同时建立合理的内部评估程序，确立风险管理标准、信息披露制度、评级认定程序等。对于风险评级部门，必须在评级部门外部建立信用风险评级监督部门，定期对评级结果进行检验，对风险评级部门形成制衡作用。

（2）完善信用风险评级系统，逐步开发各种更精确的模型

一方面，要提高数据质量，加强对企业会计报表的审核，在抽样的基础上建立违约样本，选择最能反映中国企业风险特点的指标等；另一方面，要收集测算违约率所需的数据，建立违约数据库，一般说来，需要包含违约时间、违约客户历年信用等级、违约类型、清偿类型、行业类型以及所属国家（地区）等。同时要整理收集测算违约损失率所需的数据，如借款人情况、贷款情况即违约时的贷款剩余、抵押/担保情况、违约回收情况等方面的数据。

11. 关于评级复核

评级的复核分为三种：交易初始评级人的监督，对风险头寸的常规分组复核和由贷款核查部门对每一企业评级状况的非常规复核。

监督的目的是使评级者掌握内部风险评级的动态变化，可以是非连续性的。

信用级别的复核、调整为一年一次，目的是找出不同行业评级的不一致之处。信用管理部最终决定评级结果，发现评级错误时要寻找错误的原因并改正。在信用管理系统中，信用级别的数据质量与信用管理部门步伐应该保持不一致。目前我国商业银行信用级别的复核、调整信息集中在年底或某时段统一输入，客户的信用级别调整时间集中在几天内，造成评级结果准确性较低，不能得到充分利用。保险业中也有类似问题。

12. 关于评级标准的修正

对评级标准进行修正，可以保证标准能够作为一种衡量准则，并且区分不同类型资产。常使用历史损失经验数据来修正评级标准，例如，根据每一等级资产平均违约率估计违约概率。

信用评级结果的检验很重要，需要持续不断地进行后评价，以考察其是否能够很好地反映信用状况，这是完善评级系统的关键。

13. 关于信用评级的批判属性的认识

信用评级的批判性属性，使得信用评级机构很容易遭受诟病，部分学者建

议发生债务危机的时候实行"休评制度",以保证危机的顺利"渡过";反对者认为,"休评制度"会使得更多的不知情者登上"有危机的船",不仅不道德,而且造成的风险会更大。

对此,我们应该正确认识信用评级的批判性属性,降低市场参与各方的信息不对称水平,使得发行主体采取更为稳健的措施,保持持续经营和财务的稳健。信用评级的风险揭示功能是对投资者的知情权的保障,使投资者了解风险状况,为投资决策提供参考。

14. 不同评级机构结果的差异性

评级的艺术性决定了评级只代表评级机构自身的基本观点和看法,无法标准通用化,难以被其他评级机构所接受。在成熟市场上形成了发"双评级"惯例,如果双评级的艺术风格有较大差异,而评级符号又是统一的,一致性要求与市场竞争力之间产生矛盾,困扰着中国评级行业的发展。

15. 评级结果的检验

国际三大评级机构的检验已经趋于成熟,积累了历史上的级别与违约率数据,能实现违约率较好的统计数据检验。而我国债券发展时间较短,企业债、短期融资券、公司债等信用类债券也是近几年才开始了市场化的进程,发行数量较少,少有违约数据,违约率检验尚不成熟,检验结果的说服力不足。

建议建设工商、税务、银行信贷信息,外贸、海关等信用信息的综合信用信息平台,实现信息的及时更新,增强信息的可靠性和时效性。评级机构自身积累数据库,加强对自身评级质量的检验,逐步增强市场公信力。

评级机构对于公司发展的重要性可想而知,每一个评级机构都应该审慎地给出其评级结论。在现有的国内外评级中,存在一些亟待解决的问题,如非专业化、非独立性;市场规则、会计制度及公开信息资源不足;缺乏前瞻性调整、威胁性过低评级、非请求评级、级别微调以及捆绑销售等。

信用风险评级系统是信用风险管理的一个手段。将信用风险评级落实到保险业务开展、投资渠道、资产定价、贷后管理、业绩考核评估中,才能最大限度地发挥信用风险评级系统的作用,促进信用风险评级系统的改善。保险公司应以建立信用风险评级系统为契机,推进信用文化的建设,将防范信用风险的理念体现在每一笔业务的处理上。我们还需要加强风险管理人才建设,相关机构和学者需要集中精力,努力提升风险管理水平,建立起更加符合风险管理需要的评级体系,构建适应信用经济全球化发展的国际信用评级体系。

第七章
总 附 录

附录一 中国寿险公司评级变量与变量名称附录

变量	变量名称
x1	保费利润率
x2	总资产利润率
x3	净资产利润率
x4	投资收益率
x5	综合赔付率
x6	综合费用率
x7	偿付能力充足率
x8	资产负债率
x9	流动比率
x10	未决赔款占比
x11	承保潜力
x12	应收保费率
x13	自留比例
x14	经营活动现金流占保费收入百分比
x15	现金流量对流动负债比率
x16	现金流入流出比率
x17	投资流入流出比率
x18	保费（收入）增长率
x19	总资产增长率
x20	资本积累率
x21	利润增长率

附录二

2014 年中国寿险公司的三级财务指标值

Obs	公司	x1	x2	x3	x4	x5	x6	x7	x8	x9	x10	x11	x12	x13	x14	x15	x16	x17	x18	x19	x20	x21
1	国寿股份	99.71	98.75	91.61	98.57	89.87	98.30	100.0	90.10	88.12	99.92	92.91	92.32	97.05	90.22	83.93	94.86	96.01	84.75	94.68	92.81	95.53
2	太保人寿	85.06	96.57	99.20	100.0	90.71	97.06	89.11	89.61	84.25	99.98	100.0	99.81	97.05	71.07	88.93	100.0	93.74	86.53	70.00	70.00	70.00
3	平安人寿	100.0	93.94	100.0	97.00	87.73	96.36	89.72	89.25	94.70	99.84	100.0	96.44	97.39	100.0	99.52	100.0	100.0	99.20	98.60	100.0	95.02
4	新华	92.87	88.69	95.92	100.0	92.11	98.09	91.89	70.00	90.78	99.89	97.80	98.59	97.08	79.82	81.09	94.97	94.78	88.27	94.59	90.82	100.0
5	泰康	100.0	95.11	100.0	100.0	90.55	96.04	75.77	89.19	84.25	99.98	100.0	98.23	97.38	81.47	74.84	94.43	96.05	92.28	99.52	93.56	100.0
6	太平人寿	96.86	87.32	89.80	89.79	99.87	91.71	100.0	89.56	74.58	99.68	91.63	98.70	96.22	92.09	78.79	100.0	92.84	100.0	100.0	100.0	100.0
7	建信人寿	85.30	77.41	73.84	99.68	84.35	99.92	100.0	90.95	79.43	99.75	85.55	99.48	97.06	100.0	100.0	100.0	97.14	100.0	100.0	87.37	100.0
8	天安人寿	83.67	70.00	70.00	100.0	89.59	93.37	100.0	91.06	70.00	99.83	73.83	99.16	97.07	92.55	100.0	100.0	96.34	70.00	100.0	100.0	70.00
9	光大永明	86.64	71.32	71.68	84.79	92.72	88.63	100.0	89.42	70.00	99.99	72.37	94.77	98.57	100.0	100.0	97.69	98.13	86.62	100.0	100.0	70.00
10	民生人寿	91.99	84.68	78.67	97.20	92.95	95.52	100.0	90.60	75.08	99.89	76.30	87.17	97.16	83.96	78.59	100.0	98.14	100.0	100.0	95.91	100.0
11	生命人寿	94.73	90.25	86.28	100.0	87.62	97.02	77.99	90.01	88.33	99.83	89.58	98.98	97.24	87.99	100.0	96.98	95.54	100.0	88.64	94.42	70.16
12	中德人寿	100.0	100.0	100.0	100.0	100.0	96.76	93.38	89.26	70.00	99.97	83.32	98.87	96.63	100.0	100.0	100.0	87.12	100.0	100.0	100.0	100.0
13	合众人寿	70.00	79.77	84.61	90.90	89.59	70.00	70.00	89.28	99.92	99.86	70.00	98.63	87.91	94.76	77.91	91.34	94.43	70.00	100.0	96.50	70.00
14	人保健康	87.86	92.02	92.19	96.12	85.25	99.65	79.69	89.70	88.24	99.84	83.53	97.11	98.53	74.34	82.45	100.0	93.30	100.0	95.90	100.0	72.65
15	华夏人寿	100.0	86.41	85.13	100.0	93.95	79.93	76.05	89.82	99.96	99.96	71.91	96.30	97.96	100.0	100.0	100.0	91.31	81.89	100.0	100.0	100.0
16	正德人寿	100.0	100.0	100.0	100.0	83.04	99.11	100.0	90.23	70.00	99.76	75.33	99.91	97.04	100.0	100.0	99.68	98.53	100.0	88.64	100.0	100.0
17	信泰	100.0	84.13	82.97	94.73	70.00	89.09	71.53	89.83	97.90	98.55	72.37	96.51	97.39	100.0	72.33	100.0	99.05	70.00	100.0	100.0	70.00
18	农银人寿	84.94	71.07	72.96	89.96	91.65	92.26	87.84	88.84	94.92	99.38	76.40	99.61	94.14	98.84	79.98	100.0	88.94	100.0	100.0	87.28	74.91
19	长城	75.57	72.90	76.16	96.12	100.0	73.50	72.83	88.99	70.00	99.18	100.0	96.82	86.72	100.0	84.63	88.79	98.64	77.14	95.60	86.20	70.00
20	昆仑健康	100.0	97.97	100.0	92.04	70.00	84.85	70.00	89.48	70.00	99.68	70.51	78.02	97.08	70.64	73.70	90.70	81.55	70.00	100.0	89.47	100.0
21	和谐健康	100.0	89.12	100.0	76.80	79.71	100.0	100.0	100.0	70.00	99.99	73.00	99.98	97.04	70.69	100.0	82.80	100.0	100.0	100.0	100.0	100.0
22	人保寿险	87.44	79.92	81.69	100.0	90.47	84.85	100.0	89.52	81.06	99.99	91.90	99.58	97.08	89.69	100.0	100.0	89.83	88.60	81.09	94.37	100.0
23	国华	100.0	100.0	100.0	100.0	83.68	94.75	100.0	90.50	83.76	99.91	78.94	99.20	97.24	100.0	100.0	100.0	89.83	100.0	100.0	100.0	100.0

续表

Obs	公司	x1	x2	x3	x4	x5	x6	x7	x8	x9	x10	x11	x12	x13	x14	x15	x16	x17	x18	x19	x20	x21
24	英大人寿	84.53	70.89	70.48	97.48	91.23	90.79	100.0	90.87	95.22	99.96	72.28	97.91	97.58	100.0	85.54	100.0	95.96	100.0	100.0	100.0	70.00
25	幸福人寿	98.45	89.28	89.74	90.43	86.20	94.09	90.40	70.00	70.00	99.73	73.80	98.95	96.99	100.0	100.0	100.0	92.61	100.0	100.0	100.0	70.55
26	阳光人寿	84.75	72.06	71.61	97.70	92.71	95.82	100.0	90.11	70.00	99.88	78.69	98.61	98.10	100.0	97.76	100.0	98.86	92.44	100.0	99.87	100.0
27	百年人寿	88.71	99.33	90.06	100.0	89.31	97.97	100.0	90.26	70.00	99.81	84.83	99.33	97.13	94.79	100.0	100.0	95.26	100.0	100.0	100.0	76.59
28	中邮人寿	83.83	70.58	70.60	97.80	70.00	100.0	100.0	70.00	70.00	98.36	93.39	99.64	97.62	88.36	100.0	100.0	70.00	80.23	70.00	100.0	70.00
29	安邦人寿	100.0	100.0	100.0	100.0	70.00	100.0	100.0	93.46	70.00	99.69	80.16	100.0	97.03	100.0	100.0	100.0	97.27	100.0	70.00	100.0	100.0
30	利安人寿	83.88	71.13	70.55	100.0	80.45	99.22	100.0	91.17	70.00	99.75	84.08	99.57	97.05	100.0	100.0	100.0	70.68	100.0	100.0	93.85	70.00
31	前海人寿	89.76	74.06	73.85	70.02	84.92	88.55	83.40	89.79	71.69	99.71	74.84	99.89	97.04	100.0	100.0	100.0	73.08	100.0	100.0	100.0	100.0
32	东吴人寿	100.0	100.0	75.39	92.51	82.00	79.40	100.0	91.60	99.96	99.98	71.20	97.63	97.19	100.0	100.0	100.0	89.77	100.0	100.0	100.0	100.0
33	珠江人寿	100.0	100.0	100.0	95.36	95.88	70.00	82.86	90.45	70.00	99.39	70.16	94.83	97.13	100.0	100.0	100.0	81.91	100.0	100.0	100.0	100.0
34	弘康人寿	84.21	70.00	71.33	70.00	85.67	100.0	100.0	100.0	70.00	99.73	84.95	70.00	98.04	100.0	100.0	100.0	94.54	100.0	70.00	100.0	70.00
35	吉祥人寿	100.0	100.0	100.0	100.0	87.11	86.78	100.0	91.16	70.00	99.81	73.27	99.48	97.08	100.0	100.0	100.0	88.89	100.0	100.0	79.13	95.72
36	中宏人寿	98.01	100.0	91.81	90.59	91.70	93.70	100.0	90.59	93.66	99.86	83.31	95.09	97.30	97.25	100.0	100.0	85.58	93.07	100.0	96.31	94.62
37	中德安联	85.38	71.24	77.68	85.25	90.50	90.74	83.52	88.56	90.73	99.68	72.36	96.20	94.55	87.09	76.20	87.33	92.36	99.28	98.58	93.39	70.00
38	工银安盛	84.36	72.97	71.43	86.07	85.24	99.66	100.0	91.18	81.94	99.76	81.92	99.00	97.08	100.0	100.0	100.0	82.66	100.0	100.0	100.0	100.0
39	信诚	94.35	85.55	90.43	90.45	87.73	93.92	81.84	89.41	70.00	99.81	83.47	95.78	97.89	98.50	100.0	100.0	98.62	100.0	100.0	89.90	100.0
40	交银康联	84.86	100.0	72.45	100.0	86.88	97.52	100.0	70.00	91.32	99.78	80.67	99.34	97.24	73.00	71.93	100.0	94.84	100.0	70.00	87.97	70.00
41	中意	95.19	84.18	84.78	99.19	83.74	96.91	97.51	89.66	99.17	99.95	79.06	98.07	98.39	94.50	85.45	87.33	94.13	97.44	92.54	98.40	100.0
42	友邦	100.0	100.0	72.97	93.13	86.34	95.28	100.0	89.66	99.14	99.81	86.73	92.91	97.25	100.0	100.0	100.0	83.86	93.47	100.0	92.76	100.0
43	北大方正人寿	91.68	85.49	76.66	94.18	91.29	89.60	100.0	91.40	77.35	99.86	72.85	96.84	97.62	98.50	100.0	70.00	85.23	100.0	100.0	96.23	71.98
44	中荷人寿	85.94	76.39	74.15	97.68	86.08	96.70	78.55	90.43	70.00	99.78	78.49	97.33	97.11	100.0	100.0	100.0	92.96	98.77	100.0	89.08	100.0
45	中英人寿	94.44	90.89	71.85	99.57	91.41	93.41	100.0	90.76	70.00	99.99	78.01	95.88	97.75	79.44	100.0	100.0	96.87	89.54	86.06	84.62	100.0

续表

Obs	公司	x1	x2	x3	x4	x5	x6	x7	x8	x9	x10	x11	x12	x13	x14	x15	x16	x17	x18	x19	x20	x21
46	海康人寿	100.0	81.92	71.11	91.02	100.0	70.00	100.0	89.39	95.42	70.00	70.01	95.88	89.60	74.74	71.86	86.67	98.90	77.08	98.17	89.19	74.99
47	招商信诺	90.58	99.67	86.56	80.94	91.37	94.13	100.0	90.64	80.68	99.84	93.57	98.20	98.27	92.74	100.0	100.0	70.90	100.0	100.0	100.0	86.88
48	长生人寿	100.0	100.0	78.32	95.23	92.98	85.20	100.0	93.48	70.00	99.98	71.14	99.87	97.54	84.27	100.0	93.66	95.81	76.77	93.15	83.21	70.00
49	恒安标准	84.74	71.69	71.00	96.73	88.67	91.48	100.0	90.68	70.00	99.85	72.45	96.27	97.51	100.0	100.0	100.0	81.56	85.72	86.32	93.56	72.48
50	瑞泰人寿	100.0	81.48	83.34	93.82	94.60	70.00	95.42	89.53	70.00	99.90	70.70	97.47	97.65	100.0	100.0	100.0	72.62	100.0	100.0	100.0	100.0
51	中法人寿	100.0	100.0	81.93	91.87	70.00	70.00	100.0	92.77	70.00	71.44	70.07	99.57	97.14	100.0	100.0	70.16	100.0	70.00	70.00	72.44	85.27
52	华泰人寿	88.44	77.05	77.03	100.0	83.92	91.29	92.38	89.72	84.69	99.97	74.97	97.76	97.46	98.38	94.14	81.46	96.51	74.69	84.28	93.43	84.05
53	国泰人寿	96.54	93.92	78.62	100.0	91.81	90.01	100.0	91.87	70.00	99.94	71.81	98.06	97.44	79.58	91.76	84.86	96.32	83.18	100.0	100.0	83.87
54	中美联泰	93.10	98.83	92.11	89.76	89.80	94.85	100.0	90.07	83.61	99.82	85.90	95.83	97.74	100.0	100.0	100.0	84.32	99.20	100.0	93.39	100.0
55	平安健康	100.0	100.0	100.0	81.38	88.60	87.29	100.0	97.85	84.98	99.99	72.72	93.92	99.87	84.50	96.24	100.0	100.0	100.0	73.10	82.56	79.70
56	中航三星	98.72	100.0	100.0	96.67	88.18	91.88	70.90	89.72	79.22	99.80	75.07	95.31	97.42	100.0	100.0	100.0	94.35	100.0	97.22	81.00	79.26
57	中新大东方	93.08	99.73	85.19	100.0	85.52	95.90	100.0	90.84	70.00	99.83	75.17	98.15	97.49	100.0	100.0	100.0	96.48	100.0	100.0	82.11	79.26
58	新光海航	70.00	100.0	100.0	87.00	100.0	95.67	90.36	88.75	88.88	99.87	70.00	97.41	70.00	70.00	70.00	88.56	86.20	100.0	100.0	70.00	92.47
59	汇丰联泰	100.0	100.0	100.0	96.00	85.04	96.74	100.0	90.31	70.00	99.76	74.85	94.72	97.10	70.00	100.0	100.0	91.73	85.22	100.0	96.78	100.0
60	君龙人寿	100.0	100.0	100.0	96.61	92.07	93.55	100.0	91.82	70.00	99.87	74.03	98.79	97.32	86.96	100.0	100.0	80.49	100.0	100.0	100.0	81.39
61	复星保德信	100.0	100.0	100.0	93.72	95.89	70.00	100.0	94.36	70.00	99.90	70.50	92.84	97.65	100.0	95.54	100.0	96.19	100.0	100.0	74.97	93.03

附录三　　　　　　2014 年中国寿险公司的二级财务指标值

Obs	公司	盈利能力	偿债能力	营运能力	现金流量	发展能力
1	国寿股份	94.79	87.41	89.91	85.96	89.14
2	太保人寿	94.56	87.20	100.00	79.78	70.00
3	平安人寿	95.56	82.98	97.17	99.83	97.07
4	新华	91.51	76.79	97.76	79.77	91.74
5	泰康	96.29	85.12	98.76	77.88	95.54
6	太平人寿	85.72	92.60	94.17	85.14	100.00
7	建信人寿	78.98	91.26	92.29	99.91	97.53
8	天安人寿	73.39	95.38	86.45	95.73	88.06
9	光大永明	71.74	94.68	83.17	99.97	88.66
10	民生人寿	82.32	93.01	78.55	81.13	94.01
11	生命人寿	88.52	84.13	93.98	92.75	87.15
12	中融人寿	98.17	93.56	90.45	99.34	100.00
13	合众人寿	72.69	77.97	79.58	86.11	87.45
14	人保健康	90.77	84.28	90.17	77.34	86.67
15	华夏人寿	82.57	91.18	83.82	99.58	82.81
16	正德人寿	99.61	94.94	87.73	99.94	95.70
17	信泰	83.53	78.97	83.90	86.35	78.08
18	农银人寿	73.32	82.23	86.41	88.83	85.87
19	长城	70.00	89.88	77.70	90.38	78.47
20	昆仑健康	89.44	89.97	70.00	99.02	76.46
21	和谐健康	87.71	100.00	86.70	72.49	94.23
22	人保寿险	82.72	90.05	95.58	91.61	87.81
23	国华	98.22	89.35	88.97	99.50	100.00
24	英大人寿	72.98	84.98	85.03	92.46	88.06
25	幸福人寿	87.89	84.16	86.22	99.66	88.27
26	阳光人寿	74.89	94.95	88.84	98.83	96.99
27	百年人寿	92.87	94.98	91.86	96.90	90.55
28	中邮人寿	75.70	84.78	96.73	92.08	72.43
29	安邦人寿	100.00	96.50	90.09	99.92	100.00
30	利安人寿	75.47	95.40	91.65	98.41	86.99

续表

Obs	公司	盈利能力	偿债能力	营运能力	现金流量	发展能力
31	前海人寿	72.25	91.43	87.48	98.54	100.00
32	东吴人寿	82.76	83.48	84.12	99.49	100.00
33	珠江人寿	90.71	92.19	81.51	99.04	100.00
34	弘康人寿	72.05	99.84	70.69	99.77	100.00
35	吉祥人寿	95.65	95.42	86.45	99.44	94.22
36	中宏人寿	92.50	85.40	87.74	97.71	94.37
37	中德安联	74.06	83.27	82.17	81.61	86.19
38	工银安盛	74.84	90.33	90.14	99.09	100.00
39	信诚	86.07	91.78	88.69	100.00	98.02
40	交银康联	85.78	77.57	89.91	99.78	76.57
41	中意	85.74	82.59	88.75	72.11	95.86
42	友邦	86.54	82.87	87.57	88.96	96.02
43	北大方正人寿	80.02	92.41	84.48	99.23	88.14
44	中荷人寿	77.72	91.75	87.18	98.83	97.38
45	中英人寿	82.25	95.34	86.16	84.38	88.13
46	海康人寿	72.67	70.00	78.45	72.92	79.73
47	招商信诺	88.01	90.65	95.94	94.45	94.59
48	长生人寿	85.83	96.68	86.03	90.31	75.57
49	恒安标准	73.57	95.21	83.80	99.02	77.87
50	瑞泰人寿	76.96	93.97	84.01	98.52	88.99
51	中法人寿	83.46	80.74	85.08	95.02	74.75
52	华泰人寿	78.25	87.54	86.08	93.07	78.84
53	国泰人寿	85.21	95.86	84.86	82.93	87.36
54	中美联泰	91.71	89.16	89.82	99.18	91.88
55	平安健康	92.96	92.34	83.36	89.83	87.06
56	中航三星	96.44	86.55	84.19	99.75	87.42
57	中新大东方	91.30	95.28	86.50	99.88	88.39
58	新光海航	91.32	85.11	70.35	70.00	80.92
59	汇丰人寿	98.16	94.98	83.48	99.60	93.65
60	君龙人寿	96.99	95.79	86.38	91.90	92.42
61	复星保德信	89.49	97.07	80.44	99.09	92.39

附录四　　　　　2014 年中国寿险公司的二级微观指标值

Obs	公司	股东背景与主要股东变动	分支机构的开设数量	风险管理机构设立	风险信息披露程度	市场占有率	社会声誉和服务
1	国寿股份	100	100	100	100	100.00	94.85
2	太保人寿	100	100	100	100	96.94	90.92
3	平安人寿	90	100	100	100	98.37	93.46
4	新华	100	100	100	100	97.21	90.81
5	泰康	90	100	100	100	96.04	92.23
6	太平人寿	100	100	100	100	95.89	90.88
7	建信人寿	90	80	90	100	92.32	83.19
8	天安人寿	80	80	80	100	87.92	82.35
9	光大永明	90	80	90	100	87.52	83.62
10	民生人寿	80	80	80	100	90.57	83.42
11	生命人寿	80	90	80	100	94.47	84.73
12	中融人寿	80	80	80	100	89.27	82.69
13	合众人寿	80	80	80	100	91.56	84.58
14	人保健康	100	90	90	100	92.30	86.92
15	华夏人寿	80	80	80	100	88.94	84.04
16	正德人寿	80	80	80	100	88.29	81.31
17	信泰	80	80	80	100	86.79	80.77
18	农银人寿	90	90	80	100	91.27	83.38
19	长城	80	80	80	100	87.56	83.50
20	昆仑健康	80	80	80	100	79.21	83.27
21	和谐健康	80	80	80	100	80.67	83.27
22	人保寿险	100	100	80	100	96.41	90.73
23	国华	80	80	80	100	88.91	83.62
24	英大人寿	90	80	80	100	86.63	84.69
25	幸福人寿	80	90	80	100	90.45	85.00
26	阳光人寿	80	100	90	100	92.58	84.92
27	百年人寿	80	80	80	100	90.74	82.69
28	中邮人寿	90	80	80	100	93.13	82.04
29	安邦人寿	90	80	80	100	95.36	84.96
30	利安人寿	80	80	80	100	89.46	81.31
31	前海人寿	80	90	80	100	88.40	82.12

续表

Obs	公司	股东背景与主要股东变动	分支机构的开设数量	风险管理机构设立	风险信息披露程度	市场占有率	社会声誉和服务
32	东吴人寿	80	80	80	100	82.91	80.15
33	珠江人寿	80	80	80	100	78.70	80.08
34	弘康人寿	80	80	80	100	87.47	79.62
35	吉祥人寿	80	80	80	100	83.99	78.81
36	中宏人寿	80	80	90	100	88.37	88.31
37	中德安联	80	80	80	100	87.24	85.38
38	工银安盛	90	80	80	100	92.24	86.69
39	信诚	80	80	90	100	89.43	88.04
40	交银康联	80	80	80	100	87.78	85.96
41	中意	80	80	80	100	89.68	89.58
42	友邦	80	80	90	100	91.29	88.54
43	北大方正人寿	80	80	80	100	84.66	82.04
44	中荷人寿	80	80	80	100	87.65	83.42
45	中英人寿	80	80	90	100	88.70	86.35
46	海康人寿	80	80	80	100	86.01	83.81
47	招商信诺	80	80	80	100	89.54	84.23
48	长生人寿	80	80	80	100	81.76	83.00
49	恒安标准	80	80	80	100	85.81	83.42
50	瑞泰人寿	80	80	80	100	81.22	83.58
51	中法人寿	80	80	80	100	70.00	82.88
52	华泰人寿	80	80	90	100	87.66	86.65
53	国泰人寿	80	80	80	100	82.41	84.69
54	中美联泰	80	80	90	100	90.15	84.85
55	平安健康	90	80	90	100	83.10	86.42
56	中航三星	80	80	80	100	84.21	87.15
57	中新大东方	80	80	80	100	84.86	80.38
58	新光海航	80	80	80	100	81.67	82.77
59	汇丰人寿	80	80	80	100	84.67	80.35
60	君龙人寿	80	80	80	100	82.44	78.92
61	复星保德信	80	80	80	100	77.28	79.69

附录五　　　2014 年中国寿险公司的一级财务指标评级

Obs	公司	财务指标	RANK1
1	国寿股份	88.55	A
2	太保人寿	88.88	A
3	平安人寿	100.00	A++
4	新华	92.15	A+
5	泰康	94.79	A+
6	太平人寿	92.61	A+
7	建信人寿	93.04	A+
8	天安人寿	84.34	B++
9	光大永明	83.02	B++
10	民生人寿	78.83	B+
11	生命人寿	91.26	A+
12	中融人寿	96.52	A++
13	合众人寿	76.86	B+
14	人保健康	84.98	B++
15	华夏人寿	83.87	B++
16	正德人寿	93.78	A+
17	信泰	79.39	B+
18	农银人寿	81.64	B++
19	长城	74.53	B
20	昆仑健康	74.79	B
21	和谐健康	83.31	B++
22	人保寿险	91.28	A+
23	国华	95.28	A++
24	英大人寿	82.18	B++
25	幸福人寿	87.74	A
26	阳光人寿	89.39	A
27	百年人寿	93.10	A+
28	中邮人寿	86.47	A
29	安邦人寿	96.93	A++
30	利安人寿	88.72	A

续表

Obs	公司	财务指标	RANK1
31	前海人寿	88.48	A
32	东吴人寿	88.25	A
33	珠江人寿	88.25	A
34	弘康人寿	77.98	B+
35	吉祥人寿	91.46	A+
36	中宏人寿	90.94	A+
37	中德安联	77.55	B+
38	工银安盛	91.02	A+
39	信诚	92.11	A+
40	交银康联	86.59	A
41	中意	84.02	B++
42	友邦	87.65	A
43	北大方正人寿	85.11	A
44	中荷人寿	88.79	A
45	中英人寿	83.11	B++
46	海康人寿	71.39	B
47	招商信诺	95.38	A++
48	长生人寿	82.08	B++
49	恒安标准	80.91	B++
50	瑞泰人寿	84.29	B++
51	中法人寿	81.42	B++
52	华泰人寿	81.84	B++
53	国泰人寿	82.31	B++
54	中美联泰	92.13	A+
55	平安健康	84.30	B++
56	中航三星	87.96	A
57	中新大东方	89.11	A
58	新光海航	70.00	B
59	汇丰人寿	89.73	A
60	君龙人寿	89.23	A
61	复星保德信	85.47	A

附录六　　　　2014 年中国寿险公司的一级微观指标评级

Obs	公司	微观指标	RANK2
1	国寿股份	100.00	A++
2	太保人寿	97.16	A++
3	平安人寿	94.63	A+
4	新华	97.23	A++
5	泰康	93.23	A+
6	太平人寿	96.71	A++
7	建信人寿	81.33	B++
8	天安人寿	75.41	B+
9	光大永明	79.82	B+
10	民生人寿	76.60	B+
11	生命人寿	81.22	B++
12	中融人寿	75.95	B+
13	合众人寿	80.17	B++
14	人保健康	89.39	A
15	华夏人寿	76.25	B+
16	正德人寿	75.21	B+
17	信泰	74.57	B
18	农银人寿	83.17	B++
19	长城	75.64	B+
20	昆仑健康	72.92	B
21	和谐健康	73.38	B
22	人保寿险	94.80	A+
23	国华	76.11	B+
24	英大人寿	79.00	B+
25	幸福人寿	79.93	B+
26	阳光人寿	84.56	B++
27	百年人寿	76.43	B+
28	中邮人寿	80.37	B++
29	安邦人寿	82.10	B++
30	利安人寿	75.59	B+

续表

Obs	公司	微观指标	RANK2
31	前海人寿	78.32	B+
32	东吴人寿	73.16	B
33	珠江人寿	71.84	B
34	弘康人寿	74.44	B
35	吉祥人寿	73.10	B
36	中宏人寿	78.22	B+
37	中德安联	76.11	B+
38	工银安盛	81.57	B++
39	信诚	78.49	B+
40	交银康联	76.46	B+
41	中意	78.21	B+
42	友邦	79.27	B+
43	北大方正人寿	74.27	B
44	中荷人寿	75.65	B+
45	中英人寿	77.71	B+
46	海康人寿	75.23	B+
47	招商信诺	76.51	B+
48	长生人寿	73.64	B
49	恒安标准	75.05	B+
50	瑞泰人寿	73.64	B
51	中法人寿	70.00	B
52	华泰人寿	77.47	B+
53	国泰人寿	74.35	B
54	中美联泰	77.73	B+
55	平安健康	79.21	B+
56	中航三星	75.67	B+
57	中新大东方	73.84	B
58	新光海航	73.54	B
59	汇丰人寿	73.77	B
60	君龙人寿	72.66	B
61	复星保德信	71.29	B

附录七　　2014 年中国寿险公司的综合评级

Obs	公司	财务指标	微观指标	宏观指标	总指标	RANK
1	国寿股份	88.55	100.00	96.46	95.00	A++
2	太保人寿	88.88	97.16	96.46	94.17	A+
3	平安人寿	100.00	94.63	96.46	97.03	A++
4	新华	92.15	97.23	96.46	95.28	A++
5	泰康	94.79	93.23	96.46	94.83	A+
6	太平人寿	92.61	96.71	96.46	95.26	A++
7	建信人寿	93.04	81.33	96.46	90.28	A+
8	天安人寿	84.34	75.41	96.46	85.40	A
9	光大永明	83.02	79.82	96.46	86.43	A
10	民生人寿	78.83	76.60	96.46	83.96	B++
11	生命人寿	91.26	81.22	96.46	89.65	A
12	中融人寿	96.52	75.95	96.46	89.64	A
13	合众人寿	76.86	80.17	96.46	84.50	B++
14	人保健康	84.98	89.39	96.46	90.27	A+
15	华夏人寿	83.87	76.25	96.46	85.53	A
16	正德人寿	93.78	75.21	96.46	88.48	A
17	信泰	79.39	74.57	96.46	83.47	B++
18	农银人寿	81.64	83.17	96.46	87.09	A
19	长城	74.53	75.64	96.46	82.21	B++
20	昆仑健康	74.79	72.92	96.46	81.39	B++
21	和谐健康	83.31	73.38	96.46	84.38	B++
22	人保寿险	91.28	94.80	96.46	94.18	A+
23	国华	95.28	76.11	96.46	89.28	A
24	英大人寿	82.18	79.00	96.46	85.88	A
25	幸福人寿	87.74	79.93	96.46	88.04	A
26	阳光人寿	89.39	84.56	96.46	90.13	A+
27	百年人寿	93.10	76.43	96.46	88.66	A
28	中邮人寿	86.47	80.37	96.46	87.77	A
29	安邦人寿	96.93	82.10	96.46	91.83	A+
30	利安人寿	88.72	75.59	96.46	86.92	A

续表

Obs	公司	财务指标	微观指标	宏观指标	总指标	RANK
31	前海人寿	88.48	78.32	96.46	87.75	A
32	东吴人寿	88.25	73.16	96.46	85.96	A
33	珠江人寿	88.25	71.84	96.46	85.52	A
34	弘康人寿	77.98	74.44	96.46	82.96	B++
35	吉祥人寿	91.46	73.10	96.46	87.01	A
36	中宏人寿	90.94	78.22	96.46	88.54	A
37	中德安联	77.55	76.11	96.46	83.37	B++
38	工银安盛	91.02	81.57	96.46	89.68	A
39	信诚	92.11	78.49	96.46	89.02	A
40	交银康联	86.59	76.46	96.46	86.50	A
41	中意	84.02	78.21	96.46	86.23	A
42	友邦	87.65	79.27	96.46	87.79	A
43	北大方正人寿	85.11	74.27	96.46	85.28	A
44	中荷人寿	88.79	75.65	96.46	86.96	A
45	中英人寿	83.11	77.71	96.46	85.76	A
46	海康人寿	71.39	75.23	96.46	81.03	B++
47	招商信诺	95.38	76.51	96.46	89.45	A
48	长生人寿	82.08	73.64	96.46	84.06	B++
49	恒安标准	80.91	75.05	96.46	84.14	B++
50	瑞泰人寿	84.29	73.64	96.46	84.80	B++
51	中法人寿	81.42	70.00	96.46	82.62	B++
52	华泰人寿	81.84	77.47	96.46	85.25	A
53	国泰人寿	82.31	74.35	96.46	84.37	B++
54	中美联泰	92.13	77.73	96.46	88.77	A
55	平安健康	84.30	79.21	96.46	86.66	A
56	中航三星	87.96	75.67	96.46	86.69	A
57	中新大东方	89.11	73.84	96.46	86.47	A
58	新光海航	70.00	73.54	96.46	80.00	B++
59	汇丰人寿	89.73	73.77	96.46	86.65	A
60	君龙人寿	89.23	72.66	96.46	86.11	A
61	复星保德信	85.47	71.29	96.46	84.41	B++

参考文献

一、中文部分

［1］肖萌．分析师行业评级和公司评级的信息含量研究［J］．云南财经大学学报，2014，04：114-123．

［2］《中国保险公司信用评价体系研究》课题组，谢远涛，孙红艳，白荣霞．中国寿险公司信用评级研究——基于2012年公开披露数据的实证分析［J］．保险研究，2014，01：46-53．

［3］郭园园，成力为，张茂军．基于混合神经网络模型的国别风险评估研究［J］．金融监管研究，2014，10：91-105．

［4］仁闻．43个国家风险参考评级发生变动——中国信保发布2014年《国家风险分析报告》［J］．国际工程与劳务，2014，10：20-21．

［5］李俊姣．我国寿险公司竞争力评价体系的构建及应用［D］．哈尔滨商业大学，2014．

［6］陈娟．欧债危机下的出口信用保险国家风险评价［D］．华中科技大学，2012．

［7］王雨．我国寿险公司风险管理分析报告［D］．河北大学，2014．

［8］初立苹，粟芳．我国寿险公司融资效率的测度及改进［J］．保险研究，2013，10：19-31．

［9］李一文，李良新．我国海外投资国家风险预警研究［J］．经济论坛，2013，10：71-74．

［10］中国信保发布2012年《国家风险分析报告》［J］．进出口经理人，2013，02：68-69．

［11］艾亚，王南海．2012新版《国家风险分析报告》解读［J］．国际融资，2013，02：52-57．

［12］王守山，宋洪吉，王卫波．浅析跨国并购的国别风险指数构建［J］．中国总会计师，2013，02：76-77．

［13］沙晓．基于Logit模型的上市公司评级研究［J］．经济视角（下旬刊），2013，08：126-127．

[14] 王文静. 寿险公司偿付能力评价及影响因素分析 [D]. 西南财经大学, 2013.

[15] 杨元玲. 寿险公司信用评级的财务状况研究 [D]. 西南财经大学, 2013.

[16] 王洪欣. 基于 BP 神经网络模型的我国寿险公司信用评级研究 [D]. 哈尔滨工程大学, 2013.

[17] 李林林. 关于国家风险与主权信用评级的研究 [D]. 中国社会科学院研究生院, 2013.

[18] 张宁. 我国寿险公司信用评级制度研究 [D]. 湖南大学, 2012.

[19] 杨学进. 出口信用保险中的国家风险评价 [J]. 国际经济合作, 2001, 03: 46-47.

[20] 杨学进. 出口信用保险与国家风险评价 [J]. 中国经贸, 2001, 11: 48-49.

[21] 杨学进. 出口信用保险介绍（一）出口信用保险的种类与特点 [J]. 中国科技产业, 1995, 01: 50.

[22] 杨学进. 出口信用保险介绍（二）出口信用保险的作用 [J]. 中国科技产业, 1995, 02: 42.

[23] 王新新. 跨国并购中的国家风险评价 [J]. 经济与管理研究, 2005, 10: 46-48.

[24] 张金水, 连秀花. 国家经济风险评价模型的一种改进 [J]. 清华大学学报（哲学社会科学版）, 2005, 06: 70-74.

[25] 王福新, 石新武. 国内外保险公司评级方法比较研究 [J]. 经济管理, 2005, 02: 91-96.

[26] 金艳春. 权威评级机构关于国家风险评价的对比分析 [D]. 沈阳工业大学, 2011.

[27] 郝玉. 出口信用保险国家经济风险评价分析 [D]. 山东大学, 2007.

[28] 胡静. 中国大陆地区企业信用调查公司评级方法分析 [D]. 吉林大学, 2007.

[29] 宣国良, 杨建一, 郝葆华. 跨国投资的国家风险决策评价系统 [J]. 工业工程与管理, 1997, 01: 30-33.

[30] 房一鸣. 用分类树算法进行上市公司评级的实证研究 [D]. 对外经济贸易大学, 2006.

[31] 田敬兴. 出口信用保险国家经济风险评价 [D]. 福州大学, 2006.

[32] 孙晓蕾, 姚晓阳, 杨玉英, 等. 国家风险动态性的多尺度特征提取与识别: 以OPEC国家为例 [J]. 中国管理科学, 2015, 04: 1 – 10.

[33] 尚勤振. 中国投资吉尔吉斯斯坦的国家风险研究 [D]. 新疆财经大学, 2014.

[34] 中国出口信用保险公司. 国家风险分析报告 (2014版) [N]. 中国纺织报, 2014 – 12 – 15002.

[35] 石洋. 中国信保: 危机后的国家风险分析 [J]. 国际融资, 2010, 02: 13 – 15.

[36] 齐宣. 中国信保: 2009年《国家风险分析报告》[J]. 中国经贸, 2010, Z1: 112 – 113.

[37] 中国需要自己的"国家风险评级标准" [J]. 国际融资, 2007, 01: 12.

[38] 曹荣湘. 国家风险与主权评级: 全球资本市场的评估与准入 [J]. 经济社会体制比较, 2003, 05: 91 – 98.

[39] 邓艾兵, 武剑. 论商业银行的国家风险评级与管理 [J]. 投资研究, 2002, 03: 2 – 7.

[40] 邓艾兵, 武剑, 闫岚. 商业银行的国家风险评级与管理 [J]. 中国金融, 2002, 02: 31 – 32.

[41] 翁悦, 杨洁茹. 国家风险和银行债券的信用评级 [J]. 河南商业高等专科学校学报, 2002, 01: 50 – 51.

[42] 李琼, 赵明浩. 寿险公司信用评级制度探析 [J]. 华南金融研究, 2002, 05: 53 – 55.

[43] 徐莹亮, 路昊阳. 关于国别风险与主权风险的若干思考 [J]. 新金融, 2012, 03: 14 – 17.

[44] 郭园园, 成力为, 张东辉. 商业银行国别风险及评价指标体系的简介及启示 [J]. 金融理论与教学, 2012, 02: 17 – 21.

[45] 李超. 我国寿险公司财务实力信用评级体系初探 [J]. 农村金融研究, 2012, 06: 35 – 39.

[46] 郭园园, 成力为, 张东辉. 商业银行国别风险评估方法的演进及启示 [J]. 金融监管研究, 2012, 04: 33 – 46.

[47] 李丹, 常茜菲, 伦杭. 国际评级机构母子公司评级关联性分析 [J]. 债券, 2015, 01: 39 – 45.

[48] 张宇燕, 张明, 王永中. 国别风险的识别与应对 [J]. 中国金融, 2015, 03: 34-36.

[49] 王双喜. 基于决策树的我国寿险公司偿付能力影响因素分析 [D]. 天津: 天津财经大学, 2012.

[50] 郭园园. 基于混合神经网络模型的国别风险评估研究 [D]. 大连: 大连理工大学, 2013.

[51] 陆岷峰, 张玉洁. 论我国商业银行国别风险预警机制的建立 [J]. 南都学坛, 2011, 01: 132-136.

[52] 陆岷峰, 葛虎. 商业银行国别风险识别方法探析 [J]. 广西经济管理干部学院学报, 2011, 01: 33-36.

[53] 王刚贞. 基于平衡计分卡的银行系寿险公司绩效评价研究 [J]. 经济问题, 2015, 03: 56-60.

[54] 宋伟阳. 寿险公司财务风险的特点与防范 [J]. 现代营销 (下旬刊), 2015, 02: 78-79.

[55] 熊蕾. 基于 DEA-Malmquist 指数方法我国寿险公司的效率研究 [D]. 广东商学院, 2012.

[56] 樊毅. 我国寿险公司信用评级指标体系研究 [D]. 湖南大学, 2010.

[57] 寇业富, 李晓林. 寿险公司业务结构的相似性分析及其聚类研究 [J]. 中央财经大学学报, 2009, 02: 42-45.

[58] 王家庭, 赵亮. 我国寿险公司效率测度及其动态变化的实证分析 [J]. 财经论丛, 2009, 02: 46-53.

[59] 吕笑烂. 基于 COSO 理论的寿险公司风险管理能力评估研究 [D]. 湖南大学, 2009.

[60] 赵书杰. 基于公允价值的寿险公司偿付能力管理研究 [D]. 长沙: 湖南大学, 2009.

[61] 邓巍. 基于公司规模和广义灰色关联模型的寿险公司偿付能力研究 [D]. 天津财经大学, 2009.

[62] 万磊霞. 中国寿险公司效率研究 [D]. 厦门: 厦门大学, 2008.

[63] 匡华星, 张晨宇. 改进 M.H.DIS 方法在中国上市公司评级中的应用 [J]. 技术经济, 2004, 03: 64-66.

[64] 朱荣恩和丁豪樑等. 资信评级 [M]. 中国时代经济出版社, 2006.

[65] 朱荣恩和丁豪樑等. 新世纪信用评级研究与探索 [M]. 北京: 中

国金融出版社，2012.

[66] 布莱·甘吉林等著，魏嶷，许勤译. 公司信用分析基础 [M]. 上海：上海财经大学出版社，2007.

[67] 王春峰，万海晖，张维. 基于神经网络技术的商业银行信用风险评估 [J]. 系统工程理论与实践，1999，1 (1)：68 - 72.

[68] 郝丽萍，胡欣悦，李丽. 商业银行信贷风险分析的人工神经网络模型研究 [J]. 系统工程理论与实践，2001，21 (5)：62 - 69.

[69] 杨保安，季海. 基于人工神经网络的商业银行贷款风险预警研究 [J]. 系统工程理论与实践，2001，21 (5)：69 - 74.

[70] 傅荣，吴世农. 我国上市公司经营失败风险的判别分析——BP 神经网络模型和 Fisher 多类线性判定模型 [J]. 东南学术，2002，2：71 - 79.

[71] 薛锋，乔卓. 神经网络模型在上市公司财务困境预测中的应用 [J]. 西安交通大学学报，2003，23 (2)：22 - 25.

[72] 庞素琳，黎荣舟，王燕鸣. 基于 BP 算法的信用风险评价模型研究 [J]. 数学的实践与认识，2003，33 (8)，45 - 88.

[73] 庞素琳. 概率神经网络信用评价模型研究 [J]. 系统工程理论与实践，2005，25 (5)：43 - 48.

[74] 庞素琳. 判别分析模型在信用评价中的应用 [J]. 南方经济，2006 (3)：113 - 119.

[75] 庞素琳，王燕鸣. 多层感知器信用评价模型研究 [J]. 中山大学学报，2011，(7)：35 - 40.

[76] 庞素琳，王燕鸣，黎荣舟. 基于 BP 算法的信用风险评价模型研究 [J]. 数学实践与认识，2008，(8)：83 - 86.

[77] 庞素琳，王燕鸣，罗育中. 多层感知器信用评估模型及预警研究 [J]. 数学实践与认识，2003，(9)：72 - 74.

[78] 黄德双. 基于 PCA 的概率神经网络模式分类方法 [J]. 北京理工大学学报，1996，16 (1)：69 - 74.

[79] 黄德双. 一种新的径向基概率神经网络模型（Ⅱ）：模型分析 [J]. 计算机研究与发展，1998，35 (2)：122 - 127.

[80] 陈重阳，蔡萍，施文康，等. 基于径向基函数概率神经网络的心律失常自动识别 [J]. 上海交通大学学报，2000，34 (11)：1475 - 1477.

[81] 姚奕，叶中行. 基于支持向量机的银行客户信用评估系统研究 [J]. 系统仿真学报，2004，37 (4)：543 - 558.

[82] 沈翠华,吴铁军. 模式识别中的支持向量机方法[J]. 浙江大学学报,2003,37 (5):521 - 528.

[83] 孔英杰. 企业信用评级方法探索——基于上市公司财务数据的实证研究[D]. 北京:首都经济贸易大学,2006.

[84] 银通投资咨询公司. 中国企业信用评级指南[M]. 北京:中国经济出版社,2005,10 - 12.

[85] 邹建平. 证券评级概论[M]. 上海:复旦大学出版社,1999.

[86] 朱宝宪. 金融市场[M]. 沈阳:辽宁教育出版社,2002.

[87] 宋秋萍. 开展财务预警分析,增加经营者忧患意识[J]. 生产力研究,2000,125 - 126.

[88] 陈静. 上市公司财务恶化预测的实证分析[J]. 会计研究,1999 (4):31 - 38.

[89] 张玲,张佳林. 信用风险评估方法发展趋势[J]. 预测,2000 (4):72 - 77.

[90] 邓乃扬,田英杰. 数据挖掘中的新方法——支持向量机[M]. 北京:科学出版社,2004,190 - 196.

[91] 田景文,高美娟. 人工神经网络算法研究及应用[M]. 北京:北京理工大学出版社,2006,238 - 246.

[92] 洪玫. 资信评级[M]. 北京:中国人民大学出版社,2006,43 - 55.

[93] 张忠义. 构筑我国保险信用体系[J]. 中国保险,2011,12 (11):78 - 80.

[94] 关婷. 借鉴美国经验,打造诚信保险[J]. 广西金融研究,2011,4 (1):42 - 44.

[95] 李占云. 我国保险业的现状分析及发展策略[J]. 金融广角,2008,(13):28 - 31.

[96] 刘鑫. 我国上市公司的行业信用风险研究——运用"Z评分模型"评价[J]. 北方经贸,2008,(5):54 - 57.

[97] 杨丽娟. 信息不对称理论研究[J]. 北方经贸,2009,7 (10):48 - 52.

[98] 王洪涛. 中国保险市场信息不对称对策分析[C]. 中国保险学会首届学术年会论文集. 中国保险协会. 北京:2009,245 - 249.

[99] 张婷. 基于信息不对称的商业银行信贷风险分析和企业信用评级研

究 [D]. 武汉：湖北：武汉大学. 2005.

[100] 舒展. 关于保险信息不对称问题的探讨 [J]. 经济研究导论, 2012, (1): 23 - 27.

[101] 顾力. 我国保险市场的信息不对称问题研究 [D]. 浙江：浙江大学. 2005.

[102] 守伟. 对企业全面风险管理的认识 [J]. 铁路采购与物流, 2010, (8): 35 - 39.

[103] 王向阳. 基层保险机构的全面风险管理对策 [J]. 中国金融, 2012, (14): 23 - 27.

[104] 谢国忠. 论风险管理与内部控制 [J]. 网络财富, 2010, (15): 58 - 63.

[105] 陆永汉, 张四维. 构建我国保险信用体系的设想 [J]. 上海保险, 2012, 7 (7): 38 - 42.

[106] 邹新月, 王建成. 企业信用等级模糊综合评判 [J]. 系统工程, 2001, 19 (4): 55 - 60.

[107] 施锡铨, 邹新月. 典型判别分析在企业信用风险评估中的应用 [J]. 财经研究. 2001, (10): 47 - 50.

[108] 王汉荣. 企业资信等级的模糊综合评判与商业信贷风险跟踪预警监测方法 [J]. 沙洲职业工学院学报, 2002, (1): 64 - 68.

[109] 李小燕, 卢闯, 游文丽. 企业信用评价模型、信用等级与业绩相关性研究 [J]. 中国软科学, 2003, (5): 42 - 45.

[110] 方洪全, 曾勇. 联机分析挖掘 (OLAM) 方法建立银行信用风险评估中的应用 [J]. 中国软科学, 2010, (4): 25 - 26.

[111] 关开澄. 一种企业绩效的非财务指标模糊评价方法 [J]. 佳木斯大学学报 (自然科学版), 2005, 23 (2): 78 - 83.

[112] 吴德胜, 梁樑. 基于 V - fold Cross. validation 和 Elman 神经网络的信用评价研究 [J]. 系统工程理论与实践, 2004, (4): 57 - 64.

[113] 张圣楠, 郭文义, 肖力埔. 基于 MATLAB 的 BP 神经网络的设计与训练 [J]. 内蒙古科技与经济, 2007, (6): 95 - 98.

[114] 何跃, 蒋国银, 刘学生. 基于 BP 神经网络的企业信用评估模型 [J]. 经济数学, 2005, 22 (1): 112 - 117.

[115] 杨星, 布慧敏, 郭璐. 一个简单的国有企业信用评估模型 [J]. 统计与决策, 2005, (5): 31 - 32.

[116] 杨新娟, 庄宇. 船舶企业信用的多级模糊综合评价 [J]. 船舶工程, 2006, (4): 21-24.

[117] 云俊, 陈虹, 张帆. 高新技术企业融资担保信用风险指标体系及评价方法 [J]. 武汉理工大学学报 (信息与管理工程版), 2006, 28 (10): 93-98.

[118] 王珍. 我国中小企业融资信用评价 [D]. 山东: 山东大学, 2003.

[119] 李江, 彭文兵. 电力客户信用风险评价模型研究 [J]. 电力需求侧管理, 第9卷第4期, 2007, (7): 27-29.

[120] 陈娟, 吴开微. 企业资信的模糊数学评价方法 [J]. 工科数学, 2011, (4): 86-89.

[121] 张美灵, 欧志伟. 信用评估理论与实务 [M]. 上海: 复旦大学出版社, 2011, (7): 56-59.

[122] 徐鼎. 工业企业资信评估方法与应用研究 [J]. 科学管理研究, 2008, (2): 66-68.

[123] 韩庆. 中小企业信用评价指标体系研究 [D]. 济南: 山东财经大学, 2007.

[124] 王纯, 袁树民. 美国、加拿大保险业的发展及启示 [J]. 企业经济, 2008, (3): 115-117.

[125] 杜鸣凯. 我国保险市场的信用缺失及其治理 [J]. 2007, (11): 63-67.

[126] 周肇光. 保险业信用缺失症结何在 [J]. 国际金融报, 2010, (2): 51-54.

[127] 刘友芝. 论构建中国保险信用评级制度的宏观基础 [J]. 中国保险管理干部学院学报, 2012, (4): 21-25.

[128] 单昕欣. 中国商业银行信用风险量化管理研究——基于金融危机的视角 [D]. 北京: 对外经济贸易大学, 2011.

[129] 焦清平. 中国商业保险业的风险管理研究 [D]. 武汉: 武汉理工大学, 2008.

[130] 宋倪影. 信用"5C"分析法的探究设 [J]. 会计师, 2009, (8): 89-92.

[131] 朱顺泉. 企业5C模型信用分析与因子模型信用分析之比较研究 [J]. 中国管理信息化, 2007, (9): 28-33.

[132] 杨树东,何建敏. 保险企业信用评级指标体系的构建[J]. 统计与决策, 2009, (18): 171-172.

[133] 毛建庆,房立群. 国际保险业信用评级介绍[J]. 中国保险报, 2008, (5): 12-14.

[134] 林甦,任泽平. 模糊德尔菲法及其应用[J]. 中国科技论坛, 2009, (5): 23-27.

[135] 田军,张朋柱. 基于德尔菲法的专家意见集成模型研究[J]. 系统工程理论与实践, 2004, (1): 61-63.

[136] 吴金星,吴宝安,王宗军. 基于BP神经网络的企业信用评价方法[C]. 第7届全国青年管理科学与系统科学学术会议论文集, 2008: 176-181.

[137] 曹顺,刘婷. 基于BP神经网络的企业信用评价研究[J]. 控制工程, 2007, 10 (5): 404-405.

[138] 董振玉. 基于BP神经网络的施工企业信用评价[J]. 水利与建筑工程学报, 2008, 6 (4): 115-117.

[139] 高丽华,朱邦义. 基于BP神经网络的中小企业信用评价[J]. 商场现代化, 2006, (5): 77-80.

[140] 刘卫星. 基于人工神经网络的企业信用评级系统研究[D]. 上海:上海交通大学, 2003.

[141] 王怡. 基于多传感器数据融合的水声定位算法研究[D]. 山西:中北大学, 2009.

[142] 冯再勇. 小波神经网络与BP网络的比较及应用[D]. 成都:成都理工大学, 2007.

[143] 王桂娟. 基于BP神经网络的企业信用评价模型[J]. 河北企业, 2009, (4): 41-43.

[144] 宋峰. 基于BP神经网络的中小企业信用体系研究[D]. 青岛:青岛大学, 2009.

[145] 刘浩,白振兴. BP网络的Matlab实现及应用研究[J]. 现代电子技术, 2006, (02): 16-18.

[146] 叶林. 自组织理论和BP人工神经网络在税收预测中的应用研究[J]. 数学的实践与认识, 2006, (8): 31-34.

[147] 陈艳霞. 基于客户满意度的平安人寿保险公司寿险代理渠道理论研究[D]. 山东:山东大学, 2009.

［148］程方楠. 基于 DEA 的中国寿险业经营效率及其影响因素分析［D］. 重庆：重庆大学，2012.

［149］黄晖. 中国人寿江西分公司竞争战略研究［D］. 南昌：南昌大学，2011.

［150］王颖. 泰康人寿保险公司基本战略研究［D］. 四川：西南交通大学，2004.

［151］安希忠，林秀梅. 实用多元统计分析［D］. 长春：吉林科学技术出版社，1992，57 - 64.

［152］牛兴霞，杨奎河. 基于支持向量机的多类分类研究［J］. 信息技术，2006（11）：19 - 23.

［153］杨毓，蒙肖莲. 用支持向量机（SVM）构建企业破产预测模型［J］. 金融研究，2006（10）：65 - 75.

二、英文部分

［1］Bernanke B. Financial Reform to Address Systemic Risk［R］. Speech at the Council on Foreign Relations, Washington, DC, 2009（10）.

［2］Rajan R G. Too systemic to fail: consequences, causes and potential remedies［R］. Writtenstatement to the Senate Banking Committee Hearings, May 6, 2009.

［3］Shyu D, Chia - Chien Chang, Tsung - Li Chi. Report on the Role and Function of Credit Rating Agencies in the Operation of the Securities Markets［B］. Innovative Computing Information and Control, 2008.

［4］Jillian L. Redding, Legislative Fellow. Insurace Credit Scoring Systems［J］. Consumer Credit, 2009, Vol. 43, No. 1: 1 - 4.

［5］William F, Treacy, Mark Carey. Credit risk rating systems atlarge US banks［J］. Journal of Banking & Finance, 2000（24）：167 - 201.

［6］Frank Partnoy. The Siskel and Ebert of Financial Markets: Two Thumbs Down for the Credit Rating Agencies［J］. Washington University Law Quarterly, 1999, Vol. 77: 619 - 712.

［7］Winnie P H, Poon, Kam C Chan. An empirical examination of the informational content of credit ratings in China［J］. Journal of Business Research, 2008（61）：790 - 797.

［8］Tony Van Gestel, David Martens, Bart Baesens, Daniel Feremans, Johan

Huysmans, Jan Vanthienen. Forecasting and analyzing insurance companies' ratings [J]. International Journal of Forecasting, 2007 (23): 513 –529.

[9] U. S. Securities and Exchange, Commission. Report on the Role and Function of Credit Rating Agencies in the Operation of the Securities Markets [B]. January 2003.

[10] Winnie P H, Poon a, Kam C Chan. An empirical examination of the informational content of credit ratings in China [J]. Journal of Business Research, 2008, Vol. 61: 790 –797.

[11] Marco Pagano, Paolo Volpin. Credit Ratings Failures: Causes and Policy Options. Centre for Studies in Economics and Finance (CSEF), 2009 –1 –9.

[12] Saaty T L, Vargas L G. Inconsistency and rank preservation [J]. Journal of Mathematical Psychology, 1984, 28 (2): 156 – 160.

[13] Saaty T L. Fundamental of Decision Making and Priority Theory with the Hierarchy Process [M]. Pittsburgh: RWS Publication, 1994.

[14] Saaty T L. Decision making with the AHP: Why is the principal eigenvector necessary [J]. European Journal of Operational Research, 2003, 145: 85 – 91.

[15] Saaty T L. Ranking by eigenvector versus other methods in analytic hierarchy process [J]. Appl. Math. Lett. , 1998 (11): 121 – 125.

[16] Saaty T L, Vargas L G, Comparison of eigenvalue, logarithmic least square and least square methods in estimating ratio [J]. Journal of Mathematical Modeling, 1984 (5): 309 – 324.

[17] Kazuyuki Sekitani, Naokazu Yamaki. A logical interpretation for the eigenvalue method in AHP [J]. Journal of the Operations Research Japan Society, 1999, 42 (2): 219 – 232.

[18] Altman E I, Thomas, P. Evaluation of Company as a Going Concern, Journal of Accountangcy, 1974, 6: 63 –70.

[19] Morgan J P. Creditmetrics. New York, Technical Document, 1997, 4: 2.

[20] Black Fischer, Myron Sholes. The Pricing of Options and Corporate Liabilities [J]. Journal of Political Economy, 1973, 81: 637 –659.

[21] Hull J, White A. The impact of default risk on the prices of options and other derivative securities [J]. Journal of Banking and Finance, 1995, 299 –322.

[22] Peltonen T. An application of panel estimation methods and artificial neural networks [D]. Italia: European University Institute, 2002.

[23] IASB. Financial Instruments: Amortized Cost and Impairment [M]. New York: IASCF, 2009: 1 - 40.

[24] IASB. Financial Instruments: Classification and Measurement [M]. New York: IASCF, 2009: 2 - 20.

[25] IASB. Comparison of FASB and IASB models [M]. New York: IASCF, 2009: 5 - 10

[26] Cavallo M and Majnoni G. Do Bank Provision for Bad Loans in Good Time? Empirical Evidence and Policy Implications [J]. World Bank Policy Research Working Paper No. 2619, 2001 (6): 10 - 15.

[27] Morgan J P, Credit metrics [J]. Technical Document, 1997 (4): 2.

[28] Black Fischer, Myron Sholes. The Pricing of Options and Corporate Liabilities [J]. Journal of Political Economy, 1973 (81): 637 - 659.

[29] Hull J, White A. The impact of default risk on the prices of options and other derivative securities [J]. Journal of Banking and Finance, 1995: 299 - 322.

[30] Edward I Altman and Gabriele Sabato. Effect of the new Basel Capital Accord on Bank Capatial Requirements for SMEs [J]. Journal of Financial Services Research 2005. 8.

[31] Graham J. R, Harvey C. R. Theory and Practice of corporate finance: Evidence from the field [J]. Journal of financial Economics, 2001, (60): 187 - 243.

[32] K. Y. Tam and M. Kiang. Predicting bank failures: A neural network approach [J]. Management Science, 1992, 38 (7): 927 - 947.

[33] H. L. Jensen. Using neural networks for credit scoring [J]. Managerial Finance, 1992, 18 (6), 15 - 26.

[34] P. Coats and L. Fant. Recoganizing financial distress patterns using a neural network tool [J]. Financial Management, 1993, 3: 142 - 155.

[35] E. I. Altman. Corporate distress diagnosis: comparisons using linear discriminant analysis and neural netwoeks (the Italian experience) [J]. Banking and Finance, 1994, 18: 505 - 529.

[36] R. R. Hashemi, L. A. Le Blanc, C. T. Rucks and A. Rajaratnam. A hybrid intelligent system for predicting bank holding structrure [J]. European Journal of Operational Research, 1998, 109: 390 - 402.

[37] David West. Neural network credit scoring models [J]. Computers & Operations Research, 2000, 27: 1131 –1152.

[38] Reshmi Malhotra and D. K. Malhotra. Differentiating between good credits and bad credits using neuro – fuzzy systems [J]. Computing, artificial intelligence and information technology, 2002, 136, 190 –211.

[39] IASB. Financial Instruments: Amortised Cost and Impairment [M]. IASCF, 2009.

[40] AltmanE. Financialratios, discriminant analysis and the prediction of corporate bankruptcy [J]. Finance, 1968, 589 –609.

[41] Altman E. Corporate financial distress: a complete guide to predicting, avoiding, and dealing with bankrupty. Brain –Brum field Inc. 1982.

[42] Altman E. Measuring corporate bond mortality and performance. The Journal of Finance, September, 1989. 909 –922.

[43] Altman E., Eisenbeis R A., Sinkey J. Applications of classification techniques in business. Banking and Finance. JAI Press Greenwich. CT 1981.

[44] Altman, E. Suggitt, H. J. Default rates in the svndicated bank loan market: A mortality analysis. Journal of Banking & Finance, September, 2000. 229 –253.

[45] Andre Lucas, Pieter Klassen, Peter Spreij. Tail behaviour of credit distribution for generallatent factor models. Applied Mathematical Finance 10, 2003. 337 –357.

[46] Barth J. R. Brumbaugh R D Sauerhaft Wang G H K. Thrift institution failures: estimating the regulator's closure rule. Reseach in Financial Services. Jaunuary, 1989.

[47] Caouette J., Altman E., Narayanan. Managing credit risk: The ironic challenge in the next decade. John Wiley and Sons, Inc, 1998.

[48] Edward I. Altman. Managing credit risk: A chanllenge for the new millennium, working paper, December 2001.

[49] Eric Rosenberg. Quantitive methods in credit management: A survey. Operation Survey, July –August, 1994.

[50] Fadil. M. W. Problems with weighted –average Risk Ratings: a portfolio management view. lending review, January, 1997. 23 –27.

[51] Fredrik Andersson, Helmut Mausser. Credit risk optimation with

conditional value – at – risk criterion. Math. Program. September, 2001. 273 – 291.

[52] Gothe P. Cedit bureau point scoring sheds light on shades of gray. the Credit World. May – June, 1990. 25 – 29.

[53] Jonkhart, M. On the term structure of interest rates and the risk of default. Journal of Banking and Finance. July, 1979. 253 – 262.

[54] Lundy M. Cluster analysis in credit scoring. Crecit Scoring and Credit Control. NewYork: Oxford University Press, 1993.

[55] Lyn C. Thomas. A survey of credit and behavioural scoring: forecasting financial risk of lending to consumers. International Journal of forecasting May, 2000. 149 – 172.

[56] M. Doumpos, K. Kosmidou, G. Baourakis, C. Zopounidis. Credit assessment using a multicreiteria hierarchical discrimination approach: a comparative analysis. European Journal of Operational Research. November, 2002. 392 – 412.

[57] Madalla G S. Limited – Dependent and Qualitative Variables in Econometrics. Cambridge: Cambridge University Press, 1983.

[58] Michael B. Gordy. Saddlepoint approximation of Credit Risk +. Journal of Banking & Finance. December, 2002. 1335 – 1353.

[59] Michel Dietsch, Joel Petey. The credit risk in SME loans portfolios: Modeling issues, pricing, and capital requirements. Journal of Banking & Finance, Feburary, 2002. 303 – 322.

[60] Myers J H Forgy EQ. The development of numerical credit evaluation systems [J]. American Associate, August, 1963. 789 – 806.

[61] Ohlson J. Financial rations and the probabilistic prediction of bankruptcy [J]. Accounting Research, Spring, 1980. 109 – 130.

[62] Salchenberger Lindaetal. Neural Networks: A newtool for predicting thrift failures. Decision Sciences, March, 1992. 899 – 916.

[63] Susan E. Bedignfiled, Kate A. Smith. Predicting bad credit risk: An evolutionary approach. Working paper, 2003.

[64] Snunders. A. Credit Risk Measurement: New Approaches to Value at Risk and other Paradigms. John Wiley & Sons, Ine. 1999.

[65] Then, T., Litterman, R. Corporate bond valuation and the tern structure of credit spreads. Journal of Portfolio management, April, 1989. 52 – 64.

[66] Theodore M. Barnhill, Jr. Panagiotis. Measuring integrated market and

credit risk in bank portfolios: an application to a set of hypothetical banks operating in South Africa. Financial Markets Institutions & Investments, December, 2002.

[67] Theodore M Barnhill, Jr, William F. Maxwell. Modeling correlated market and creditrisk in fixed income portfolios. Journal of Banking& Finance, December, 2002. 347 – 374.

[68] Tor Jacobson, Kasper Roszbach. Banking lending policy, credit scoring and value – at – riak. Journal of Banking & Finance, July, 2003. 615 – 633.

[69] Weat Robert Craig. Afactor analytic approach to bank condition. [J]. Banking and Finance, September, 1985. 253 – 266.

[70] Wing Hoe Woo, Tak Kuen Siu. A dynamic binomial expansion technique for credit risk measurement: a Bayesuab filtering approach. Applied Mathematical Finance, June, 2004. 165 – 186.

[71] Yen – Ting Hu, Rudiger Kiesel, William Perraudin. The estimation of transition matrices for sovereign credit ratings. Journal of Banking & Finance, June, 2002. 1383 – 1406.

[72] Z. Huang, H. Chen. C. Hsu, Credit rating analysis with support vector machines and neural networks: a market comparative study, Decision Support Systems, 2004, 37 (4): 543 – 558

[73] Charlotte L. Needham and Mariarosa Verde. Fitch Ratings Global Corporate Finance 2011 Transition and Default Study, Fitch Ratings Credit Market Research, 2011.

[74] David T. Hamilton and Richard Cantor. Measuring Corporate Default Rates, Moody's Investors Service Global Credit Research, November, 2006.

[75] Eric Falkenstein, Andrew Boral and Lea V. Carty. Risk CalcTM for Private Companies: Moody's Default Model, Moody's Investors Service Global Credit Research, May, 2000.

[76] Fitch, Corporate Ratings Methodology, August 16, 2010.

[77] Fitch, Denitions of Ratings and Other Form of Opinion, April, 2012.

[78] Fitch, Fitch Credit Rating Reviews, June 21, 2010.

[79] Fitch, Sovereign BondRatings Methodology, August 13, 2010.

[80] Moody's Investors Service, Rating Methodology: Sovereign Bond Ratings, September, 2008.

[81] Moody's Investors Service, Rating Methodology: The Evolving Meaning of

Moody's Bond Ratings, August, 1999.

[82] Moody's Investor Service, Rating Symbols and Denitions, June, 2012.

[83] Moody's Investors Service, Rating Methodology: Global Passenger Airlines, May 24, 2012.

[84] Moody's Investors Service, Rating Methodology: Global Publishing Industry, December 20, 2011.

[85] Moody's Investors Service, Rating Methodology: Global Steel Industry, January, 2009.

[86] Standard & Poor's, Standard & Poor's Corporate Ratings Criteria, 2008.

[87] Standard & Poor's, Standard & Poor's Rating Denitions, August 18, 2010.

[88] McFadden. D., K. Train. Mixed MNL models for discrete response [J]. Journal of Applied Econometrics, 2000, (15): 447 – 470P.

[89] Bhat, C. R. Quasi – random maximum simulated likelihood estimation of the mixed multinomial logit model [J]. Transportation Research, 2001, (35): 677 – 695.

[90] Sinuany S. Z., Mehrez A., Hadad Y. An AHP/DEA methodology for ranking decision making units [J]. International Transactions in Operational Research, 2000, 7 (2): 109 – 124P.

[91] Malcolm B. DS/AHP method: A mathematical analysis, including an understanding of uncertainty, European Journal of Operational Research, 2002, 140 (1): 148 – 164P.

[92] George T. The role and significance of funds transfer pricing in RAROC models [J]. Journal of Performance Management, 2005, 1 (9): 25 – 40P.

[93] Neal M. S., Josef Z. Optional capital allocation using RAROC and EVA [J]. Journal of Financial Intermediation, 2007, 8 (8): 312 – 342P.

[94] Philippe Jorion, Value at Risk: The New Benchmark for Managing Financial Risk, 3rd ed. McGraw – Hill, 2006.

[95] Kamarthi S V, Pittner S. Accelerating neural network training using weight extrapolations [J]. Neural Networks, 1999, 12 (9): 1285 – 1299P.

[96] Terrance L. Pohlen, B. Jay Coleman. Evaluating Internal Operations and Supply Chain Performance Using EVA and ABC sam advanced management joural, 2005 (spring): 11 – 12P.

[97] Duffie, Darrell and Ke Wang. Multi – Period corporate failure prediction

with stochastic covariates, working paper. Stanford University, 2004.

[98] Credit Suisse. Credit Risk +: A Credit Risk Management Framework [J]. Credit Suisse Financial Products, 1997, 5 (6): 23 -25P.

[99] Anthony. S. Credit Risk Measurement [M]. Princeton University Press, 2009, 3: 15 -17.

[100] Telser, A Theory of Self - Enforcing Agreements. Journal of Business, 2008, 13 (6): 27 -44P.

[101] Arrow, R. A, and S. M. Turnbull. The Intersection Market and Credit Risk, The Bank of England Conference on Credit Risk Modeling and Regulatory Implications, 2008, 15 (3): 56 -62P.

[102] Altman E I, Financial ratios, discriminant analysis and the prediction of corporate bankruptcy, Journal of Finance, 1968, 9 (4): 589 -679.

[103] A. Fan, M. Palaniswami. Selecting bankruptcy predictors using a support vector machine approach, Proceedings of the International Joint Conference on Neural Network, 2000, 345 -352.

[104] Cummins, J. D., Grace, M. F., and Phillips, R. D, Regulatory Solvency prediction in Property - Liability Insurance: Risk - Based Capital, AuditRatios, and Cash Flowimulation, Journal of Risk and Insurance, 2009, 13 (8): 417 -458P.

[105] Cyberko G. Approximations by superpositions of a sigmoidal function [J]. Math Control Singnal System, 1989, (7): 34 -49P.

[106] D. E. Rumelhrt, G. E. Hinton, R. J. Williams. Learning representations by back propagating errors, Nature, 1986, 323: 533 -536.

[107] D. F. Specht, Probabilistic neural network, Neural Network, 1990, 3 (2): 109 -118.

[108] E. I. Altman, Robert G. Heldeman, P. Narayanan. ZATA analysis: A new model to identify bankruptcy risk of corporations, Journal of Banking and Finance, 1977, 1: 29 -54.

[109] E. I. Altman, Corporte Financial Distress. New York: John Wiley & Sons, 1983.

[110] Gary Whalen, James B Thomson, Using Financial Data to Identify Changes in Bank Condition, Federal Reserve Bank of Cleveland, issue Q 11, 2008, 6, 17 -26P.

[111] Georges Dionne. Hand book of Insurance, Kluwer Academic Publishers,

2000: 56 - 62P.

[112] H. L. Jensen, Using neural networks for credit coring, Managerial Finance, 1992, 18 (6), 15 - 26.

[113] John Kennes, Aaron Schiff, The Value of a Reputation System, Industrial Organization, 2009, 10 (4): 126 - 129P.

[114] J. Galindo, P. Temayo. Credit risk assessment using statistical and machine learning: basis methodology and risk modeling applications, Computational Economics, 2000, 15 (1 - 2): 107 - 143.

[115] K. T. Tam, M. Kiang. Predicting bank failures: A neural network approach, Management Science, 1992, 38 (7): 927 - 947.

[116] Keasey K, McGinness P. The Failure of UK Industrial for the Period 1976 - 1984 Logistic Analysis and Entropy Measures, Journal of Business Finance and Accounting, 2009, 17 (1): 119 - 135P.

[117] Kreps. Models in Managerial Accounting. Journal of Accounting Research, 2009, 7 (14) : 117 - 128P.

[118] Liu Runfang, Hao Dongming. An Empirical Analysis of Influencing Factor on Development of Insurance Industry in China [J] . International Conference on Engineeringand Business Management, 2010.

[119] Larry Samuelson. Egoists in a local interaction. American Economic Review, 2008, 4 (7): 37 - 46P.

[120] Lippmann R. P. An Introduction to computing with neural nets [J]. IEEE ASSP Magazine, 1987, (12): 12 - 35P.

[121] Ohlson J A. Financial Ratios and the Probabilistic Prediction of Bankruptcy, Journal of Accounting Research, 2010, 18 (1): 119 - 131P.

[122] P. Coats, L. Pant. Recoganizing financial distress patterns using a neural network tool, Financial Management, 1993, 142 - 155.

[123] Steven Tadelis. The Warket for Reputation as an Incentive Mechanism. Journal of Political Economy, 2011, 17 (1): 119 - 135P.

[124] Tay F E H. , Cao L. Application of support vector machines in financial time series forecasting [J] . Omega, 2001, 29: 309 - 317.

[125] V. N. Vapnik. The nature of statistical learning theory, New York: J. Wiley, 1998.

[126] Wilhelm, Jeffrey D. Strategic Reading. Boynton Cook Publishers.

2011, 2 (1): 28 -35P.

[127] Zavgren C V, ne Prediction of Corporate Failure: the State of the Art, Journal of Financial Literature, 2007, 2: 31 -37P.

[128] Zmijewski. Methodological Issues Related to the Estimmion of Financial Distress Prediction Models, Journal of Accounting Research, 2011, 22: 59 -86P.

[129] Z. R. Yang, B. Marjorie, Harlan D. Platt. Probabilistic neural networks in bankruptcy, prediction, Journal of Business Research, 1999, 44: 67 -74.

[130] Z. Huang, H. Chen, C. Hsu. Credit ratinganalysis with support vector machines and neural networks: a market comparative study, Decision Support Systems, 2004, 37 (4): 543 -558.